AF315283

SOLFÉGE

spécialement écrit

POUR

Basse-taille et Baryton,

sur la clef de la 4ᵉ ligne,

avec accompᵗ de Piano,

DÉDIÉ À S.A.R. 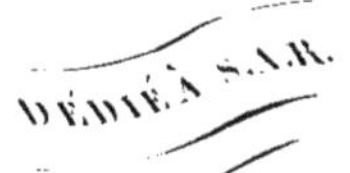 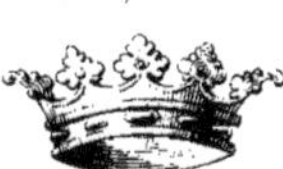 MONSEIGNEUR 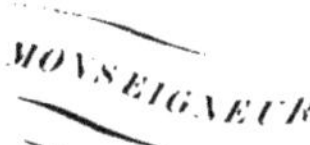

LE DUC DE NEMOURS

PAR

A. PANSERON,

Professeur de Chant au Conservatoire.

Prix : 42ᶠ   **En deux Parties**   *Chaque 25ᶠ*

Les Élèves qui étudient le Piano, le Violoncelle, la Contrebasse, le Cor, le Trombonne, l'Ophicleide et le Basson, pourront se servir avec succès de ce Solfége.

PARIS, chez L'AUTEUR, 95, Rue Richelieu.   *et chez tous les Éditeurs de Musique.*

Londres, Boosey.   *Propᵗᵉ de l'Auteur.*   *Milan, Ricordi.*

MAYENCE et BRUXELLES, chez B. SCHOTT.

4 Valou

"

Monsieur,

Monseigneur le Duc de Nemours a reçu la lettre que vous lui avez adressée, pour le prier d'accepter la dédicace de votre nouveau solfège. Son Altesse Royale qui connait les succès mérités que vous avez obtenus, comme compositeur et comme professeur, a accueilli avec plaisir votre demande, et elle me charge, en vous remerciant, de vous transmettre sa réponse favorable.

Veuillez agréer Monsieur, l'assurance de ma considération distinguée.

Le secrétaire des commandemens de S. A. R. Mgr le Duc de Nemours.

LARNAC.

A Mr A. Panseron.

Tuileries 21 Mars.
1845.

VOCABULAIRE

DES PRINCIPAUX MOTS ET TERMES EMPLOYÉS DANS LA MUSIQUE VOCALE[1].

A CAPRICIO. *A volonté.* Voy. *Ad libitum.*

ACCENTO, s. m. *Accent.* Energie plus marquée, attachée à un trait, à une note particulière de la mesure ou du rhythme de la phrase musicale.

ACCENTUANDO, p. prés. *En accentuant.* Voy. *Accentuare.*

ACCENTUARE. v. a. *Accentuer,* c'est-à-dire exprimer avec exactitude les accents de la musique selon les prescriptions du compositeur, ainsi que l'accent de la parole, le goût.

ADIRATO, TA, adj. *Courroucé,* irrité. Ce mot, écrit en tête d'un morceau ou au-dessus d'une page, n'indique pas vraiment une nuance particulière de vitesse à donner au mouvement, mais un caractère d'expression qui rend le sentiment vague de la colère et de la fureur.

AD LIBITUM (terme latin), *à volonté.* Ces mots signifient qu'on laisse à l'exécutant la liberté de suivre son goût, soit pour l'expression, soit pour le mouvement, soit même pour substituer un autre passage à celui qui est écrit.

ADORNAMENTI, s. m. pl. *Ornements* de la mélodie prescrits ou arbitraires, comme le trille, le groupe, le mordant.

ADORNANDO, p. prés. *En ornant* la mélodie par un trille, par un groupe, par un mordant.

A DUE. Ces mots indiquent que le passage marqué doit s'exécuter à deux.

AFFETTO, s. m. *Affection.* Con affetto, avec une expression tendre et douce.

AFFRETTARE, v. a. Forcer les sons et presser le mouvement.

AGGIUNTO, TA, adj. *Ajouté. Aria aggiunte.* On nomme ainsi des airs ajoutés à un drame, qui ne font pas partie de la pièce dans sa disposition originale.

AGILITA, s. f. *Agilité. Con agilita,* avec légèreté et souplesse.

AGITAZIONE, s. m. *Agitation. Con agitazione,* d'une manière agitée. Voy. *Agitato.*

ALLA BREVE. Expression en usage dans les musiques d'église et les solfèges, et qui marque une sorte de musique à deux temps très vite. On représente souvent cette expression par un demi-cercle ou C.

AL SEGNO. *Au signe,* c'est-à-dire reprendre à l'endroit où est marqué le renvoi.

APPASSIONATAMENTE, adv. *Passionnément,* d'une manière tendre.

ARIA, s. f. *Air.* Morceau de musique à une seule partie principale, composé d'une ou de plusieurs phrases régulièrement ajustées, et se terminant dans le même ton où elles ont commencé.

ARIA DI CANTABILE. On nomme ainsi un air dont l'exécution doit être douce, coulante, pleine dans son style et élégamment pathétique dans ses effets.

ARIETTA, ARIETTINA, s. f. *Petit air. Arietta alla Veneziana,* petit air dans le genre de la barcarolle. Voy. *Barcarola.*

ARIOSO, SA, adj. *Grandiose.* Ce mot indique un chant soutenu, développé et affecté aux grands airs. *Arioso cantate.* Voy. *Cantata.*

ARTICOLANDO, p. prés. *En articulant,* c'est-à-dire en faisant entendre distinctement toutes les notes et les paroles.

BALLATA, s. f. *Ballade.* Chanson à plusieurs couplets ou strophes.

BARCAROLA, s. f. *Barcarolle.* Chanson des gondoliers de Venise. Son rhythme est à 6/8, quelquefois à 2/4, et son mouvement est plutôt lent que rapide et toujours gracieux.

BARITONO, s. m. Seconde voix d'homme en comptant du grave à l'aigu; c'est en quelque manière une partie qui tient le milieu entre le ténor et la basse, et qu'en français on nomme concordant.

BOLERO, s. m. Sorte d'air de chant et de danse espagnol; le boléro est presque toujours en mode mineur et à 3/4. *Tempo di bolero,* mouvement de boléro.

CABALETTA, s. f. Petite pensée mélodieuse d'un rhythme bien distinct.

CADENZA, s. f. *Cadence.* Ce mot a trois significations en musique : la première est conforme à son étymologie (*cadere,* tomber). Dans ce sens, on nomme *cadenze* les terminaisons ou repos qui divisent les phrases harmoniques. La seconde s'applique improprement à une succession rapide et alternative de deux notes que la voix ou sur les instruments, connue plus régulièrement sous le nom de *trille.* Cette cadence était depuis longtemps en usage sur les instruments, lorsque Lucas Conforti, Italien de Mileto, imagina le premier de la pratiquer avec la voix, en 1591. Voy. *Trillo.* La troisième signification est celle du point d'orgue à la volonté de l'exécutant.

CANTABILE, adj. pris quelquefois substantivement. Ce mot, qui veut dire *chantable,* avertit que l'on doit réunir au morceau ou tête duquel il se trouve tous les moyens, tous les pouvoirs, tous les ornements du chant; son mouvement doit être large. Si ce mot est placé sous un passage, il marque une expression bien déterminée.

CANTACCHIANDO. p. prés. *En fredonnant.*

CANTANTE, s. m. et f. *Chanteur ou cantatrice.* Nom que l'on donne à ceux qui réunissent à une belle voix la doctrine musicale et la connaissance parfaite de l'art du chant.

CANTARE, v. a. *Chanter,* c'est-à-dire produire avec la voix des sons justes, agréables à l'oreille, ou rendre un chant sur un instrument, le tout combiné d'après le système musical.

CANTATA, s. f. *Cantate.* Pièce de musique vocale accompagnée d'instruments ou de piano, et composée un petit poème lyrique. *Ariose cantate.* On donne ce nom à des airs qui changent fréquemment dans leurs temps, dans leurs manières et dans leurs dispositions, et dont le style tient le milieu entre la mélodie et le récitatif. Cette poésie est ordinairement une espèce de récit, et non une scène.

CANTATRICE, s. f. *Cantatrice,* chanteuse. Voy. *Cantante.*

CANTERELLANDO, p. prés. *En chantant à voix basse.*

CANTICO, s. m. *Cantique.* Hymne que l'on chante en l'honneur de la Divinité, dont l'usage est très ancien, comme on le voit dans l'Écriture sainte.

CANTILENA, s. f. *Cantilène.* Chanson, mélodie ou pensée musicale.

CANTO, s. f. *Chant.* Sorte de modification de la voix humaine, par laquelle on forme des sons variés et appréciables.

Ce mot *canto* désigne la partie du chant, par exemple: C° 1°, *canto primo,* premier dessus; C° 2°, ou *canto secondo,* second dessus.

Ce même mot, écrit dans une partition sur la partie vide d'un instrument, avertit l'exécutant de jouer à l'unisson sur la partie chantante.

S'il est écrit sur une partie séparée, destinée à un instrument quelconque, sa position marque l'instant où, la ritournelle étant finie, la voix commence.

CANZONE, s. f. *Chanson.*

CANZONETTA, TINA. *Petite chanson.*

CASTRATO. Voix d'homme à l'unisson du soprano.

CAVATINA, s. f. *Cavatine.* Ariette détachée du reste de la composition, afin de faire ressortir un sentiment le plus souvent affectueux. Son caractère est simple et son mouvement modéré. Depuis l'école moderne, il y a des cavatines que l'on peut confondre avec les airs.

CONCENTRANDO, p. prés. *En concentrant,* c'est-à-dire en employant une expression sourde et mystérieuse pour retenir la voix ou les sons.

CONTRALTO, s. m. *Contralte.* Voix basse des femmes ou haute-contre des hommes. Le contralto est donc pour les femmes ce que la voix de basse est pour les hommes; son étendue est la même, une octave plus haut.

CORIFEO, s. m. *Coryphée.* On donne ce nom au chanteur qui, après avoir exécuté les *solo* qui se trouvent dans les chœurs, se joint aux choristes dans l'ensemble.

CORO, s. m. *Chœur:* 1° Réunion de chanteurs; 2° morceau d'harmonie complète à 2, à 3, à 4, à 8, à 12 parties vocales ou plus, chanté à la fois par toutes les voix.

DA CAPO. *A la tête.* Ces mots indiquent qu'il faut retourner au commencement du morceau. *Da capo al segno,* reprenez au signe.

DOL ou DOLCE, adj. *Doux.*

DOLORE, s. m. *Douleur. Con dolore,* avec une expression de tristesse.

DUETTO, DUO, s. m. *Duo.* Composition musicale à deux parties obligées, dont l'invention est attribuée à Buononcini, Italien, en 1691. **DUETTINO**, *petit duo.*

FERMATA, s. f. Point d'arrêt ou point d'orgue. Ce mot, représenté par ce signe ⌒, que l'on nomme aussi couronne, indique qu'il faut s'arrêter pendant un temps de convention, soit sur les silences, soit sur les notes au-dessous ou au-dessus desquels il se trouve placé.

FUOCO, s. f. *Feu. Con fuoco,* avec ardeur, attaquer les notes avec véhémence.

INNO, s. m. *Hymne.* Chant en l'honneur des dieux et des héros, dont Orphée et Linus seraient, d'après les Grecs, les premiers auteurs.

INQUIETO, TA, adj. *Inquiet.* Ce mot marque une expression un peu agitée, peignant le trouble.

IRONIA, s. f. *Ironie. Con ironia,* avec ironie. Cette expression indique une manière de déclamer en chantant, qui doit démontrer l'opposé de ce que l'on veut faire entendre.

LEGANDO, p. prés. *En liant* deux ou plusieurs sons, c'est-à-dire en les articulant d'un seul coup de gosier avec la voix; d'un seul coup d'archet sur les instruments, tels que le violon, la basse, etc.; d'un seul coup de langue sur les instruments à vent, ou d'une touche sur une autre avec la plus grande douceur, sur les instruments à clavier. Quelquefois *legando* signifie aussi *en courant,* et, dans ce cas, il indique de lier tous les sons avec douceur et de faire sentir la première note de chaque temps plus sensiblement que la seconde, quand même ces notes seraient de même valeur.

LUTTUOSAMENTE, adv. *Tristement.* Cet adverbe avertit l'exécutant de peindre la tristesse d'une âme plongée dans la douleur, en cherchant à imiter ses accents plaintifs.

MAESTOSO, SA, adj. *Majestueux.* Ce mot, ajouté à un autre qui marque le mouvement, lui donne un degré de lenteur plus prononcé et commande une exécution noble et imposante.

MALINCONIA, s. f. *Mélancolie. Con malinconia.* Ces mots marquent une expression langoureuse qui s'obtient d'ordinaire par la diminution du son.

MELODIA. s. f. *Mélodie.* Chant agréable qui résulte d'une heureuse suite de sons formés par le goût et le génie. Depuis quelque temps on s'en sert comme du synonyme de *romance.*

On emploie ce mot dans la musique pour avertir l'exécutant de faire ressortir le chant.

MESSA DI VOCE. *Mise de voix.* Le plus bel agrément du chant, qui consiste en une émission entière de la voix, en tenant sur une des notes les plus sonores de son diapason, avec la gradation insensible du *pianissimo* au *forte,* et le retour au *pianissimo* de la même manière.

MEZZA VOCE. Chanter *à demi-voix,* jouer à demi-jeu.

MEZZO-SOPRANO. *Second dessus,* bas dessus; voix de femmes et d'enfants. Cette voix a deux tons de plus au grave que le premier dessus ou *soprano,* et son diapason s'élève au *fa* ou *sol.*

MORDENTE, s. m. *Mordant.* Ce mot, qui est souvent marqué par une espèce de petit zigzag ou par le signe du trille (*tr.*), indique un agrément du chant

(1) Ce Vocabulaire est extrait du Dictionnaire de Musique de M. Moreali, rédigé dans l'intérêt de l'exécution, et que je ne saurais trop recommander à tous ceux qui cultivent l'art musical. Beaucoup de personnes négligent les mots italiens que les compositeurs ont employés pour les diriger dans l'exécution, ou bien elles leur donnent une tout autre valeur, c'est qui met les exécutants dans l'impossibilité de donner aux morceaux le sentiment et le caractère convenables.

C'est pour ce motif que, sollicité par l'auteur de ce Dictionnaire de l'examiner pour exprimer mon opinion sur son utilité, j'ai cru devoir dire en conscience que, si les amateurs et professeurs de musique qui voudront se donner la peine de le lire et de l'étudier, ils ne feront plus certaines fautes qu'il est vraiment déplorable et d'entendre et de voir imprimer tous les jours.

Cette opinion a été celle des hommes les plus distingués dans le monde musical, comme on le voit par les rapports remis en tête de ce livre, qui dernièrement a été autorisé aussi par le Conseil royal de l'instruction publique pour les établissements universitaires. Un concours de jugements aussi graves doit engager tous les professeurs à faire adopter ce Vocabulaire à leurs élèves dans l'intérêt d'une bonne et fidèle exécution, comme on l'a fait au Conservatoire et dans les principaux établissements de musique de Paris.

Cet ouvrage se trouve chez Renard, libraire-éditeur, rue Sainte-Anne, n° 71.

qui consiste en une seule battue de la note supérieure sur celle qui porte le mordant; c'est le petit trille. On l'emploie aussi pour indiquer de donner une certaine force au jeu.

MOTTETTO, s. m. *Motet.* Pièce de musique faite sur des paroles latines prises dans les psaumes, les hymnes ou les antiennes.

NATURALE, adj. *Naturel.* Ce mot avertit l'exécutant de jouer d'une manière simple, sans ornements. *Canto naturale*, chant doux, aisé, gracieux.

OBBLIGATO, TA, adj. *Obligé*, indispensable. On emploie ce mot pour indiquer qu'une voix ou une partie ne peut être supprimée sans faire tort à l'exécution.

PARLANTE, adj. Ce mot avertit l'exécutant de faire ressortir avec force et vibration les notes sur lesquelles il est placé; ce qui s'appelle *faire parler les notes.*

Ce même mot, dans une partie du chant, indique que la poésie doit être plutôt débitée que chantée.

PASTICCIO, s. m. *Pastiche.* On nomme ainsi un *oratorio*, un *opéra* composé d'airs de plusieurs maîtres.

PATETICAMENTE, adv. *Pathétiquement.* Ce mot avertit l'exécutant de donner à son expression de la noblesse et un sentiment propre à émouvoir.

PERTICHINO, petit solo dans un morceau, espèce de coryphée. On dit *aria con pertichino.*

P. PIANO, adv. *Faible.* Ce mot avertit l'exécutant de jouer à demi fort. Il est l'opposé de *forte*. Il faut avoir soin d'observer que le degré du *piano* doit être réglé selon les circonstances et toujours proportionné au cas dans lequel il est employé.

PIENO, NA, adj. *Plein.* Ce mot indique de jouer à plein jeu. *Pieno coro*, tout le chœur.

PORTAMENTO, s. m. Ce mot recommande de porter la voix et de couler d'une note à l'autre.

POLACCA, s. f. *Polonaise.* Air de chant et de danse dont le mouvement modéré est à 3/4.

PRIMA DONNA. Nom par lequel on désigne la première cantatrice de l'opéra.

PRIMO BUFFO. Nom que l'on donne à celui qui joue le rôle du premier comique.

PRIMO SOPRANO. On nomme ainsi la personne qui fait le soprano ou premier dessus.

PRONUNZIANDO, p. prés. *En prononçant*, c'est-à-dire en donnant aux notes et aux syllabes une articulation bien marquée.

QUARTETTO, s. m. *Quatuor.* Morceau de musique à quatre parties obligées.

QUINTETTO, s. m. *Quintuor ou quintette.* Morceau de musique à cinq parties obligées.

RECITANDO, p. prés. *En récitant*, c'est-à-dire en prononçant un discours d'un ton musical, mais dans le style de la déclamation.

RECITATIVO, s. m. *Récitatif.* Espèce de chant qui approche beaucoup de la parole; déclamation en musique, dans laquelle le musicien doit imiter, autant qu'il est possible, les inflexions de voix du déclamateur.

REPLICA, s. f. *Réplique.* On donne ce nom à un fragment de mélodie et quelquefois à une phrase, à une période entière prise dans la partie récitante. Ce mot est employé aussi pour *ripresa.* Voy. *Ripresa.*

RIFIORIMENTI, s. m. pl. Voy. *Adornamenti.*

RIPRESA, s. f. *Reprise.* Ce mot, représenté par deux barres perpendiculaires et des points, signifie que l'on doit répéter une partie d'un air; si les points sont à gauche, il faut exécuter deux fois la partie précédente; s'ils sont à droite, il faut répéter la partie suivante; s'ils sont aux deux côtés, il faut exécuter deux fois chaque partie.

RISOLUTO, TA, adj. *Résolu.* Ce mot indique une exécution mâle et vive, une intonation bien sentie et détachée plutôt que liée; ordinairement il donne un peu plus de vitesse au mouvement.

RITORNELLO, s. m. *Ritournelle.* Phrase instrumentale qui précède ou suit un air.

ROLATA, s. f. *Roulade.* Prompte exécution de plusieurs sons progressifs sur une seule syllabe ou avec la simple vocalisation.

ROMANZA, s. f. *Romance.* Morceau de musique d'un caractère simple, d'une mélodie douce, naturelle, et dont le mouvement est lent.

RONDO, s. m. *Rondeau.* Expression prise du français; sorte d'air gai dans lequel on fait entendre plusieurs fois le premier motif.

SCORRENDO, p. prés. *En coulant*, c'est-à-dire en glissant la voix tandis qu'on chante.

SDRUCCIOLANDO, p. prés. Voy. *Scorrendo.*

SESTETTO, s. m. *Sextuor.* Composition à six parties obligées.

SIMILE, adj. *Semblable.* Ce mot écrit à la suite d'un passage avertit l'exécutant de figurer des passages pareils à celui donné pour modèle.

SINGHIOZZANDO, p. prés. *En sanglotant*, c'est-à-dire chanter en imitant les sanglots.

SOLFEGGIANDO, p. prés. *En solfiant*, c'est-à-dire prononcer, en même temps que l'on entonne des sons, les syllabes de la gamme qui leur correspondent.

SOLMIZZANDO, p. prés. Voy. *Solfeggiando.*

SOLO, s. m. *Solo.* Morceau ou passage de musique qui se chante à voix seule, ou qui se joue sur un seul instrument.

SOPRANO, s. m. *Soprano, dessus.* Voix de femmes et d'enfants. La voix la plus haute des parties vocales de la musique. Son diapason est ordinairement de deux octaves. On donne aussi ce nom à la personne qui fait le *soprano.* Voy. *Primo soprano.*

STRASCINANDO, p. prés. *En traînant* et en ralentissant le son.

STRISCIANDO, p. prés. *En glissant* la voix.

TENORE, s. m. *Ténor ou taille.* On donne ce nom à la voix d'homme la plus aiguë, obtenue sans forcer la nature. C'est la voix qui tient le milieu entre le contralto et le baritono; son diapason est une voix de poitrine; il prend la voix de tête au *sol* ou au *la*, la prolonge jusqu'au *ré* et plus loin encore. On donne aussi ce nom à la personne qui fait le *ténore.*

TERZETTO, s. m. Morceau de musique à trois parties obligées.

TIRANO, s. f. *Tirana.* Air espagnol dont la mesure un peu lente est à 3/8.

VIBRATO, TA, adj. *Vibré.* Ce mot indique de rendre des sons avec force, de manière à produire des vibrations.

VOLATINA, s. f. *Volatine.* Trait diatonique et rapide; petite roulade qui n'excède guère les bornes d'un neuvième.

DU MOUVEMENT ET DES NUANCES.

Le mouvement est le degré de vitesse ou de lenteur que l'on veut donner à la mesure du morceau que l'on doit exécuter.
Les nuances sont le degré de force ou de faiblesse que l'on doit donner aux sons.

INDICATIONS DES MOUVEMENTS.

Terme	Abrév.	Signification
LARGO.		Large et sévère.
LENTO.		Lent.
SOSTENUTO.		Mouvement soutenu.
LARGHETTO.		Largement.
ADAGIO.		Lentement avec âme.
MAESTOSO.		Majestueusement.
AFFETTUOSO.		Affectueux.
CANTABILE.		Chanter avec goût.
TEMPO DI MINUETTO.		Temps de menuet.
TEMPO DI MARCIA.		Temps de marche.
ANDANTE.	ou AND^{te}	Allant, mouvement gracieux.
ANDANTINO.	AND^{ino} †	Un peu moins lent.
TEMPO GIUSTO.		Temps juste, ni trop vite, ni trop lent.
MODERATO.		Modérément.
GRAZIOSO.		Gracieusement.
ALLEGRETTO.	ou ALL^{to}	Presque gai, pas trop vite.
ALLEGRO.	ALL^o	Gai, animé.
CON BRIO.		Avec du brillant.
SCHERZANDO.		Légèrement, en jouant, badinant.
AGITATO.		Agité.
VIVACE.		Avec vivacité.
PRESTO.		Très vite.
PRESTISSIMO.		Extrêmement vite.

INDICATIONS ADDITIONNELLES AUX MOUVEMENTS.

CON ESPRESSIONE.	Avec expression.
DOLOROSO.	Avec douleur.
COMODO.	Commodément.
NON TROPPO.	Pas trop.
QUASI.	Quasi, presque.
BRIOSO.	Vif, agile.
MOSSO.	Mouvement animé.
CON MOTO.	Avec mouvement.
MOLTO.	Beaucoup.
ASSAI.	Plus vif que le précédent.

INDICATIONS DE NUANCE ET D'EXPRESSION.

Terme	Abrév.	Signification
PIANO.	ou P.	Faible, doux.
PIANISSIMO.	ou PP.	Extrêmement doux.
Trois P.	PPP.	Le plus doux possible.
DOLCE.	Dol.	Doux.
FORTE.	F.	Fort.
FORTISSIMO.	FF.	Très fort.
Trois F.	FFF.	Le plus fort possible.
MEZZO FORTE.	mF.	Demi-Fort.
SFORZATO.	sFz.	Forcé subitement.
RINFORZANDO.	Rinf.	En renforçant.
CRESCENDO.	Cresc.	En augmentant la force.
DECRESCENDO.	Decresc.	En diminuant la force.
DIMINUENDO.	Dim.	En diminuant la force.
SMORZANDO.	Smorz.	En mourant.
MORENDO.	Moren.	En mourant.
LEGATO.	Leg.	Lié.
STACCATO.	Stacc.	Détaché.
PORTAMENTO.	Port.	En portant le son.
RITARDANDO.	Ritard.	En retardant.
RALLENTANDO.	Rall.	En ralentissant
RITENUTO.	Rit.	Retenu.
STRINGENDO.	String.	En serrant.
ACCELERANDO.	Accel.	En accélérant.
A TEMPO.	Tempo primo.	Premier mouvement.
ESPRESSIVO.	Espress.	Expressif.
LEGGIERO.	Legg.	Léger.
CON ANIMA.		Avec âme.
CON SPIRITO.		Avec esprit.
CON GRAZIA.		Avec grâce.
CON GUSTO.		Avec goût.
CON DELICATEZZA.		Avec délicatesse.
CON ALLEGREZZA.		Avec joie et allégresse.
CON FUOCO.		Avec feu.
CALDANDO.		En échauffant.
CON CALORE.		Avec chaleur.
CALANDO.		En diminuant.
CON FORZA.		Avec force.
ANIMATO.		Animé.
BEN MARCATO.		Bien marqué.
AD LIBITUM.		A volonté.
A PIACERE.		A plaisir.
POCO A POCO.		Peu à peu.

(1) Quelques personnes considèrent à tort l'*Andantino* comme plus lent que l'*Andante.*

TABLE THÉMATIQUE

INSTITUT DE FRANCE.

Rapports faits à l'Académie des Beaux-Arts
PAR LA SECTION DE MUSIQUE
SUR LES OUVRAGES DIDACTIQUES DE M. A. PANSERON.

Sur l'A B C MUSICAL.

Messieurs, le 12 octobre 1839 j'ai eu l'honneur de présenter à l'Académie, au nom de la section de musique, un rapport sur la méthode complète de chant composée par M. Panseron. Les conclusions de ce rapport étaient toutes favorables à cet intéressant ouvrage, et l'Académie leur a accordé son honorable approbation. Depuis, M. Panseron, en véritable artiste, a pensé que ce n'était pas assez d'avoir bien fait, qu'il fallait chercher à faire mieux encore. Nous croyons qu'il a atteint ce but dans son nouvel ouvrage. En effet, puisque la musique est un idiome particulier, on doit commencer par faire connaître aux élèves l'alphabet particulier dont on forme son langage, et c'est ce que l'auteur a fait avec une lucidité parfaite, même pour les plus jeunes enfants ; aussi a-t-il donné pour titre à son livre *A B C musical*. Cet opuscule peut être considéré comme la préface ou l'exorde de sa Méthode de chant. Mais ce dont on ne saurait trop le louer, c'est d'avoir, dans l'intérêt hygiénique de l'organe vocal chez les jeunes enfants, composé une série de leçons progressives dans un diapason très restreint, dont la plus grande extension ne passe presque jamais le parcours d'une octave et rarement d'une dixième, en partant de *do* ou *ut* grave. C'est un grand service rendu à la jeunesse studieuse dont on fatiguait et brisait souvent le frêle organe en lui faisant *crier* les leçons de nos meilleurs solféges, qui, en général, ne sont écrites que pour des voix formées. Cette idée de l'auteur nous semble être, si l'on peut s'exprimer ainsi, une idée philanthropique ; c'est celle d'un bon père de famille mise en œuvre par un habile théoricien.

Nous pensons donc, Messieurs, que l'Académie fera encore une chose juste et profitable à l'art musical en accordant son encourageante approbation aux conclusions de notre rapport.

Signé à la minute : CHERUBINI, AUBER, HALÉVY, CARAFA, et BERTON, rapporteur.
Paris, le 12 novembre 1840.

Sur le SOLFÉGE A DEUX VOIX.

Messieurs, par sa lettre du 11 courant, M. le Ministre de l'Intérieur nous a invités à prendre connaissance du nouveau travail de M. Panseron ; vous avez chargé votre section de musique de prendre ce soin ; elle s'est empressée de satisfaire à votre désir, et nous avons l'honneur de venir aujourd'hui, après un examen attentif, soumettre à vos lumières le rapport dans lequel nous avons consigné notre opinion sur les mérites de ce livre.

M. Panseron a déjà soumis plusieurs ouvrages de cette nature à l'Académie, et tous ont reçu votre honorable sanction ; ce dernier est une espèce d'appendice aux précédents, et a pour titre : *Solfége à deux voix pour premier et deuxième soprano*. Étant, comme ses aînés, composé dans toute la pureté du style vocal, il nous paraît également mériter les mêmes éloges ; nous avons aussi remarqué le soin qu'il a pris de procéder toujours du connu à l'inconnu, dans les cinquante leçons contenues dans ledit solfége, condition *sine qua non* dans toute espèce d'enseignement, et qui s'y trouve religieusement observée ; car les premières leçons sont composées sur les deux gammes, majeure et mineure, accompagnées par des mélodies dont les difficultés d'intonation et de mesure augmentent successivement et graduellement. Ces mélodies, malgré le travail qu'elles comportent, sont toutes très pures et composées dans un excellent style. Les élèves pourront en outre y puiser un très bon sentiment d'harmonie.

M. Panseron, l'un des maîtres de chant du Conservatoire, a déposé dans cet ouvrage le fruit de son expérience et des observations qu'une longue pratique ne peut manquer de suggérer à un professeur habile et consciencieux.

Nous venons aujourd'hui, Messieurs, vous prier, dans l'intérêt de l'art musical, d'accorder votre honorable approbation au nouvel ouvrage de M. Panseron.

Signé à la minute : CHERUBINI, AUBER, HALÉVY, CARAFA, BERTON, rapporteur.

L'Académie adopte les conclusions de ce rapport.

Sur le SOLFÉGE D'ARTISTE, ou Solfége A CHANGEMENT DE CLEF.

Le secrétaire perpétuel de l'Académie certifie que ce qui suit est extrait du procès-verbal de la séance du samedi 3 décembre 1842 :

« Messieurs, par sa dernière lettre, M. le Ministre de l'Intérieur vous a invités à prendre connaissance du nouvel ouvrage de M. Panseron, qui a pour titre : *Solfége d'artiste ou Solfége sur toutes les clefs*. Vous avez chargé votre section de musique de l'examiner, et je viens en son nom vous faire connaître son opinion.

« Déjà vous avez accordé votre honorable sanction aux trois précédentes méthodes ayant pour titre : *A B C musical*, etc., dont ce dernier est le véritable appendice, et, si quelque distingue ce nouvel œuvre, c'est que son auteur a composé des leçons pour chaque nature de voix, telles que basse, baryton, ténor, contralto et soprano.

« Cet ouvrage est divisé en huit parties très distinctes. La première comprend les plus grandes difficultés de lecture musicale faisant suite à ses trois précédentes. Les six suivantes sont autant de solféges composés de douze à quinze leçons sur chacune des six clefs et suivant une marche progressive de difficultés. La huitième partie, qui nous a paru la plus importante, se compose de 20 leçons à changement de clefs et d'un style figué.

« Cet ouvrage est sans contredit le mieux conçu dans ce genre, en ce qu'il suit une progression méthodique et de nature à faciliter les progrès des élèves.

« Quelques principes d'harmonie à l'usage du solfégien précèdent les leçons, et l'on doit savoir gré à l'auteur d'initier déjà l'élève aux premiers éléments de cet art, dont la connaissance est presque indispensable à celui qui veut être bon musicien.

« Les tableaux de M. Panseron sur toutes les clefs et sur la transposition sont très instructifs et exposés avec une lucidité parfaite ; mais un des plus grands mérites de cet excellent ouvrage est le style vocal dans lequel toutes les leçons sont écrites et qui prouve ce que l'on doit attendre d'un lauréat de l'Institut qui est devenu depuis l'un de nos meilleurs professeurs de chant du Conservatoire.

« Par ce dernier travail, M. Panseron vient de terminer dignement la tâche qu'il s'était imposée, et cet appendice est le complément d'un œuvre en quatre parties, qui, par la nouveauté de sa forme et de sa brillante exécution, mérite les plus grands éloges et nous sommes persuadés qu'il contribuera puissamment à former d'excellents musiciens.

« En résumé, Messieurs, nous venons vous proposer, comme un acte de justice, d'accorder votre honorable approbation au rapport que nous avons l'honneur de vous soumettre.

« Signé à la minute : AUBER, HALÉVY, CARAFA, BERTON, rapporteur. »

Les conclusions de ce rapport sont adoptées.

Certifié conforme. Le secrétaire perpétuel : *Signé* RAOUL-ROCHETTE.

Sur la MÉTHODE DE VOCALISATION.

Le Secrétaire perpétuel de l'Académie certifie que ce qui suit est extrait du procès-verbal de la séance du samedi 12 octobre 1839.

Messieurs, par sa lettre du 31 août dernier, M. le ministre de l'intérieur vous a invités à prendre connaissance de cette Méthode et à lui faire parvenir, dans un rapport écrit, votre avis sur ses mérites. Vous avez chargé votre section de musique de ce soin, et j'ai l'honneur de vous donner connaissance de son opinion.

Cette Méthode est divisée en trois parties. La première est une introduction dans laquelle l'auteur parle de la formation de la voix. Cette partie nous a paru être traitée *ex professo*, car c'est une *physiologie* de l'organe de la voix chantante, dans laquelle M. Panseron a toujours eu le soin d'appuyer son opinion par l'autorité des principes consignés sur cette matière dans les écrits des célèbres docteurs *Bichat*, *Bennati* et *Colombat* de l'Isère.

La deuxième partie contient 125 exercices progressifs à l'usage des commençants. Les moyens donnés aux élèves pour leur apprendre à émettre les sons franchement et sans efforts, et à les filer avec art en passant tour à tour du doux au fort et du fort au doux, y sont enseignés avec clarté. Toutes les gammes qui font la matière du commencement de cette partie y sont successivement établies dans tous les tons majeurs et mineurs, par dièse et par bémol, en commençant par l'emploi progressif des signes représentatifs des sons, tels que ronde, blanche, noire, etc., jusqu'au plus minime de ces signes, qui est la quadruple croche.

La troisième partie est consacrée à des vocalises dans lesquelles toutes les difficultés de l'art du chant sont parfaitement graduées. Elles sont alternativement établies, ainsi que celles de la précédente partie, dans tous les tons et dans tous les modes, mais avec plus de recherche dans les modulations, ce qui nécessite de la part de l'élève une grande sûreté d'intonation et une aptitude d'oreille à saisir le point central de la tonalité à laquelle appartient le passage qu'il doit exécuter.

L'étude du trille, improprement nommé cadence, y est aussi fort bien enseignée. L'usage habituel, dans les ouvrages de cette nature, était d'accompagner les leçons par une simple basse chiffrée ; l'auteur a judicieusement pensé qu'un accompagnement de piano, dont la main droite ferait toujours l'harmonie et de manière à assurer l'intonation, serait une heureuse innovation, et nous pensons comme lui. Ces accompagnements sont d'une harmonie pure, simple et toujours locale.

En résumé, Messieurs, cette Méthode nous semble digne de vous être présentée, et mériter vos honorables encouragements. D'ailleurs, parmi les nombreux élèves qui ont été couronnés par vous, M. Panseron nous paraît l'un de ceux dont les talents donnent une plus grande preuve de l'utilité artistique du grand prix de composition musicale. Pendant son séjour en Italie ainsi qu'en Allemagne, il sut fructueusement employer tous ses instants ; il eut souvent l'avantage de visiter l'illustre *Zingarelli*, le savant père *Mattei*, *Rossini*, *Winter*, *Beethoven*, *Spohr* et *Vogel*, dont il eut le bonheur de recevoir les conseils, et, en véritable artiste, il sut mettre à profit les sages doctrines de ces célèbres maîtres. C'est donc, nous n'en pouvons douter, le résultat des études consciencieuses que M. Panseron sut faire dans ses voyages, et le résumé des observations judicieuses, fruits de son contact avec tant de notabilités musicales, qui ont puissamment contribué à l'inspirer dans la conception de l'œuvre classique qu'il vient aujourd'hui soumettre à votre docte appréciation.

Quant à nous, Messieurs, nous ne croyons pouvoir mieux faire, dans l'intérêt du chant, que de vous prier de vouloir bien accorder votre honorable approbation à notre rapport.

Signé à la minute : *Cherubini*, *Auber*, *Halévy*, *Carafa* et *Berton*, rapporteur.

Certifié conforme : *Le Secrétaire perpétuel de l'Académie des Beaux-Arts*,
RAOUL-ROCHETTE.

Paris, le 16 octobre 1839.

Lettres d'Approbation.

Sur l'A B C MUSICAL.

Monsieur, j'ai lu attentivement les épreuves de votre *A B C musical*, et je reconnais avec plaisir que les mères de famille qui, dans leur jeunesse, se sont occupées de musique, pourront à l'aide de ce petit Solfége commencer leurs enfants. Vous avez bien fait de vous imposer la loi de ne point dépasser le *ré*, quatrième ligne de la clef de *sol*, l'apogée de la voix de cet âge ; les maîtres pourront donc sans danger, et sans craindre de fatiguer le larynx, faire solfier votre ouvrage.

Cet *A B C musical* joint au mérite d'être aussi élémentaire et facile que le demandait sa destination, celui d'être encore très mélodieux.

C'est, Monsieur, un nouveau service dont l'art vous sera redevable.

Recevez, je vous prie, l'assurance de ma parfaite considération.

L. Cherubini, *membre de l'Institut.*

Paris, ce 10 août 1840.

Mon cher Panseron, l'Académie, en me faisant parvenir le manuscrit de ton *A B C musical*, m'a chargé de lui faire un rapport sur cet ouvrage ; je l'ai lu avec le plus vif intérêt, et je ne peux que te féliciter d'avoir eu une aussi heureuse pensée et de l'avoir aussi bien mise en œuvre ; car, malgré le mérite bien reconnu de ton excellent *Traité de Vocalisation*, ton dernier livre vient de nous apprendre qu'il y manquait une chose indispensable, surtout dans tout ouvrage élémentaire, c'est-à-dire un *exorde* avant d'entrer en matière, et celui-ci remplit parfaitement cette fonction.

Mais ce dont je te loue particulièrement, est d'avoir eu la pensée d'écrire toutes les leçons dans un diapason restreint et qui ne peut fatiguer l'organe vocal des jeunes enfants par sa trop grande étendue, surtout dans les cordes hautes de la voix, ce qui se rencontre très fréquemment dans tous les Solféges en usage. Cette pensée est excellente et toute paternelle ; il est donc naturel qu'elle ait pris naissance dans l'âme de Panseron, que son vieux professeur félicite de nouveau et embrasse de tout son cœur.

H. Montan-Berton, *membre de l'Institut.*

Paris, le 15 octobre 1840.

Monsieur, j'ai lu avec attention l'ouvrage élémentaire intitulé : *A B C* etc., que vous avez soumis à mon examen ; je me suis pénétré de l'objet que vous vous proposiez, et j'ai acquis la conviction que la marche simple et progressive que vous avez suivie atteindra complètement le but de rendre plus facile aux enfants la première instruction des principes de la musique, de ne point fatiguer leur organe vocal, et de donner aux mères de famille un guide sûr pour qu'elles puissent diriger elles-mêmes les progrès de leurs enfants. Je vous félicite, Monsieur, sur ce travail, dont le succès me paraît certain, et qui est un nouveau service rendu par vous à l'art.

Agréez l'assurance de ma parfaite considération.

Fétis, *maître de chapelle du Roi, directeur du Conservatoire royal de Musique.*

Bruxelles, le 12 septembre 1840.

Monsieur, le Conseil royal de l'Instruction publique a examiné, dans sa séance du 7 mai courant, l'ouvrage intitulé : *A B C musical* que vous avez présenté à l'adoption universitaire pour l'usage des écoles primaires.

D'après la délibération du Conseil royal, j'ai décidé que cet ouvrage pourrait être placé dans les bibliothèques des écoles primaires supérieures et des écoles normales primaires.

Cette décision sera notifiée incessamment à MM. les Recteurs des diverses académies.

Recevez, Monsieur, l'assurance de ma considération distinguée,

Pour le Pair de France, Ministre de l'Instruction publique,

Le Maître des Requêtes, Directeur,
Delebecque.

Paris, le 19 mai 1841

Sur le SOLFÉGE A DEUX VOIX.

Mon cher Panseron, j'accepte avec un bien grand plaisir la dédicace de ton excellent et parfait *Solfége à deux voix*, car il est toujours flatteur de recevoir des mains d'un artiste habile un hommage de cette nature. Mais ce qui me touche encore plus, est de l'avoir reçu des mains de l'un de mes élèves le plus distingué, qui fut l'ami, le camarade d'enfance de mon pauvre fils, de ma chère fille ! enfin de cet artiste qui sut toujours, dans tout le cours de sa carrière, exercer avec honneur et constance la morale que renferme cette belle pensée de Massieu : « La reconnaissance est la mémoire du cœur. »

Tout à toi pour la vie. H. Berton, *Membre de l'Institut, etc., etc.*

Sur la MÉTHODE DE VOCALISATION.

Monsieur, après avoir mûrement examiné la *Méthode de Vocalisation* que vous venez de me soumettre, je m'empresse de vous donner mon approbation pour son emploi dans les classes de chant du Conservatoire. J'ai vu avec plaisir que vous vous étiez occupé de la partie didactique ; vos études de composition et de chant, ainsi que votre long séjour sur la terre classique du vocal, m'étaient un sûr garant de vos excellentes observations. Les simples accompagnements, par lesquels vous remplacez les chiffres employés dans les anciennes méthodes, pour les gammes et les exercices qui composent votre première partie, sont un parfait système. Avec cet ouvrage les élèves n'auront plus de prétexte pour ne pas travailler seuls.

J'approuve aussi, dans votre seconde partie, le système progressif des quarante vocalises dont le style et la mélodie déguisent à l'élève ce qu'il y a ordinairement d'aride dans les études. Il n'est pas douteux qu'en étudiant soigneusement votre Méthode on ne parvienne à devenir un artiste distingué.

Recevez, Monsieur, l'assurance de ma parfaite considération.

L. Cherubini, *directeur du Conservatoire, membre de l'Institut.*

Paris, le 14 août 1839.

Monsieur, j'ai reçu l'épreuve de votre *Méthode de Vocalisation* que vous m'avez envoyée, et je l'ai examinée avec tout le soin dont je suis capable. Je viens aujourd'hui vous féliciter sur votre travail, qui remplit parfaitement le but que vous vous êtes proposé, et qui sera, comme vous l'avez voulu, un excellent guide pour les élèves qui voudront travailler seuls et mettre à profit les leçons de leur maître ; avantage dont les méthodes de chant les plus estimables, publiées jusqu'à ce jour sont dépourvues.

Je m'empresse de vous annoncer que j'adopte votre ouvrage pour l'usage des classes du Conservatoire placé sous ma direction, et que je le considère comme un service réel rendu à l'art du chant.

Agréez, Monsieur, l'assurance de ma parfaite considération,

Fétis, *Maître de chapelle du Roi, Directeur du Conservatoire.*

Bruxelles, le 2 octobre 1839.

Mon cher Panseron, aujourd'hui même j'ai fait à l'Académie des Beaux-Arts le Rapport qu'elle avait demandé à sa section de Musique sur ta *Méthode de Vocalisation*. Les conclusions de ce Rapport ont été adoptées à l'unanimité, et je m'empresse de t'en donner avis ; j'ai donné l'ordre au Secrétariat d'en faire de suite une ampliation revêtue des formes administratives et te la ferai parvenir sous peu.

Chargé de la rédaction de ce Rapport, j'ai donc été à portée, plus que tout autre, d'analyser avec une scrupuleuse attention l'ordonnance générale de ton œuvre, et ton vieux professeur, à la fin de chaque page, n'a pu dire que : « C'est bien ! c'est fort bien ! C'est une véritable méthode où l'auteur, avec art, a su tour à tour passer du connu à l'inconnu. » Avec ce livre le musicien, né avec le sentiment, le véritable instinct de son art, *pourra seul* apprendre à former sa voix, à l'exercer dans toutes les phases qu'offrent les diverses formules d'une bonne vocalisation. Tout y est à sa place ; la Préface est un enseignement rationnel pour qui veut connaître la physiologie de l'organe chantant. Tes accompagnements sont ingénieusement écrits ; leur simplicité est d'une convenance parfaite ; leur pureté harmonique accoutumera l'élève, sans qu'il s'en doute, à accentuer convenablement en observant les lois physiques de la tonalité, que les actes de cadence de la partie grave ou basse ont seuls la puissance de faire apprécier à leur juste valeur, et qui doivent servir de boussole aux exécutants pour ponctuer aussi logiquement une phrase musicale que l'on peut ponctuer une phrase du discours oratoire. Je te loue aussi d'avoir choisi, pour base des formules de ta Méthode inscrites sous les numéros 96, 97 et 98, cette cadence ; c'est une excellente pensée que d'en avoir fait choix, car dans les œuvres de nos plus grands maîtres il n'existe pas un seul morceau où elle ne soit employée pour annoncer la terminaison, ainsi qu'il est d'usage, à la fin d'un placet, d'une lettre, d'employer le banal protocole : *J'ai l'honneur d'être*, etc., etc., etc.

Quant à moi, en te félicitant, je me réjouis de pouvoir encore me dire

Ton bien dévoué maître et ami : Le Ch. H. Berton.

Paris, le samedi 16 octobre 1839.

Monsieur, j'ai examiné avec beaucoup d'intérêt la *Méthode de Vocalisation* que vous avez bien voulu m'adresser. Elle m'a paru remplir entièrement le but très utile que vous vous êtes proposé, c'est-à-dire de procurer aux élèves de chant le moyen de pouvoir travailler sans maître, en leur aplanissant les difficultés des études.

L'approbation des grands maîtres, exprimée d'une manière si éclatante par eux à la tête de votre ouvrage, vous rend tout autre suffrage superflu ; mais puisque vous voulez bien aussi désirer le mien, je vous assure qu'il vous est entièrement acquis. Giacomo Meyerbeer.

Mon cher Panseron, je ne puis résister au désir de vous dire tout le bien que je pense de votre *Méthode*, et de vous exprimer la satisfaction que j'ai éprouvée en la lisant attentivement.

Vous avez obtenu le suffrage des professeurs les plus distingués ; ce n'est donc pas mon opinion que je viens vous donner, ce sont des remerciments que je vous adresse, car vous savez tout le soin que j'apporte à donner mes leçons, l'intérêt que je porte à mes élèves. Votre *Méthode*, qui les met à même de travailler seules (ce qui était le point le plus difficile), me promet aussi des progrès plus prompts.

Je vous félicite donc, mon cher Panseron, du succès qu'obtient votre ouvrage ; il est d'autant plus flatteur qu'il est mérité, chose assez rare par le temps qui court. Je vous renouvelle aussi l'expression de mon amitié dévouée. A. DAMOREAU-CINTI.

Lundi au soir, 11 novembre 1839.

———

Mon cher Panseron, au témoignage d'estime et d'amitié que tu m'as donné publiquement en me dédiant ta *Méthode de Vocalisation*, je veux répondre publiquement aussi par les remerciments et les félicitations les plus sincères sur la tâche consciencieuse et intelligente que tu as remplie dans la publication de cet ouvrage.

C'est un immense service rendu à l'art musical que d'avoir mis à la portée de tous les élèves les principes du chant. Tes accompagnements, aussi simples qu'ingénieux, détruisent ce que la première étude en a de fastidieux et de décourageant. Tu as compris tout ce qui manquait aux livres élémentaires que les commençants ont eus jusqu'alors dans les mains, pour qu'ils en pussent saisir l'esprit et les leçons.

Être debout quand on étudie est un grand avantage que tu as facilité par tes exercices accompagnés d'une seule main. Enfin, tu as introduit dans ton ouvrage l'étude des gammes mineures, trop négligées dans les autres. Tout, en un mot, marche dans ta Méthode avec une clarté parfaite et une précision admirable, et je n'ai point hésité à en assurer les bons effets à mes élèves, qui l'auront bientôt tous adopté.

Reçois donc de nouveau mes remerciments et l'assurance de mes sentiments bien dévoués. Ton ami, PONCHARD.

Novembre 1839.

———

Monsieur, je me suis empressé, dès que votre *Méthode de Vocalisation* m'est parvenue, d'en faire une étude complète et approfondie. Vous dire qu'elle m'a pleinement satisfait serait n'exprimer qu'une partie de ma pensée, car j'y ai trouvé avec autant de surprise que de plaisir des parties absolument nouvelles, et tellement utiles, à mon avis, qu'elles donnent à votre excellent travail un incontestable avantage sur les ouvrages du même genre qui l'ont précédé.

Je me ferai non-seulement un plaisir, mais un devoir, de recommander votre *Méthode* à tous ceux qui ont à cœur d'étudier la vocalisation, surtout sans le secours, ou du moins la présence continuelle d'un maître, et je ferai tous mes efforts pour qu'elle soit adoptée dans les classes du Conservatoire de Naples.

Agréez, Monsieur, l'assurance de ma considération la plus distinguée.

L. LABLACHE.

———

Mon cher Panseron, je vous remercie de l'envoi de votre *Méthode de Vocalisation* ; je l'ai parcourue avec la plus scrupuleuse attention comme avec le plus grand plaisir ; car je suis toujours heureux lorsque je vois se propager de bons ouvrages qui tendent à améliorer en France l'art, et à ce titre recevez mes félicitations bien sincères. Mais, que pourrais-je ajouter au rapport fait à l'Académie des Beaux-Arts par MM. Cherubini, Auber, Halevy, Carafa, Berton ? Que pourrais-je ajouter aux lettres de M. Cherubini, directeur du Conservatoire de Paris, et de M. Fétis, directeur de celui de Bruxelles ? rien.

Recevez donc l'assurance de mon adhésion pleine et entière aux jugements portés par ces sommités artistiques, et les vœux que je fais pour que les élèves qui adopteront votre système puissent acquérir le talent et la célébrité de l'ami sous le patronage duquel vous avez placé votre excellent œuvre.

Votre tout dévoué serviteur et ami,

Paris, 10 novembre 1839. G. DUPREZ.

———

Je viens d'examiner, Monsieur, votre nouvelle *Méthode pour basse-taille, baryton et contralto* ; je vois avec satisfaction que vous avez suivi le même système que pour votre première de soprano et ténor ; je ne puis donc que vous adresser des compliments sur tous les points. Je reconnais que les élèves pourront travailler seuls comme vous l'avez voulu dans votre précédente. Celle-ci est d'autant plus essentielle que, jusqu'ici, il n'avait pas encore paru de méthode complète pour ces genres de voix ; je me fais un plaisir de l'adopter pour l'enseignement dans les classes du Conservatoire.

Agréez, Monsieur, l'assurance de ma considération très distinguée.

L. CHERUBINI, *Directeur du Conservatoire, Membre de l'Institut.*

———

C'est avec bien du plaisir que j'accepte la dédicace de ta *Méthode de vocalisation pour basse et baryton*.

Cette œuvre, que j'ai examinée avec un véritable intérêt, manquait aux personnes qui possèdent ce genre de voix et qui se destinent à l'art du chant. Désormais un grand ennui n'existera plus pour elles : celui d'une continuelle transposition ; elles auront de plus l'avantage de pouvoir travailler seules.

Je viens te féliciter sur ce travail qui, selon moi, doit obtenir un plein succès.

Ton ami dévoué, LEVASSEUR.

———

C'est avec bien de l'intérêt que je viens de parcourir votre *Méthode de basse-taille, baryton et contralto*, et j'ai éprouvé un grand plaisir à chanter toutes vos leçons, que j'ai trouvées parcourant tous les styles et dont les mélodies gracieuses sont excellentes pour la voix.

L'élève, qui sera parvenu à parfaitement vocaliser toutes vos gammes et toutes vos études, ainsi que vos vocalises, sera, sans contredit, un grand chanteur. Les basses-tailles et les barytons vous seront bien redevables de votre très consciencieux travail, car je me souviens de la peine que j'ai éprouvée lors de mes études, puisque j'étais obligé (comme vous le faites observer) de transposer toutes les gammes et toutes les vocalises, travail trop difficile pour les élèves ; ils pourront donc facilement, avec le secours de votre Méthode, étudier seuls.

Je vous promets qu'à mon prochain voyage en Italie je ferai tous mes efforts pour la faire connaître.

Recevez donc, mon cher monsieur, au nom de l'art et au mien, mes compliments bien sincères, avec lesquels j'ai l'honneur d'être votre dévoué et affectionné serviteur, A. TAMBURINI.

———

Extrait d'un article du Ménestrel, le 6 novembre 1842.

M. Panseron poursuit avec activité les utiles travaux qu'il a entrepris dans le vaste champ de l'enseignement vocal. Nous avons appelé plusieurs fois l'attention de nos lecteurs sur ses précédents ouvrages ; celui dont nous allons les entretenir n'est pas moins digne d'exciter leur intérêt.

En écrivant ce nouveau traité, l'auteur, comme il nous l'apprend lui-même, a eu pour but de terminer l'éducation du *Solfégiste* dont il avait posé les premières bases dans son *A B C musical*. On doit avouer qu'il a rempli cette tâche en homme de science et en homme de goût. Pour l'homme de goût, nul n'a sujet de s'en étonner ; pour l'homme de science, l'habileté du professeur a toujours été notoire ; mais ce qu'on ne sait peut-être pas, mais ce qu'il était permis d'ignorer, c'est que le compositeur, qui a produit tant et de si jolies choses fût aussi un bon contrepointiste, qu'il fît la fugue aussi bien que la romance, et ce n'est pas peu dire ! — Voilà pourtant ce que nous forcent de reconnaître la plupart des leçons du *Solfége d'Artiste*, écrites dans le style fugué, avec cette aisance qui provient du savoir uni au savoir-faire.

. . . .

— Comme la lecture des intervalles conjoints est plus aisée que celle des intervalles disjoints, M. Panseron use d'un procédé tout-à-fait rationnel pour hâter les progrès des élèves : Ainsi, « *après avoir fait solfier la gamme diatonique*, dit l'ingénieux professeur, *je fais lire une mélodie avec une douzaine de variations faciles, et lorsque la mélodie se trouve en intervalles disjoints, je mets le nom des notes au-dessus, et je ne me dispense de ce soin que pour les intervalles conjoints.* »

Presque toutes les leçons du *Solfége d'Artiste* diffèrent entre elles par le caractère et par le genre de difficultés qu'elles traitent ; mais ce qui leur est commun, c'est la grâce et la distinction de la mélodie, aussi bien que la pureté harmonique. M. Panseron, craignant que l'élève, au lieu de lire avec les yeux, ne lût au moyen de l'oreille et de l'intelligence, a eu soin d'éviter les tours trop faciles à prévoir ou à retenir, et il a appelé à son aide le style fugué. On serait tenté de croire que ce n'est point là le véritable motif de sa détermination, et qu'il avait bien plutôt en vue de combattre cette erreur malheureusement trop accréditée par des ignorants et surtout par des gens médiocres, que le charme de la mélodie est incompatible avec la rigueur scientifique. Ses études fuguées sont ravissantes à l'envi l'une de l'autre ; personne n'aura la mauvaise foi de le contester. Jamais le chant n'y présente rien de forcé ou de bizarre ; il est au contraire franc, naturel, essentiellement mélodieux. Il ne s'éclipse point au milieu des artifices et des combinaisons d'une facture savante, mais on le voit constamment briller comme un fil d'or dans la trame des imitations. Toutes les aspérités de ce genre de travail ont disparu sous la plume exercée de M. Panseron. Cela est clair, concis, plein de variété, d'intérêt ; cela n'est pas purement scolastique, mais cela sent la bonne école. Si l'on nous demande à présent de citer les morceaux que nous préférons, dans quel embarras vient-on nous jeter ! Comment avoir le courage de faire un choix, quand on voudrait s'emparer du tout ? Enfin, nous nommerons presque au hasard les nos 10, 17, 19, 21, 22, 23, 25, 28, 71, 81, 82, 99, 102, 108, 114, 220.

« Un beau, un brillant succès, un succès populaire et un succès d'estime tout à la fois, mais un succès d'estime dans la bonne acception du mot, voilà ce qui attend le *Solfége d'Artiste* ; car cet ouvrage, nous le répétons, est éminemment utile, conçu et exécuté avec autant de soin que de talent, tel en un mot qu'on devait l'attendre d'un homme dont les titres ne se résument pas uniquement dans les avantages de l'expérience ou la culture d'une branche spéciale de l'art, mais qui peut joindre encore à ces qualités un goût sûr, un esprit délicat et des connaissances aussi profondes que variées. »

GEORGES KASTNER.

1

PRÉFACE.

Après avoir fait un solfège complet en quatre volumes, l'A B C musical, premier livre à la portée des enfans; la suite de l'A B C second livre; solfège a deux voix, troisième livre; et, pour complément de l'éducation de solfège, un quatrième livre sur toutes les clés et à changement de clés, il m'a été demandé par plusieurs professeurs et un grand nombre d'élèves un solfège spécial sur la clé de fa, 4.me ligne, à l'usage des Basse-taille et Baryton.

C'est cet ouvrage que je viens offrir au public. Pour la formation du volume, je me suis servi de presque toute la partie théorique de mes précédents solfèges, et de beaucoup de mes leçons de clé de sol, en les transposant sur la clé de fa, ainsi que d'autres leçons des clés peu usitées; mais je n'ai pris aucune, de celles écrites sur la clé de fa, afin que si l'élève veut en lire d'avantage, il puisse avoir recours aux ouvrages nommés plus haut; le reste est entièrement neuf.

SOLFÈGE SUR LA CLÉ DE FA 4.me LIGNE.

La musique s'écrit sur cinq lignes, que l'on nomme portée.

Figure de la portée.

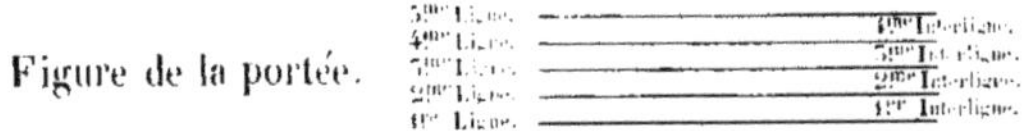

Le signe placé au commencement de la portée, se nomme CLÉ.

Il y a trois sortes de Clés. La clé de SOL, la clé d'UT, et la clé de FA.

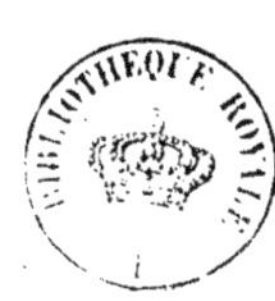

Clé de Sol. Clé d'Ut. Clé de Fa.

Exemple:

Ayant l'intention de faire un solfège spécial pour les Basse-tailles et les Barytons, nous ne nous occuperons que de la clé de Fa 4.me ligne.

La clé donne son nom à la note posée sur la même ligne de la portée.

Exemple.

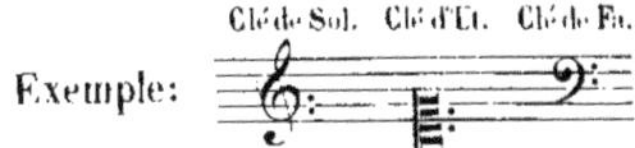

on met deux points au dessus et au dessous de la ligne.

Ainsi la note posée sur la 4.me ligne se nomme Fa.

On emploie sept syllabes pour épeler les notes.

nom des notes DO (ou UT) RÉ, MI, FA, SOL, LA, SI.

EXERCICES PROGRESSIFS SUR L'APPELLATION DES NOTES Lisez ces exercices sans les chanter.

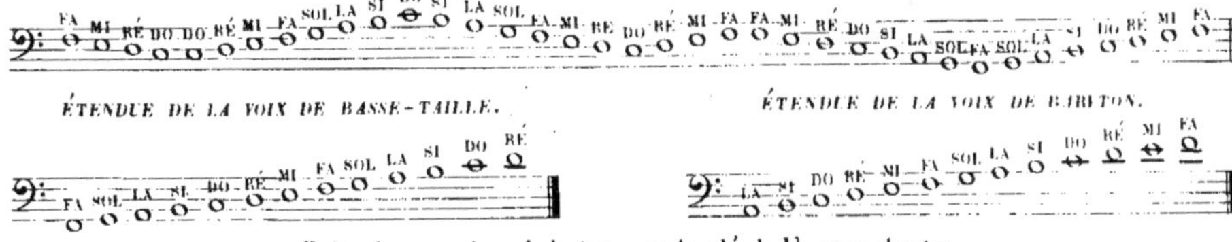

Faites battre la mesure à **2** temps.

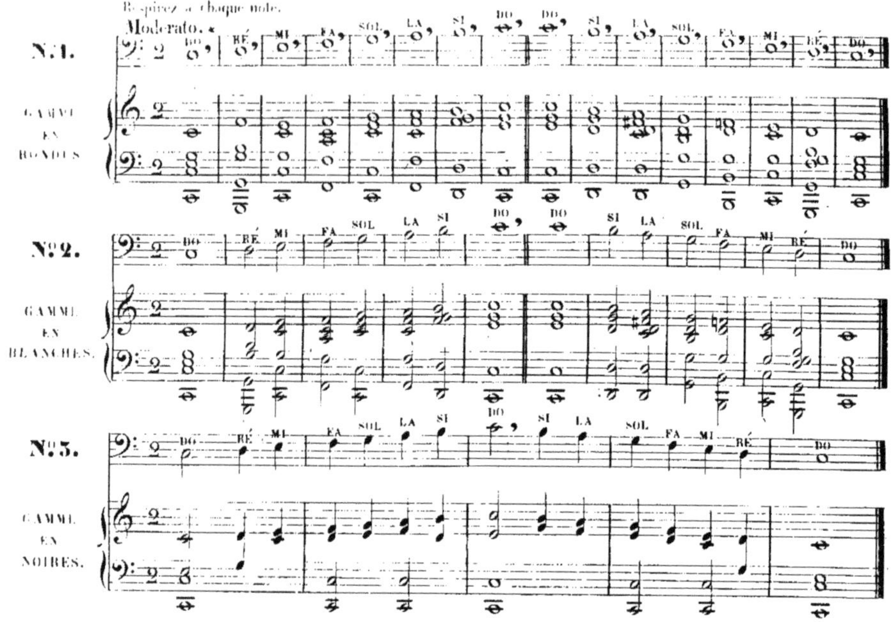

Les notes n'ont pas toujours la même figure.

Exemple:

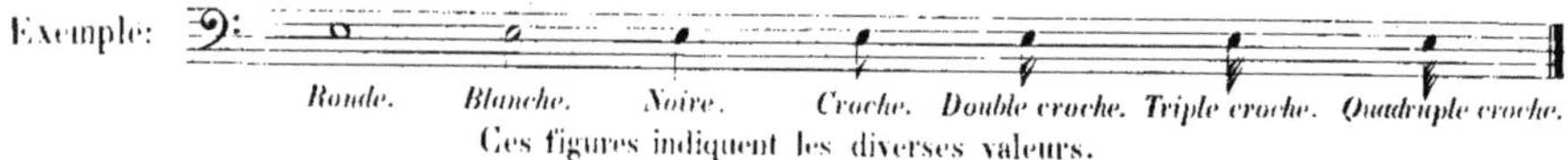

Ces figures indiquent les diverses valeurs.

RAPPORT DES FIGURES.
TABLEAU DES VALEURS

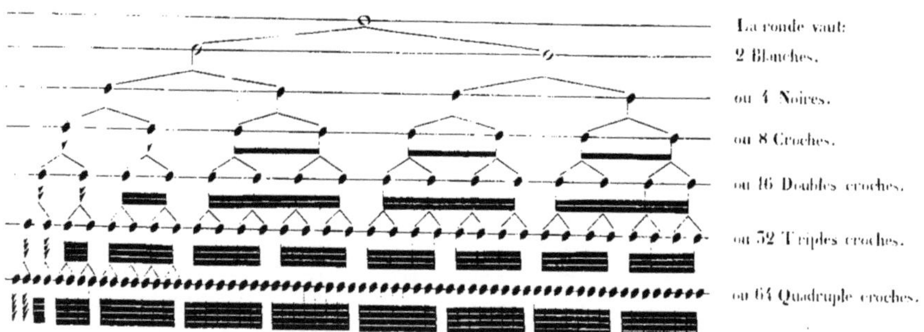

* Les V...... .... les respirations.

SUBDIVISIONS.

ÉQUIVALENTS DE LA BLANCHE.

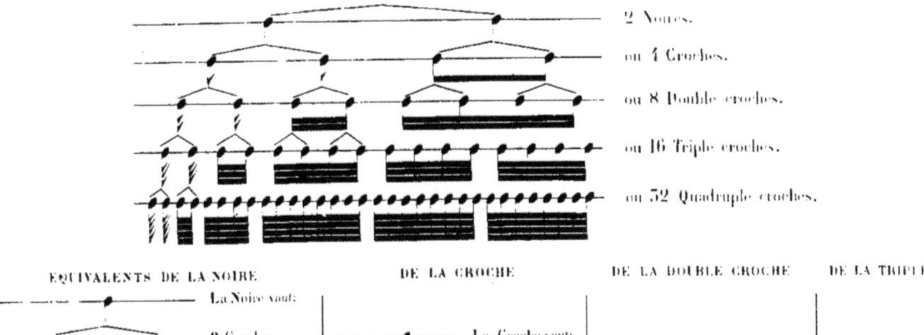

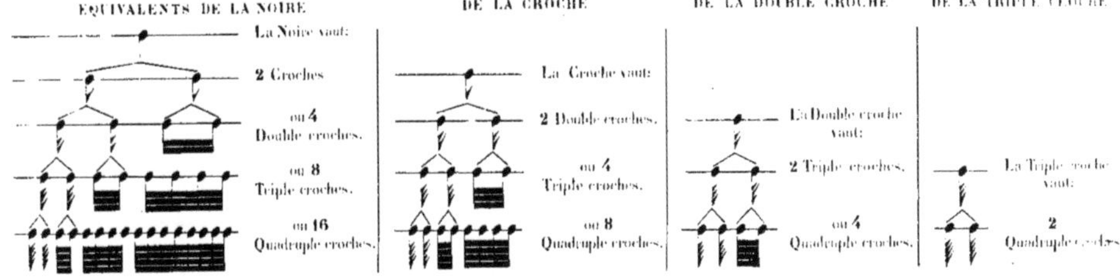

Faites étudier toutes ces valeurs avec beaucoup de soin, surtout les divisions et les subdivisions; on n'applique pas assez les élèves à ces difficultés.

Si l'élève a quelques dispositions aux calculs, on pourra exercer son esprit en lui préparant des exercices et des questions sur les combinaisons des notes. Cependant il ne faudra ni le fatiguer ni l'ennuyer sur ce travail. Je conseillerai au professeur, d'essayer quelquefois au milieu des leçons du solfège, de revenir à tous ces principes, car il ne suffit pas de les avoir sus, il faut souvent les repasser pour qu'ils soient bien casés dans la tête.

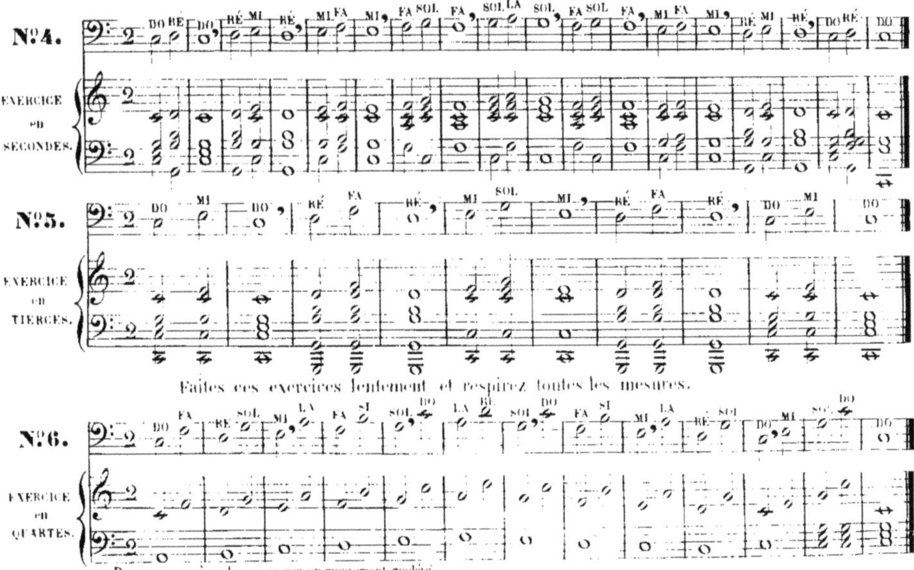

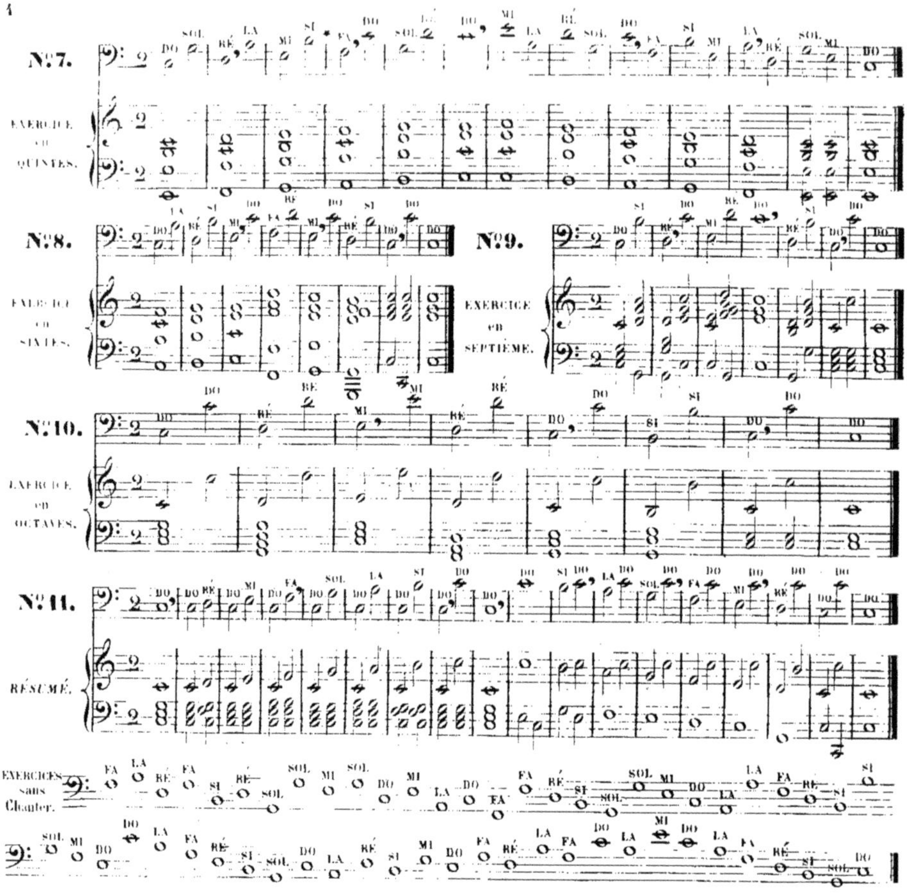

4

N°7. — EXERCICE en QUINTES.

N°8. — EXERCICE en SIXTES.

N°9. — EXERCICE en SEPTIÈME.

N°10. — EXERCICE en OCTAVES.

N°11. — RÉSUMÉ.

EXERCICES sans Chanter.

Après ces exercices, obligez l'élève à trouver le nom des notes dans le solfége.

Montrez lui le moyen de se servir de sa main comme d'une portée musicale, les cinq doigts figurant bien les cinq lignes de la portée.

La main gauche tournée devant lui, lui en donnera la figure.

Le petit doigt lui représentera la 1ᵉ ligne et le pouce la cinquième.

Ainsi c'est sur l'index que la clé de Fa quatrième ligne se pose; il pourra donc dans tous les momens de la journée étudier seul; c'est surtout après cette étude qu'il pourra avec succès trouver le nom des notes.

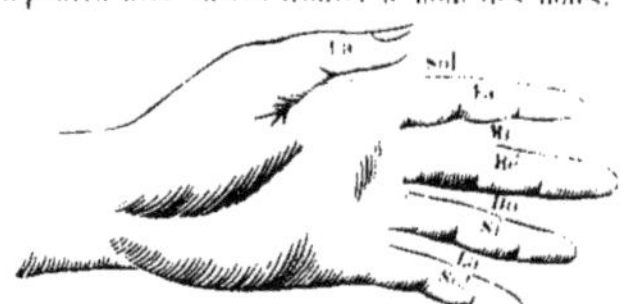

* Défiez vous de l'intonation de Quarte augmentée, elle est très difficile, soignez en la justesse.

Faites prononcer d'abord lentement et distinctement ces exercices, puis graduellement jusqu'à la plus grande vitesse et plusieurs fois de suite chacun de ces exercices.

Il sera fort utile d'exercer les élèves à prononcer par cœur, et vite, le nom des notes de toutes ces octaves.

——— EN MONTANT ———							
DO	RÉ	MI	FA	SOL	LA	SI	DO
RÉ	MI	FA	SOL	LA	SI	DO	RÉ
MI	FA	SOL	LA	SI	DO	RÉ	MI
FA	SOL	LA	SI	DO	RÉ	MI	FA
SOL	LA	SI	DO	RÉ	MI	FA	SOL
LA	SI	DO	RÉ	MI	FA	SOL	LA
SI	DO	RÉ	MI	FA	SOL	LA	SI

——— EN DESCENDANT ———							
DO	SI	LA	SOL	FA	MI	RÉ	DO
RÉ	DO	SI	LA	SOL	FA	MI	RÉ
MI	RÉ	DO	SI	LA	SOL	FA	MI
FA	MI	RÉ	DO	SI	LA	SOL	FA
SOL	FA	MI	RÉ	DO	SI	LA	SOL
LA	SOL	FA	MI	RÉ	DO	SI	LA
SI	LA	SOL	FA	MI	RÉ	DO	SI

DES SILENCES.

Les silences servent à indiquer les repos qui se mêlent aux notes; ils sont d'une durée égale à celle des notes; on les nomme:

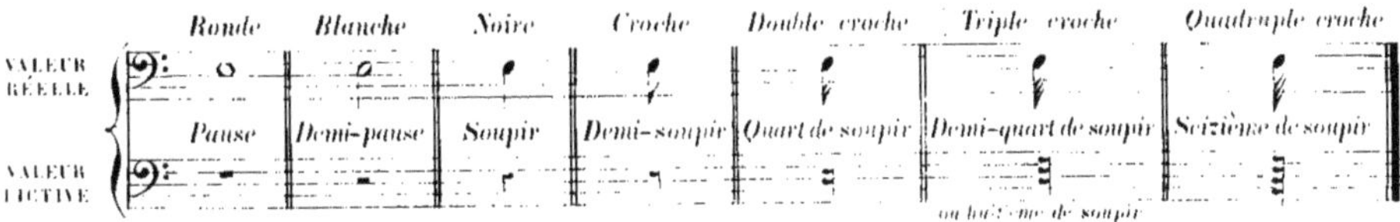

COMPARAISON DES VALEURS ET DES SILENCES.

La relation des silences est la même que celle des valeurs.

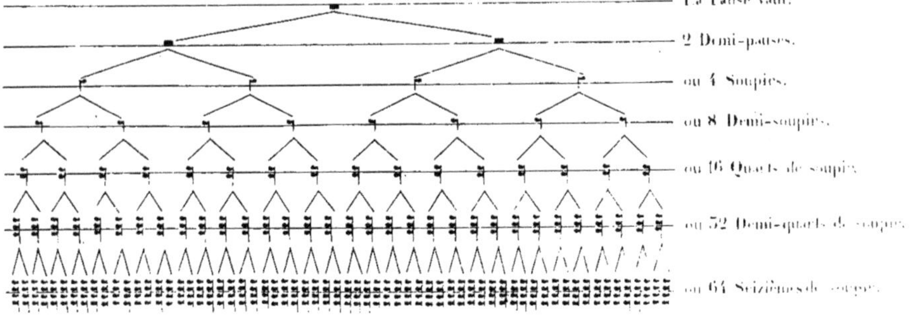

Première leçon avec le nom des notes.

N.º 12.

N.º 13.

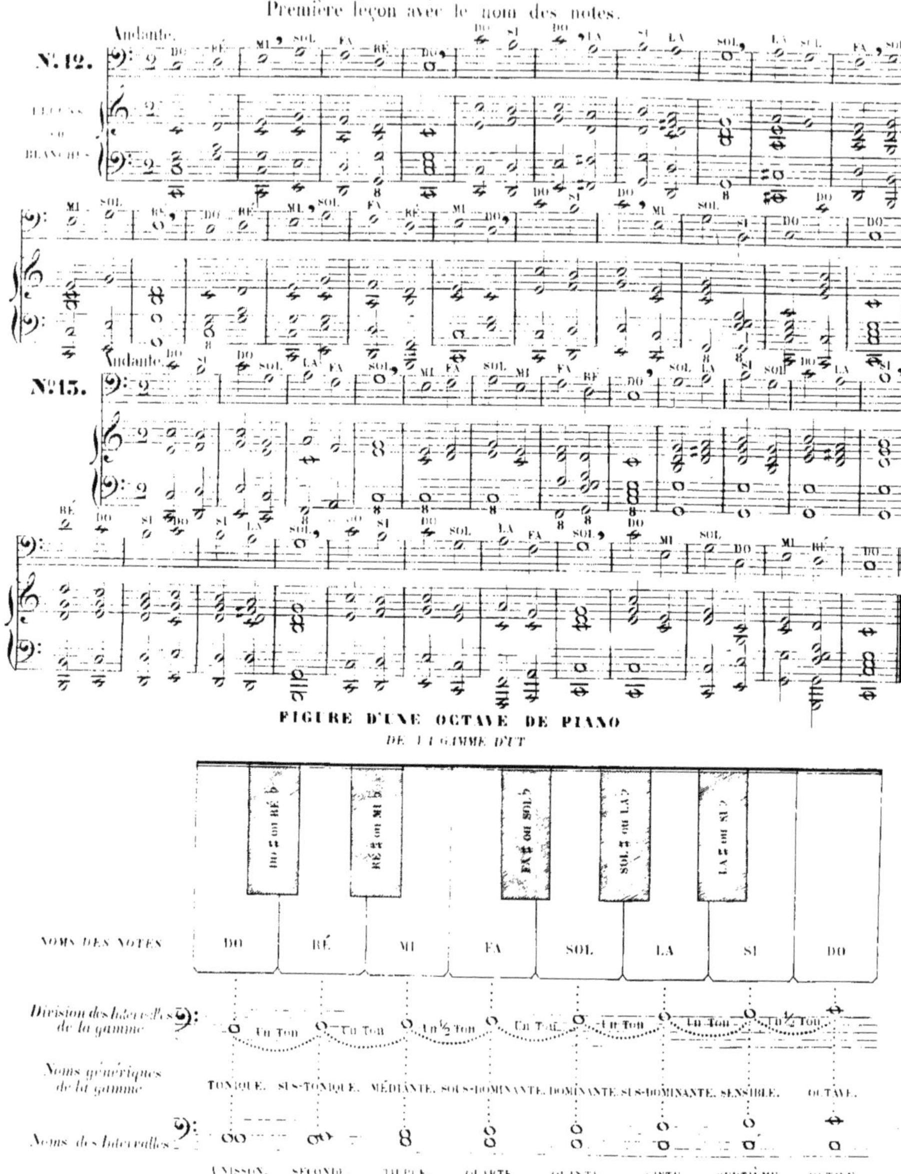

DES DEMI-TONS.

Il existe deux espèces de demi-tons:
Le demi-ton diatonique, et le demi-ton chromatique.
Le demi-ton diatonique est celui qui change de nom.

Exemple.

Le demi-ton chromatique est celui qui ne change pas de nom.

Exemple.

Quelques professeurs se servent de la dénomination de demi-ton majeur et demi-ton mineur. Il y a quelque chose de fort curieux à cet égard: ils ont nommé majeur le demi-ton diatonique, et c'est justement celui qui est le plus petit; et mineur le chromatique, qui se trouve le plus grand. L'acoustique donne des preuves matérielles que le demi-ton diatonique est plus petit d'un Comma que le chromatique.

On nomme *Comma* la neuvième partie d'un ton.

Le demi-ton diatonique est de quatre Commas. Exemple

Le demi-ton chromatique est de cinq Commas. Exemple et le ton de neuf Commas

Ainsi deux demi-tons diatoniques sont plus petits que le ton, puisque l'intervalle d'un ton se compose d'un demi-ton diatonique et d'un demi-ton chromatique. Exemple: et deux demi-tons chromatiques seraient plus grands que le ton, puisqu'ils sont composés de cinq Commas chacun.

Donnez quelques exemples à l'élève jusqu'à ce qu'il comprenne parfaitement cette théorie.

L'article des demi-tons et des intervalles ne pouvant être divisé, et devant être placé avant l'explication de la gamme majeure et mineure, d'engager à l'expliquer d'abord brièvement, sauf à y revenir plusieurs fois durant les autres leçons.

Si ces principes sont trop difficiles pour l'intelligence des jeunes élèves, passez-les dans le commencement; mais il y faudra revenir plus tard.

TABLEAU DES INTERVALLES AVEC LEURS RENVERSEMENS.

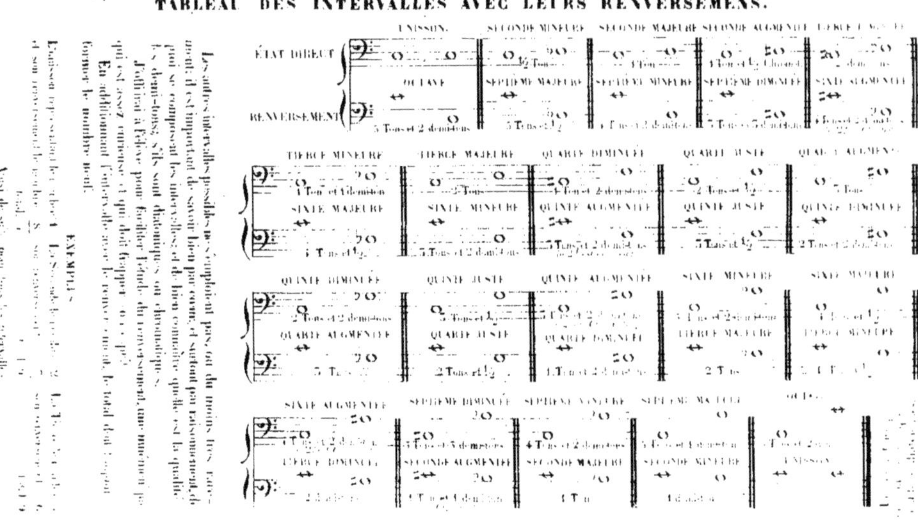

MNÉMONIQUE IMPORTANTE

POUR AIDER LA MÉMOIRE ET BIEN APPRÉCIER LES DIFFÉRENS INTERVALLES

On a remarqué qu'il y avait huit espèces d'intervalles, qui diffèrent entr'eux d'un demi-ton de plus ou de moins et qui donne un kaléidoscope infernal à retenir.

Voici les moyens infaillibles que j'ai trouvés pour savoir et retenir parfaitement les intervalles.

Tous les intervalles naturels de la Gamme majeure

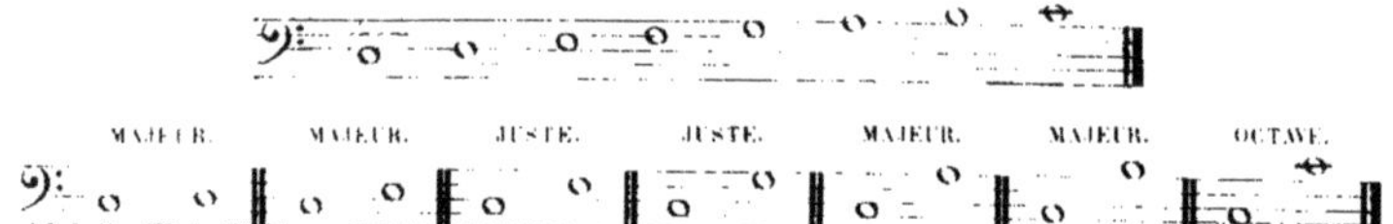

sont majeurs, à l'exception de la quarte et la quinte, que l'on nomme vulgairement justes, et que nous désignerons inaltérés.

Les intervalles majeurs, en les haussant d'un demi-ton, deviennent augmentés; en les baissant d'un demi-ton, ils sont mineurs; et en les baissant de deux demi-tons, ils sont diminués.

Les justes ou inaltérés ne pouvant être ni majeurs ni mineurs, il suffira de les hausser d'un demi-ton pour qu'ils soient augmentés, et de les baisser d'un seul demi-ton pour qu'ils soient diminués. Voyez la preuve dans les exemples du tableau des différens intervalles

Je prie le professeur d'apporter la plus scrupuleuse attention à ces règles entièrement neuves. Je m'en suis constamment servi comme d'un moyen infaillible pour enseigner les intervalles dans mes classes, et je n'ai jamais trouvé une seule intelligence rebelle à ces procédés.

MNÉMONIQUE POUR BIEN SAVOIR DE COMBIEN DE TONS

ET DE DEMI-TONS SE COMPOSENT TOUS LES INTERVALLES.

Les élèves pouvant très difficilement retenir la composition de de tous les intervalles, il suffit qu'ils sachent d'une manière imperturbable les trois principaux qui sont: la tierce majeure, composée de deux tons; la quinte juste, composée de trois tons et un demi-ton, et l'octave, composée de cinq tons et deux demi-tons. Chaque fois qu'on les interrogera sur la composition des autres intervalles, ils devront les comparer à celui des trois intervalles le plus rapproché.

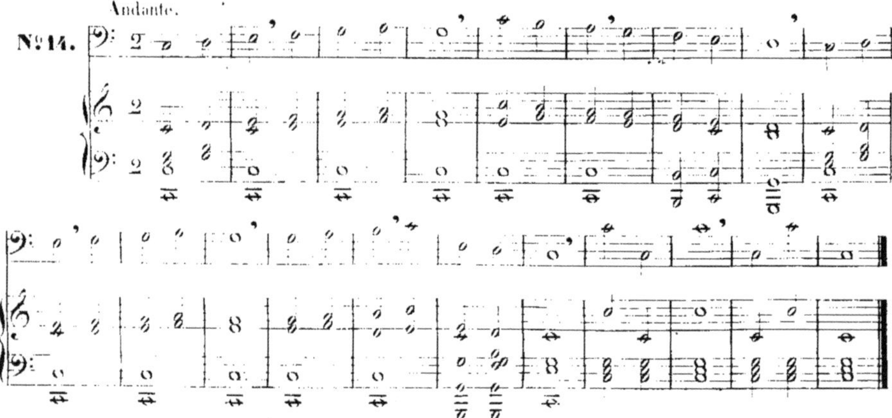

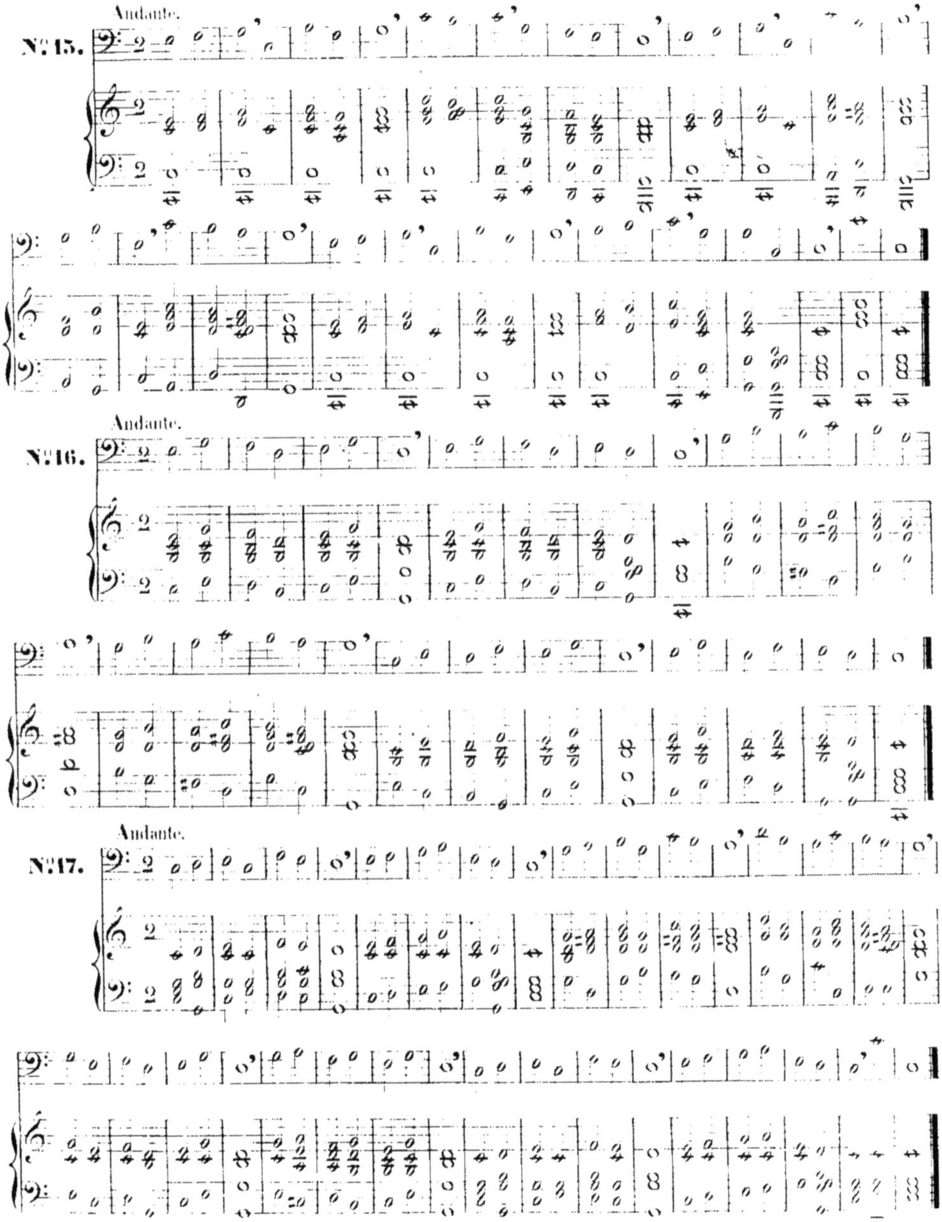

N.º 15. Andante.

N.º 16. Andante.

N.º 17. Andante.

MANIÈRE DE BATTRE LES MESURES.

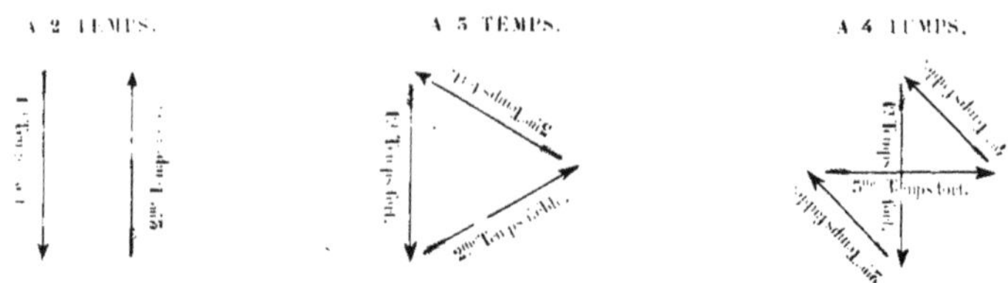

Le temps fort est celui qu'on accentue plus que les autres.

Je ne saurais trop recommander aux Professeurs la plus grande sévérité en faisant battre la mesure.
Il faut, de toute nécessité, que chaque temps soit marqué franchement, carrément, sans que la main traine ou vacille,
ce qui n'a lieu qu'aux dépens d'une valeur, et que tous les temps soient d'une égalité parfaite depuis le commencement jusqu'à la fin du morceau. Cette règle est de rigueur; car l'élève doit chanter en se guidant sur les mouvemens réguliers de sa main (qui sert alors de Métronome), et non guider sa main sur son chant.

MESURE A QUATRE TEMS

Dans la mesure à 4 tems, une Ronde complète la mesure, et il faut une noire pour chaque tems.
Faites comprendre à l'élève que le dièze hausse la note d'un demi-ton. (1)

Cette mesure pourrait se marquer ainsi $\frac{4}{4}$ Ce qui veut dire quatre quarts de la Ronde, ou quatre noires dans la mesure.

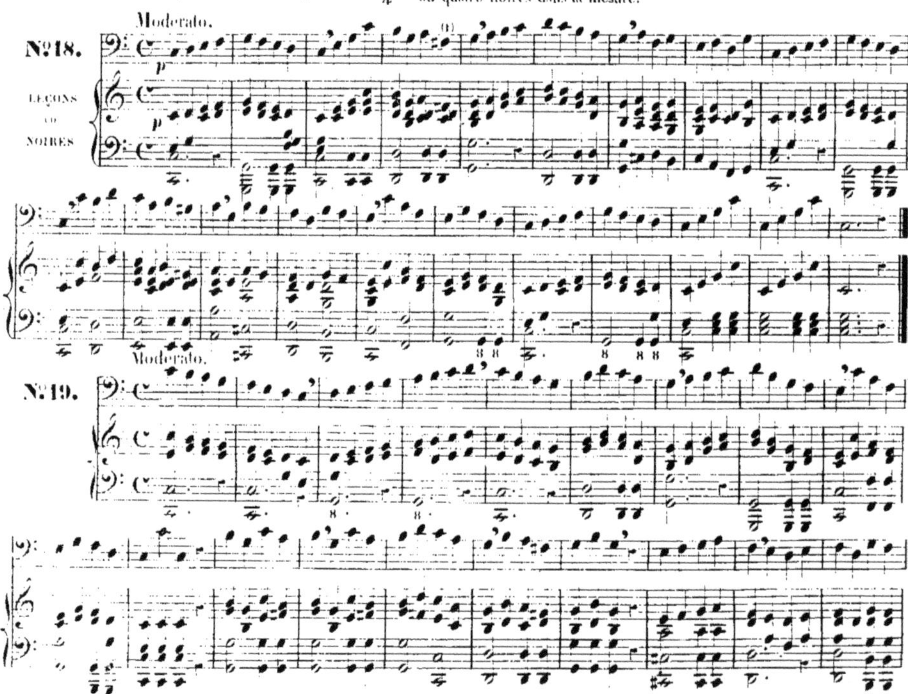

(1) ... doublez ... accompagné la partie vocale à l'unisson avec le petit doigt de la main droite pour faciliter l'intonation de l'élève.
(2) ... vous que votre élève sait bien battre la mesure à 4 tems, avant de lui faire chanter ces deux leçons.

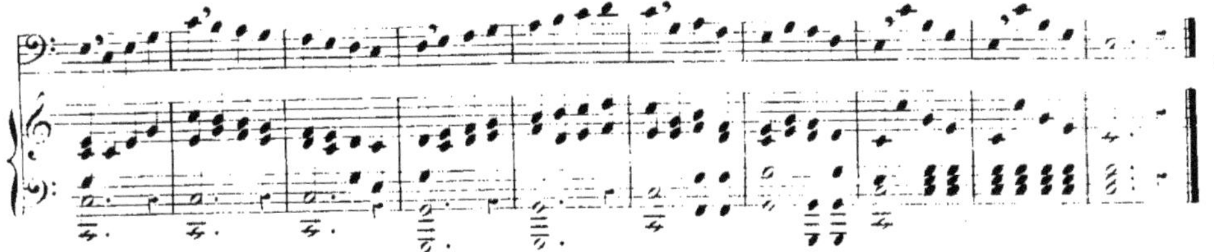

DU DIÈSE ♯, DU BÉMOL ♭, ET DU BÉCARRE ♮.

Si l'on examine l'octave d'un clavier de piano, on verra qu'entre toutes les notes formant un ton, on peut intercaller un son plus haut que le précédent et plus bas que le suivant. Ce son n'exige pas un nom nouveau; il prend tantôt le nom de la première note élevée, tantôt le nom de la seconde abaissée.

Pour élever une note d'un demi-ton, on place à sa gauche un dièse ♯: pour abaisser une note d'un demi-ton, on place à sa gauche un bémol ♭; pour détruire l'effet du dièse et du bémol, on remplace l'un ou l'autre par un bécarre ♮.

Ces trois signes ♯, ♭, et ♮ se nomment accidens, parcequ'ils modifient accidentellement le son des notes.

Si l'on ajoute à la gamme diatonique les demi-tons trouvés sur le clavier avec les dièses et les bémols, on aura la gamme chromatique, c'est-à-dire par demi-tons successifs.

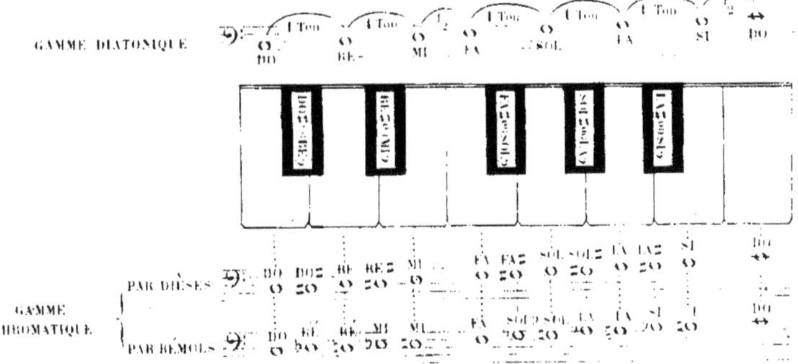

On est dans l'usage d'écrire la gamme chromatique avec des dièses en montant et avec des bémols en descendant.

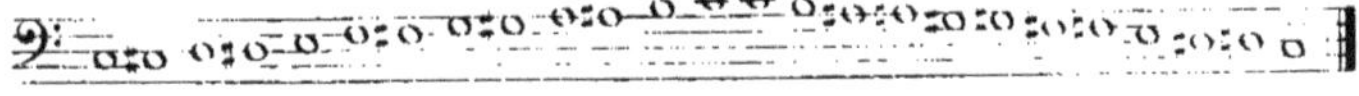

Exercices de lecture et d'appellation.

DES MESURES

Il y a trois espèces de mesures: La mesure à deux temps, la mesure à trois temps, et la mesure à quatre temps. Elles se divisent en mesures simples et en mesures composées.

	Nommée à deux tems	Nommée à deux quatre	Nommée à trois tems	Nommée à trois tems	Nommée à quatre tems
MESURES SIMPLES	𝄢 ₵ 2	𝄢 $\frac{2}{4}$	𝄢 $\frac{3}{4}$	𝄢 $\frac{3}{8}$	𝄢 C $\frac{4}{4}$

	Nommée à six quatre	Nommée à six huit	Nommée à neuf huit	Nommée à neuf seize	Nommée à douze huit
MESURES COMPOSÉES	𝄢 $\frac{6}{4}$	𝄢 $\frac{6}{8}$	𝄢 $\frac{9}{8}$	𝄢 $\frac{9}{16}$	𝄢 $\frac{12}{8}$

On nomme aussi mesure l'espace formé par deux petites barres, entre lesquelles on place les diverses valeurs de la mesure indiquée à la clé.

Les mesures qui se marquent par deux chiffres, sont faciles à comprendre.

Le premier chiffre signifie la quantité de valeur, et le second la division de la ronde.

Le second, s'il représente un 1, c'est l'entier ou la ronde; si c'est un 2, la moitié de la ronde ou la blanche; si c'est un 4, le quart de la ronde ou la noire; si c'est un 8, le huitième de la ronde ou la croche; si c'est un 16, le seizième de la ronde ou la double croche.

La mesure à $\frac{2}{4}$, deux fois le quart de la ronde, ce qui veut dire deux noires dans la mesure — $\frac{3}{4}$ trois fois le quart de la ronde, ce qui veut dire trois noires dans la mesure — $\frac{6}{8}$ six fois la huitième partie de la ronde, ce qui veut dire six croches — $\frac{12}{8}$ douze fois la huitième partie de la ronde, ce qui veut dire douze croches dans la mesure — $\frac{3}{8}$ trois fois la huitième partie de la ronde, ce qui veut dire trois croches.

Les mesures composées sont toujours de doubles chiffres; le premier chiffre de la mesure composée est le triple du premier de la mesure simple, et le second de la mesure composée est le double du second de la mesure simple.

Exemple. La mesure à $\frac{2}{4}$, mesure simple

sa mesure composée est la mesure à $\frac{6}{8}$ triple de $\frac{2}{8}$ double de $\frac{2}{4}$

Lorsque dans une mesure le premier chiffre est impair, la mesure est à 3 tems.

Lorsque les chiffres sont pairs, la mesure est à 2 tems. Il n'y a que l'exception de $\frac{12}{8}$ ou $\frac{4}{4}$ qui soit à 4 tems. Ainsi, quand le premier chiffre est un 12, la mesure est à 4 tems.

On fera observer à l'élève que chaque tems de la mesure composée a de plus la moitié en sus de la mesure simple. Ainsi s'il faut deux noires pour un tems simple, il en faudra trois pour le même tems de la mesure composée.

De même pour les croches et pour toutes les valeurs.

Faites faire cette étude à la vue du tableau des mesures qui suit.

DES MESURES
AVEC LA COMPARAISON DES SIMPLES ET DES COMPOSÉES

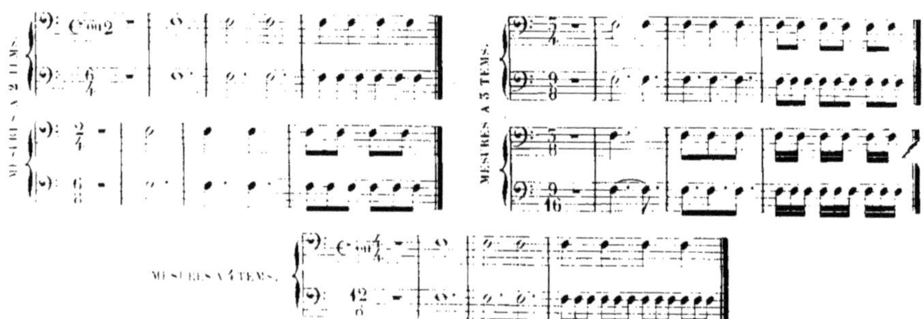

Dans les anciennes musiques il existe quelques autres mesures; mais elles ne sont plus usitées: ce sont les mesures à $\frac{2}{4}$, $\frac{3}{1}$, $\frac{5}{2}$. Cependant la mesure à $\frac{3}{2}$ est encore quelquefois en usage.

Vous ferez remarquer à l'élève que la pause se met de même pour exprimer le silence d'une mesure simple, comme pour une mesure composée; bien que la mesure vaille plus ou moins que la ronde. Dans ce cas, elle vaut toute la mesure entière, quelle qu'elle soit.

Il n'en est pas de même pour la division des silences; ainsi pour exprimer la demi-mesure dans la mesure à $\frac{2}{4}$, on met un soupir et non une demi-pause. Il en est de même pour les autres silences.

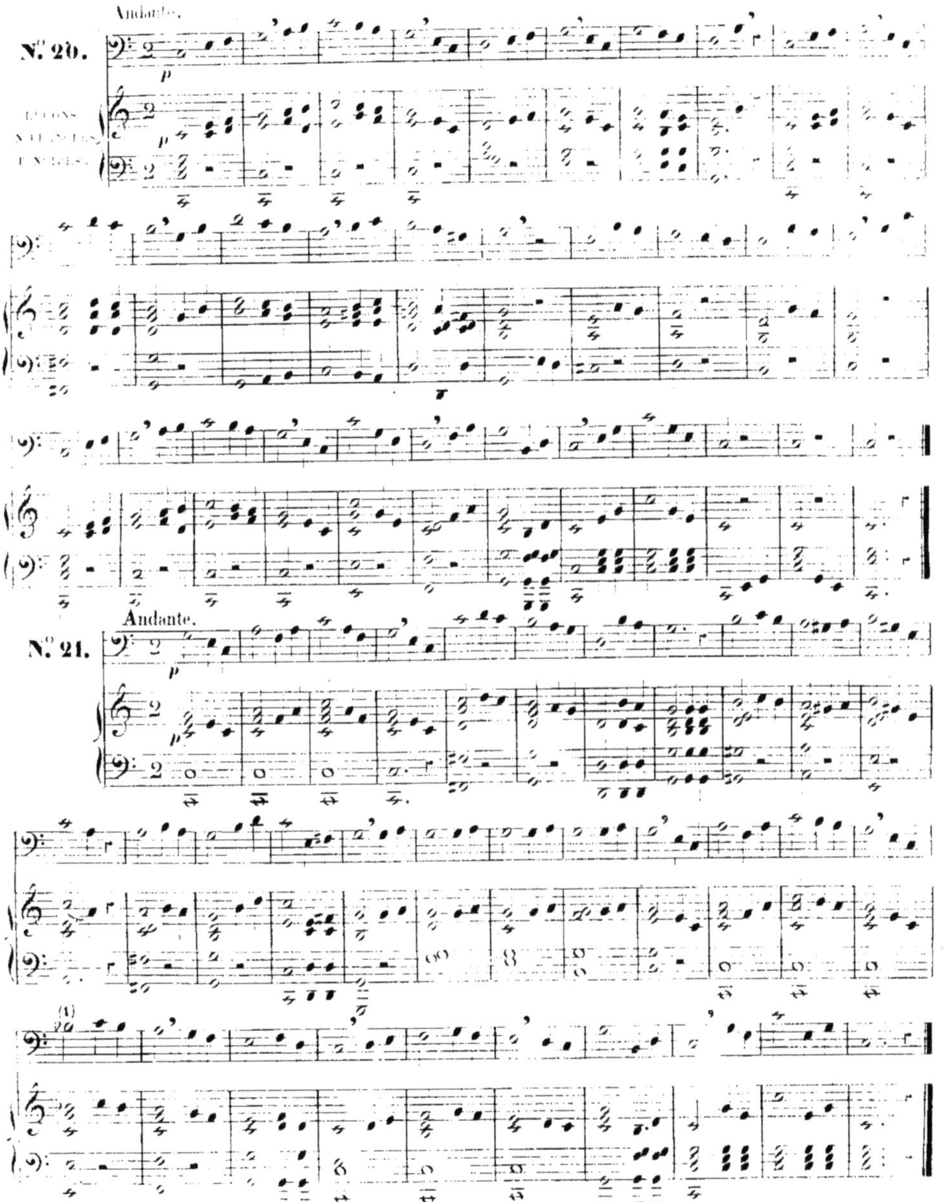

Andante.
N.º 20.
p
Andante.
N.º 21.
p

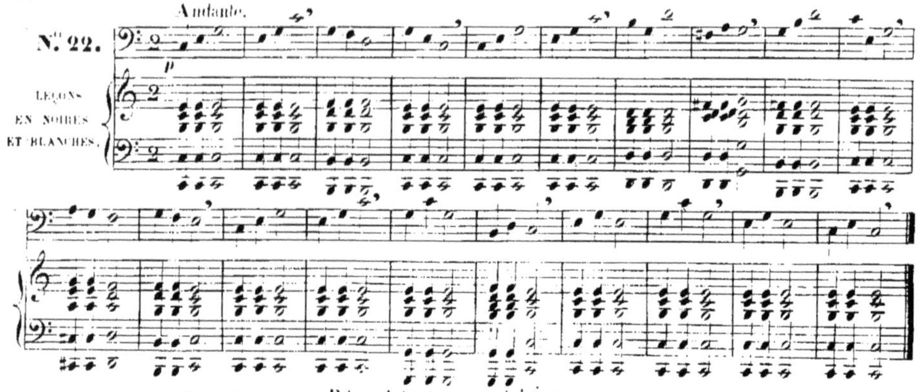

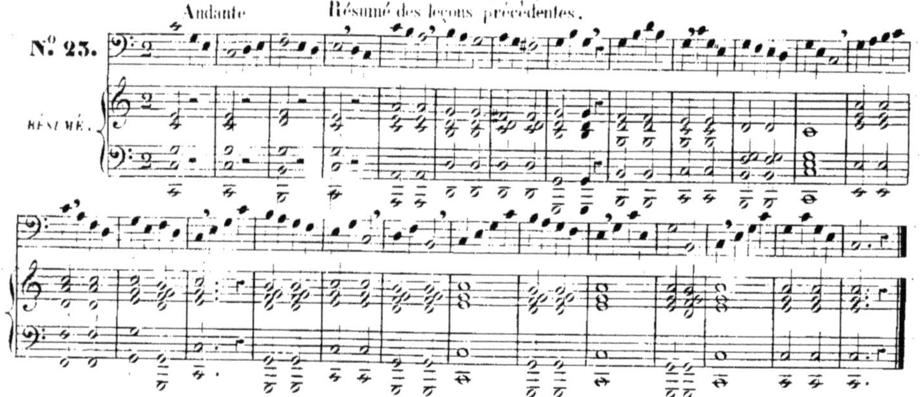

N.° 22. Andante.

N.° 23. Andante — Résumé des leçons précédentes.

Faites analyser la mesure à l'élève; qu'il sache bien les valeurs qui forment les temps; il faut qu'il apprenne par_
faitement le complément de la mesure et de ses divisions.

Andante. Faites analyser la valeur de chaque tems dans toutes les mesures de cette leçon.

N.° 24.

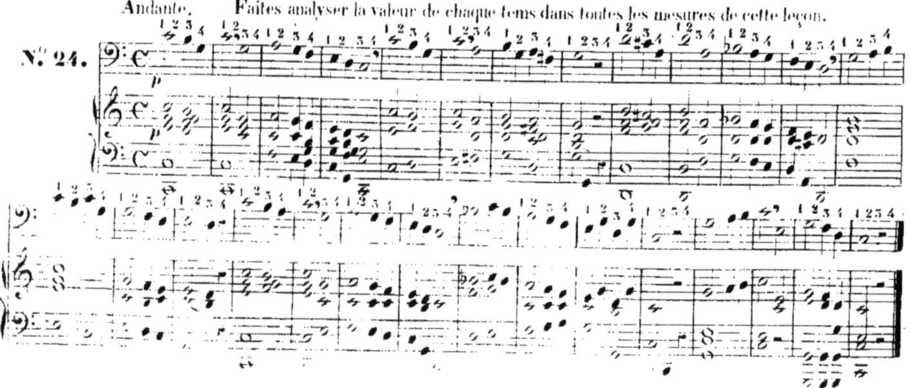

DU POINT.

En ajoutant un point après une note ou un silence on augmente leur durée de moitié.

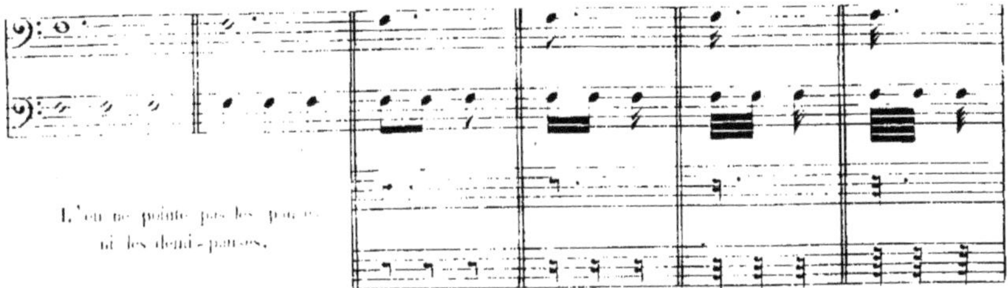

Le deuxième point vaut la moitié du premier.

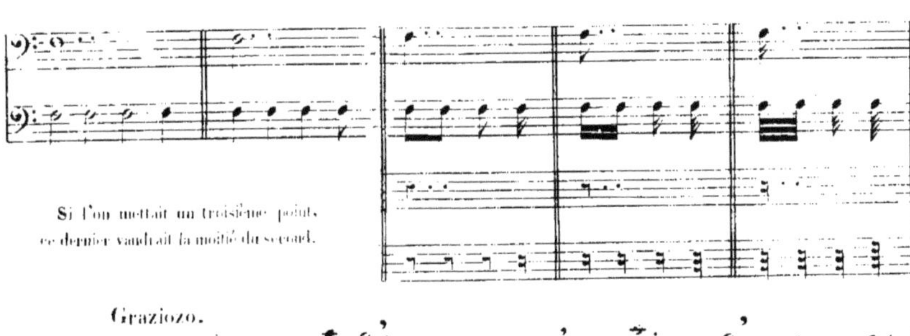

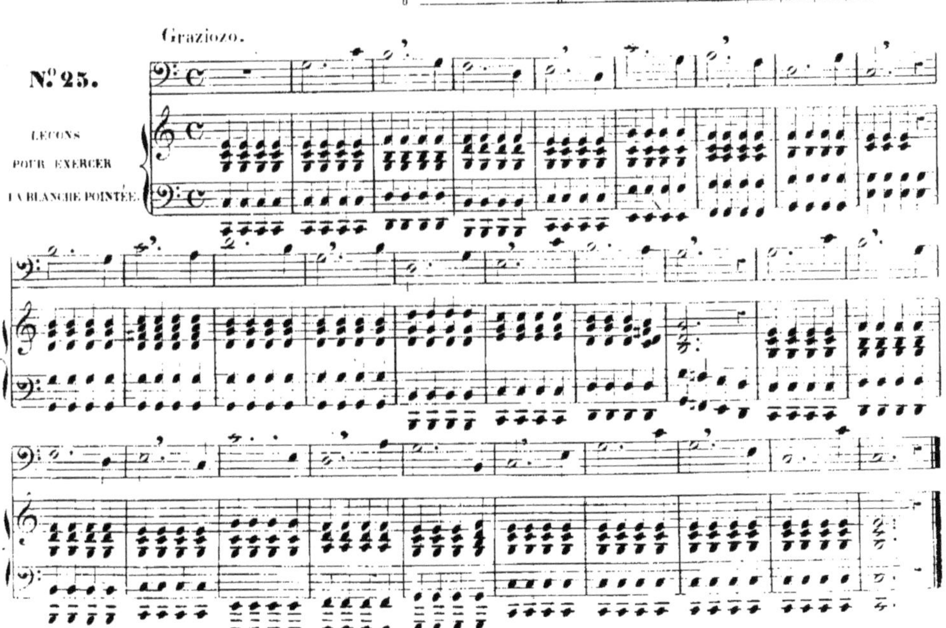

16

Faites remarquer à l'élève qu'ici la noire vaut trois croches, et que par conséquent il faut lever la main sur le point.

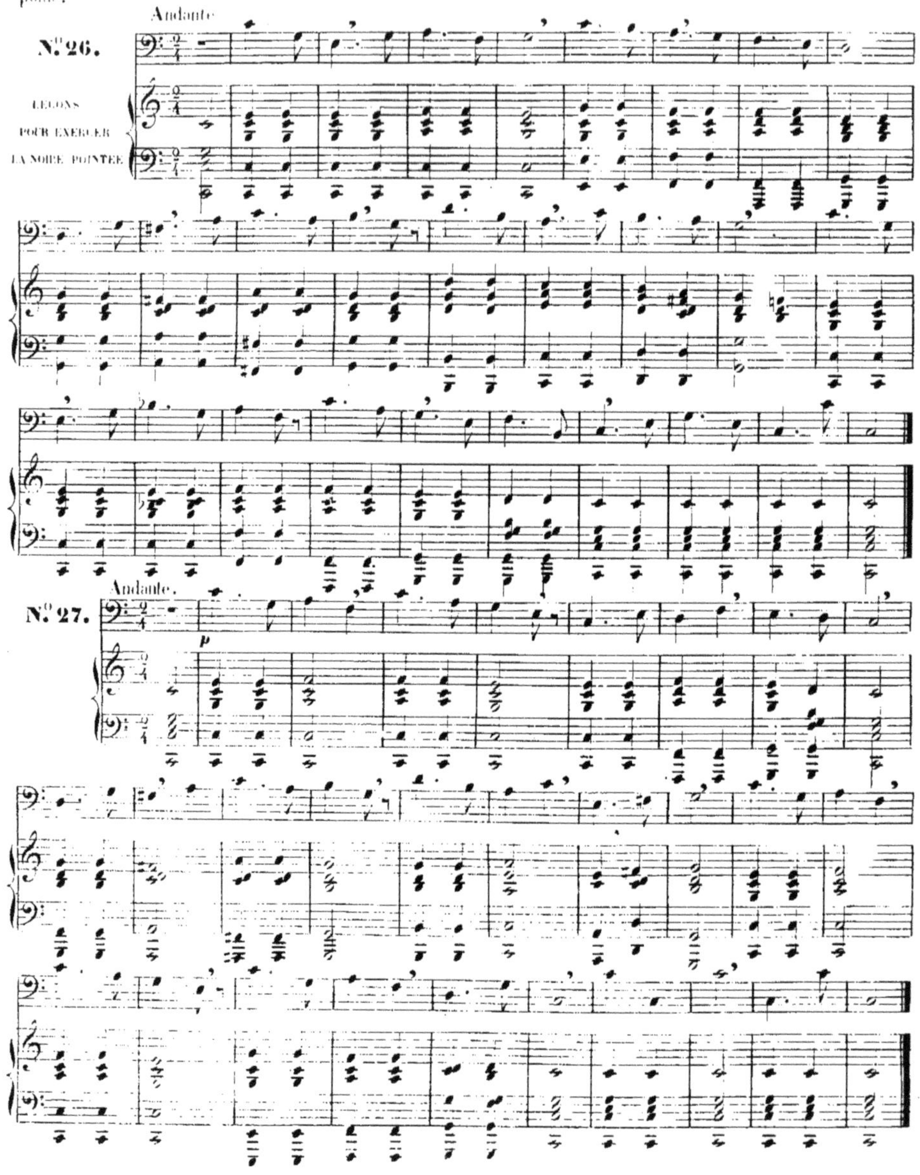

DE LA SYNCOPE.

La Syncope est l'union de deux mêmes notes liées ensemble, dont la seconde ne se répète pas, et partagées par un tems. Lorsqu'elle s'opère du dernier tems de la mesure au premier de la mesure suivante, elle se marque par ce signe

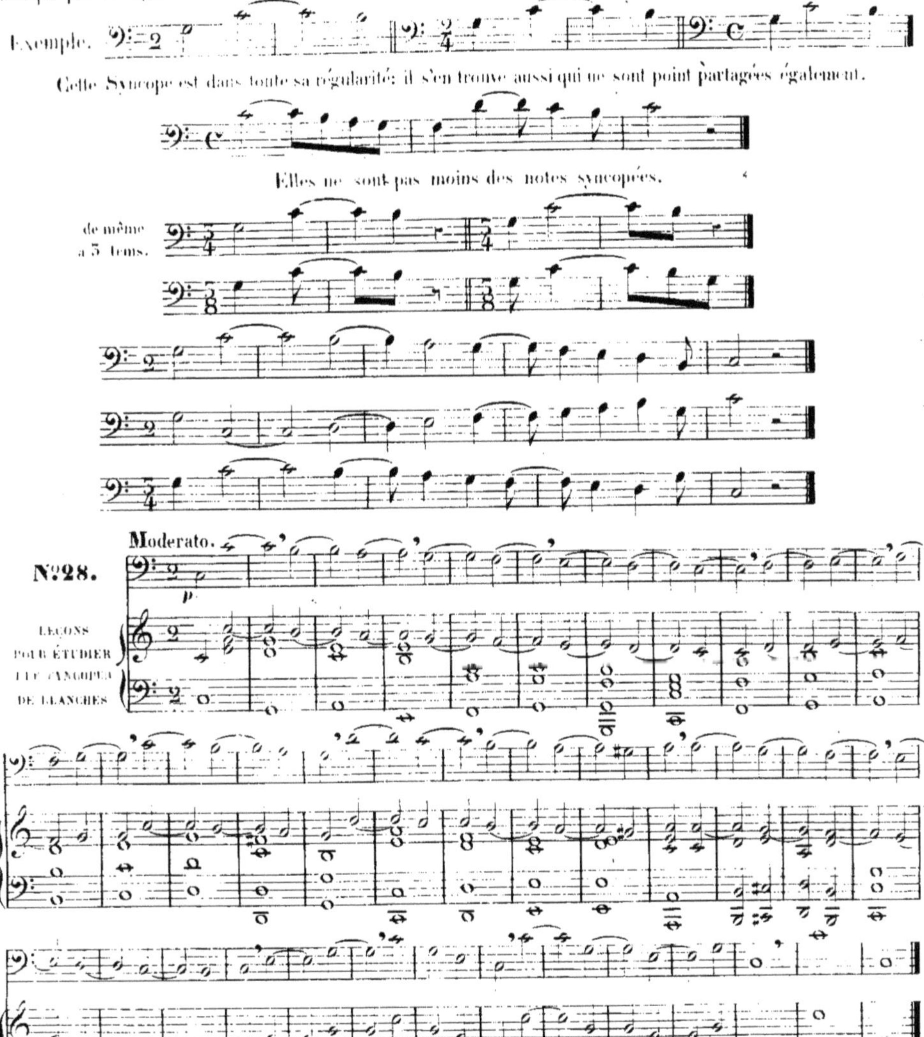

N.º 29.

Allegretto.

LEÇON
POUR
ÉTUDIER
LES SYNCOPES
DE NOIRES.

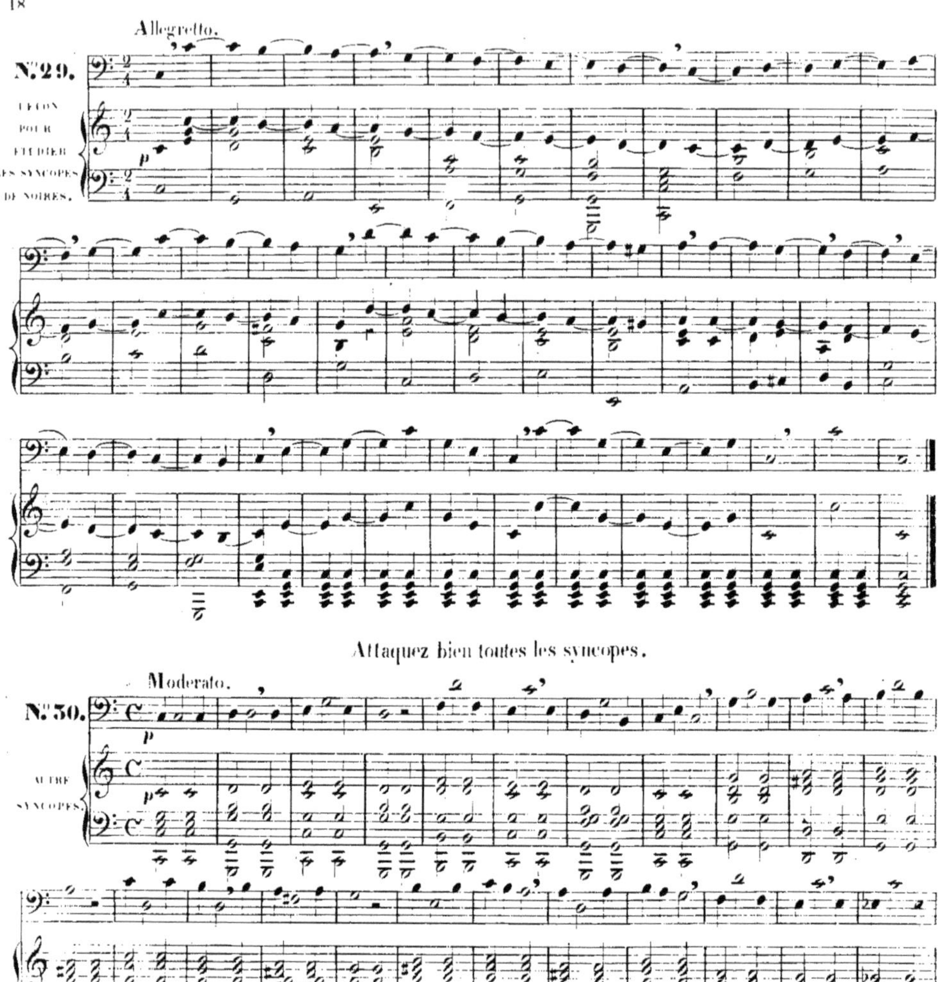

Attaquez bien toutes les syncopes.

N.º 30.

Moderato.

AUTRE
SYNCOPES.

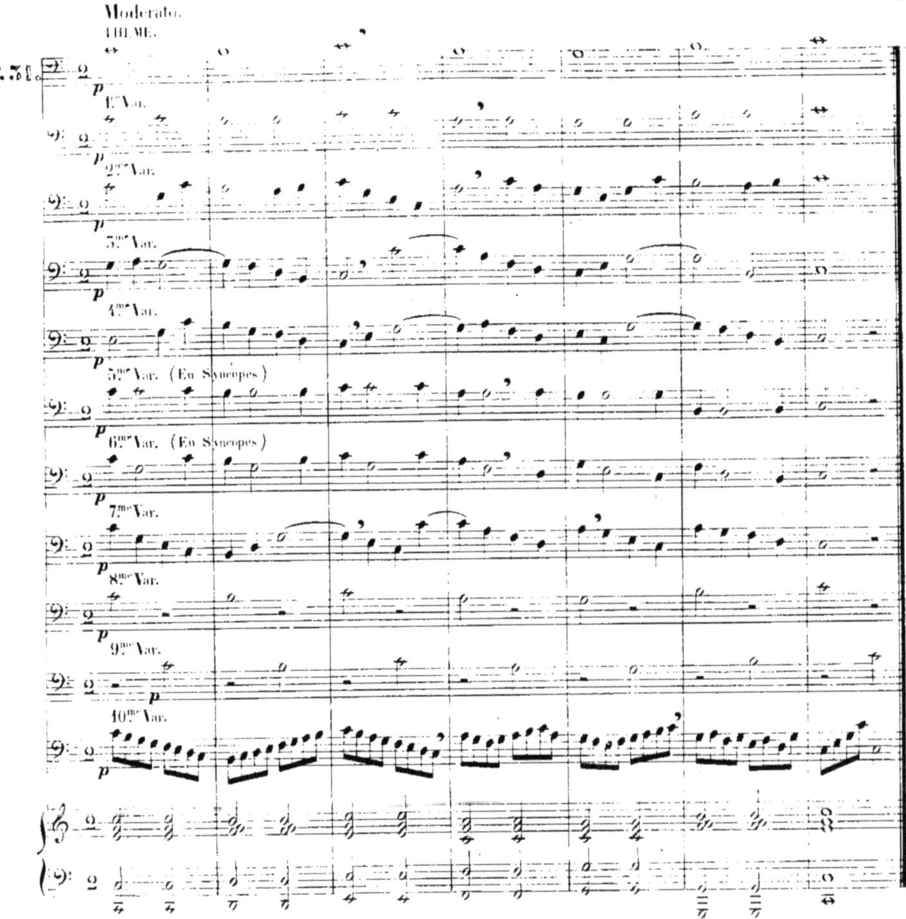

DE LA FORMATION DE LA GAMME MAJEURE.

Il est à remarquer qu'en commençant la gamme d'Ut sur une autre note que sur Ut, les distances de cinq tons et deux demi-tons inhérentes à la formation de la gamme diatonique, ne sont plus observées.

Il faut introduire des accidens pour calquer les proportions d'Ut, en mettant un dièse au Fa de la gamme de Sol, et un bémol au Si de la gamme de Fa.

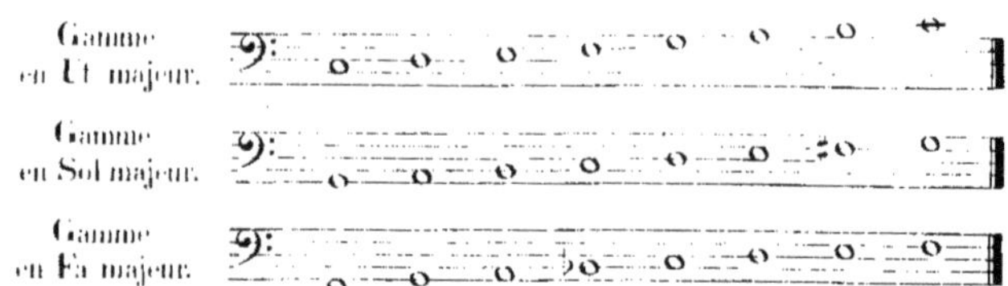

Mais on est dans l'usage de placer ces accidens après la clé: ils deviennent alors le signe caractéristique de la tonalité; et on ne le répète plus dans le courant d'un morceau, à moins que leur effet n'ait été suspendu accidentellement par un bécarre.

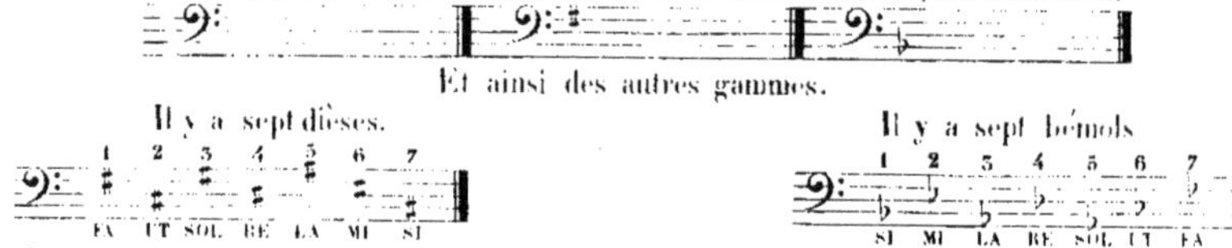

Les dièses se placent de quinte en quinte en montant.   Les bémols se placent de quarte en quarte en montant.

Faites apprendre par cœur les sept dièses et les sept bémols, afin que l'élève les prononce aussi vite que les exercices sur le nom des notes et des gammes.

Faites lui observer que les bémols se placent en sens contraire des dièses. Ainsi, en lisant attentivement l'exemple précédent, on voit que le premier dièse devient le dernier bémol, et que le premier bémol occupe la place du dernier dièse, et ainsi des autres.

TABLEAU DES GAMMES AVEC LES DIÈSES ET AVEC LES BÉMOLS.

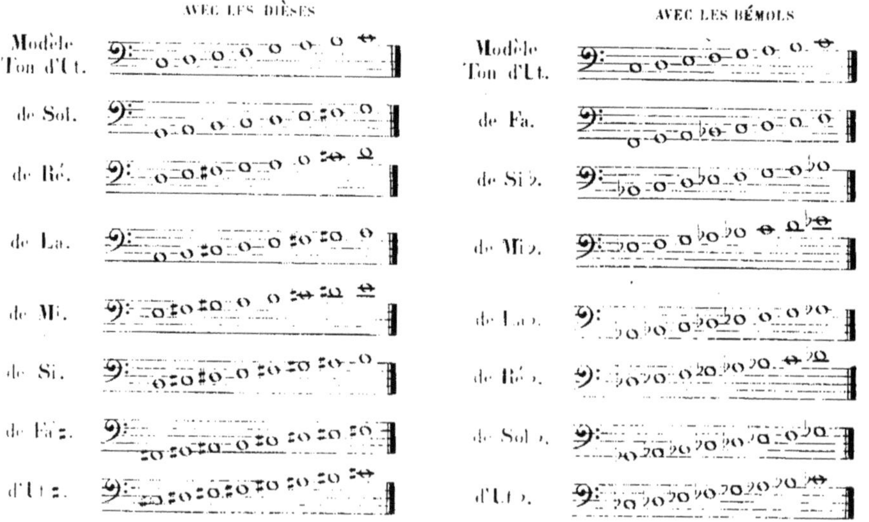

Pour faire bien apprécier ce tableau à votre élève, faites-le lui copier.

RÉSUMÉ

Le 1.er dièse se pose sur le Fa, le 2.^d sur Do, le 3.me Sol, le 4.me Ré, le 5.me La, le 6.me Mi, et le 7.me Si. On ne pose jamais le 2.^d sans le 1.er et ainsi de suite. Le dernier dièse est placé sur la 7.me note de la gamme; ainsi quand il y a un dièse, on est dans le ton de Sol, l'octave ou tonique étant à un demi-ton plus haut que la *note sensible*. On nomme ainsi la 7.me parce qu'elle fait sentir le besoin de la tonique.

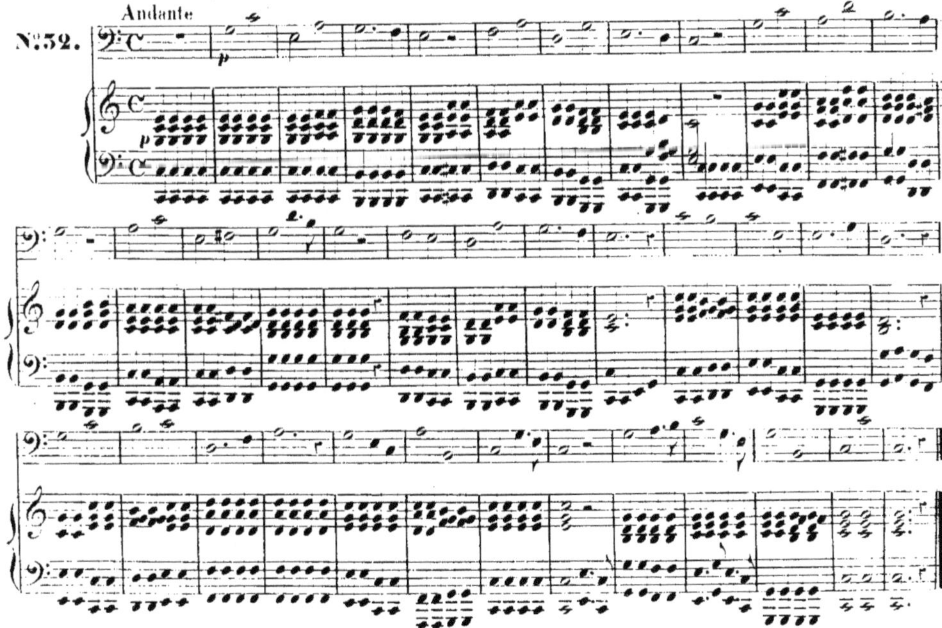

Le dernier bémol est toujours placé sur la 4.e note de la gamme dont il caractérise la tonalité, et l'avant-dernier donne le nom de la tonique, première note de la gamme.

On voit que les dièses se placent de quinte en quinte en montant, et les bémols de quarte en quarte.

RÉSUMÉ DU PRINCIPE DES DIÈSES

Le dernier dièse mis à la clé se pose sur la sensible; ainsi, avec un dièse, on est en Sol, puisque le dièse est Fa♯.

Avec deux dièses on est en Ré, puisque le dernier dièse est Ut♯. &

RÉSUMÉ DU PRINCIPE DES BÉMOLS

L'avant-dernier Bémol se pose sur la tonique du ton; ainsi, avec deux bémols on est en Si♭, puisque l'avant dernier est Si♭. Avec trois bémols on est en Mi♭, puisque l'avant dernier est Mi♭.

Cette règle est invariable jusqu'à sept bémols.

Seulement, sachez par cœur qu'avec un bémol on est en Fa majeur.

Je recommande au professeur de s'assurer que l'élève comprend bien ce que c'est que la note sensible, ainsi que la tonique de la gamme.

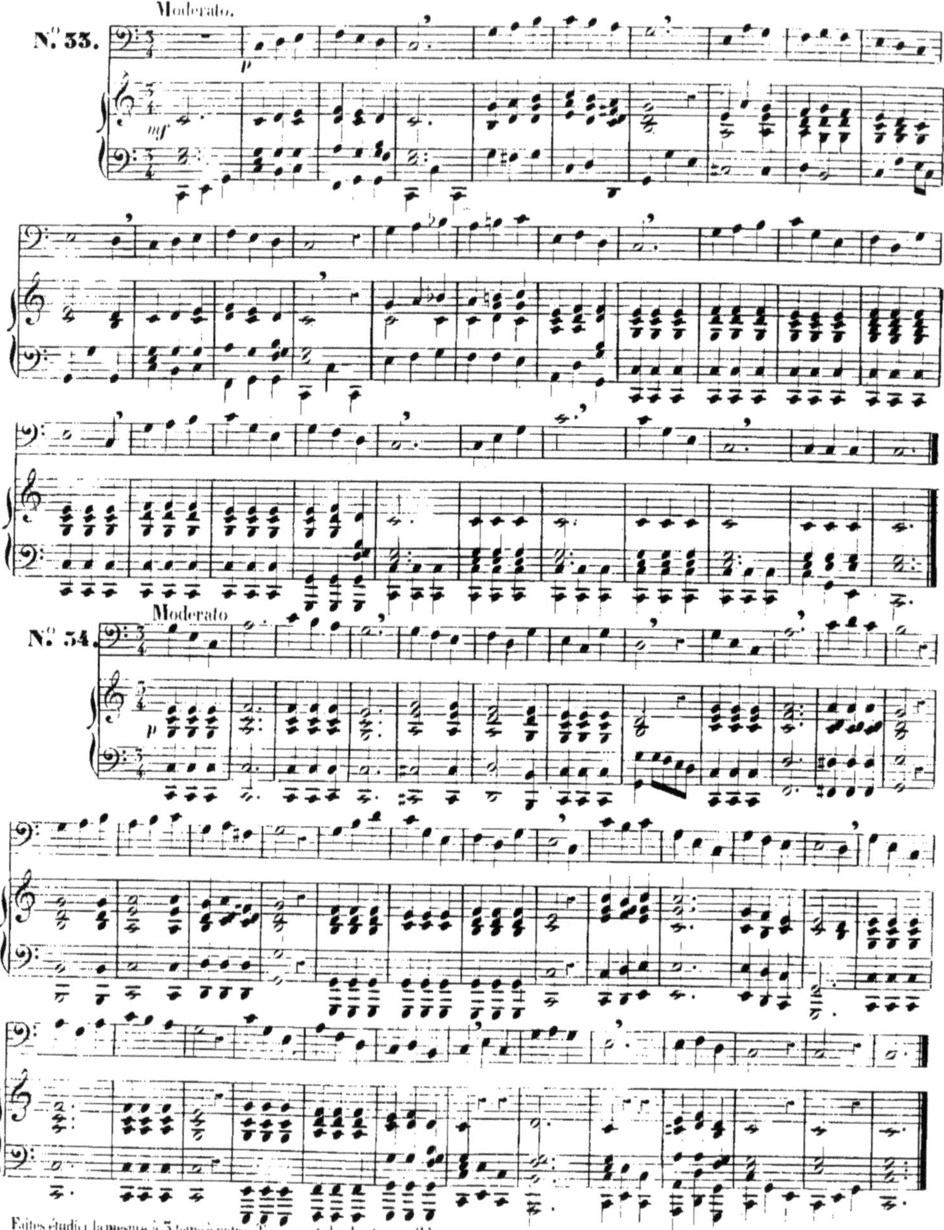
MESURE A TROIS TEMS.
Moderato.
N.º 33.
p
mf
Moderato
N.º 54.
Faites étudier la mesure à 5 tems à votre élève avant de chanter ces 2 leçons.

N.º 35.   Moderato.   GAMME VARIÉE.

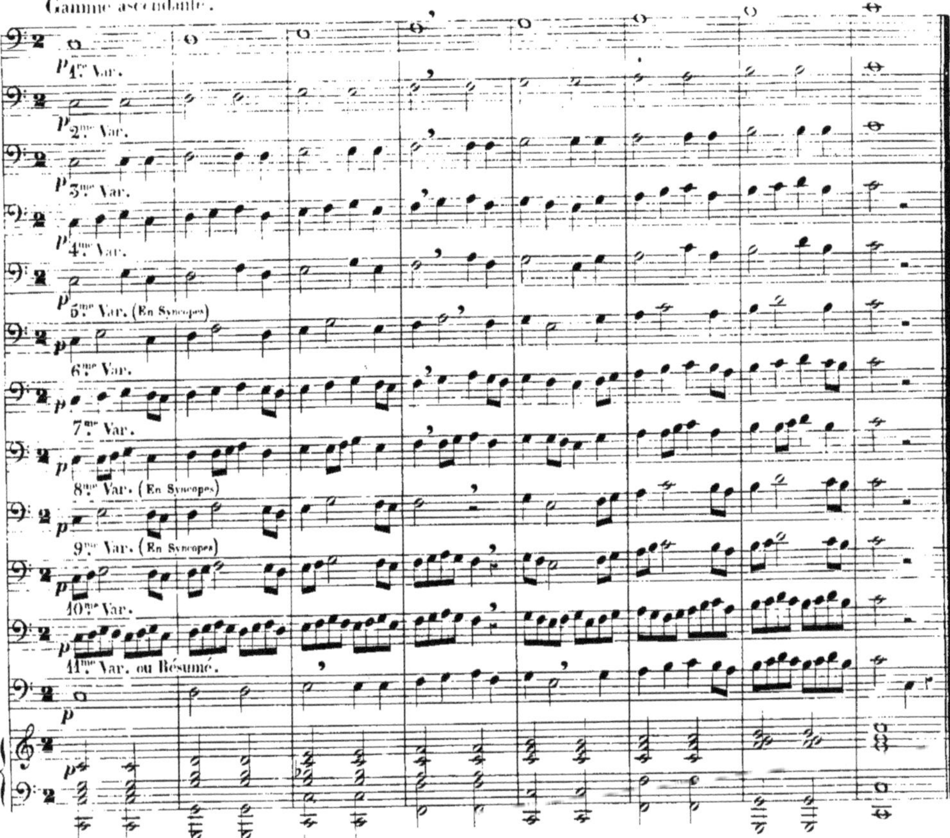

DES NOMS GÉNÉRIQUES DE LA GAMME.

Pour éviter qu'il y ait autant de gammes qu'il y a de notes en musique, les harmonistes ont donné des noms génériques à chaque note, par ce moyen, ils n'ont qu'une seule gamme dont voici les noms.

Tonique, Sustonique Médiante, Sous-dominante, Dominante, Sus-dominante, Sensible et Octave.

	Tonique.	Sus Tonique.	Médiante.	Sous dominante.	Dominante.	Sus dominante.	Sensible.	Octave.
EXERCICE EN UT.								
EXERCICE EN SOL.								
EXERCICE EN FA.								

Il faudra bien étudier cette gamme générique et la savoir parfaitement par cœur de manière à la comprendre très bien dans tous les tons. J'engagerai le professeur à faire beaucoup de questions sur tous les tons.

DU TRIOLET.

Le Triolet est l'assemblage de trois notes qui doivent s'exécuter pendant la valeur de deux.
On met ordinairement un 3 sur ces trois notes.

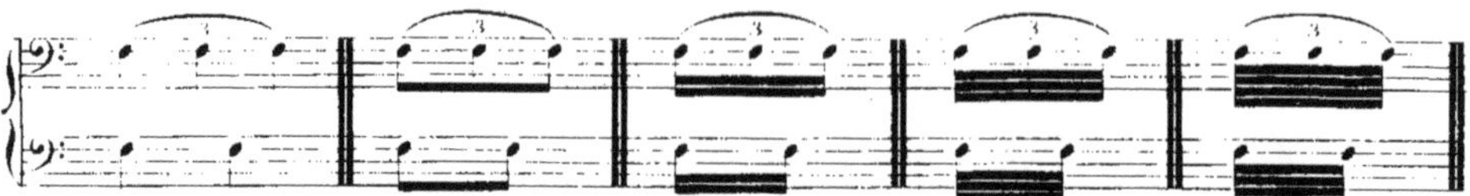

Quelquefois on emploie des espèces de doubles triolets que l'on nomme Sixaines,

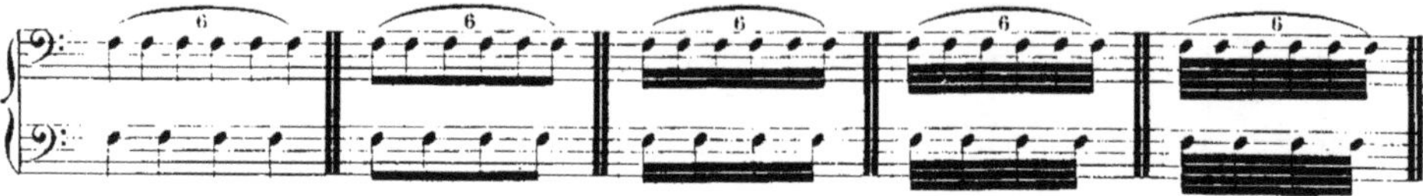

Il est à observer que la Sixaine doit se diviser de deux en deux et non de trois en trois. Beaucoup de musiciens tombent dans cette faute: je signalerai particulièrement le délicieux quatuor de Moïse en La bémol dont l'accompagnement est ainsi.

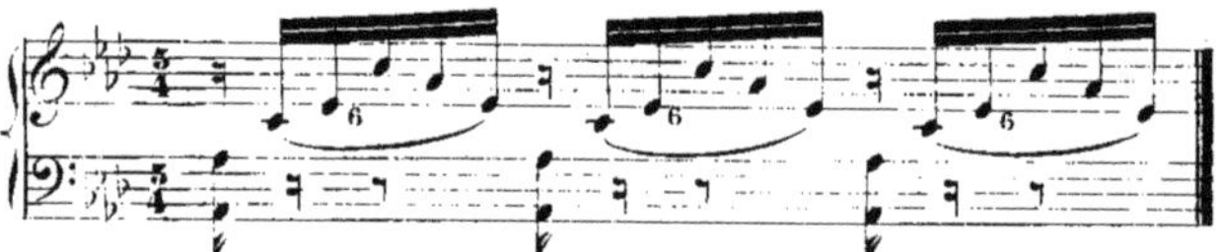

Il faut le diviser comme si c'était à $\frac{9}{8}$; donc il faut appuyer sur le quart de soupir sur le Mi et sur le La de la Sixaine, et non sur l'Ut d'en haut, car de cette manière on l'exécuterait comme si c'était un double triolet.

Exemple.

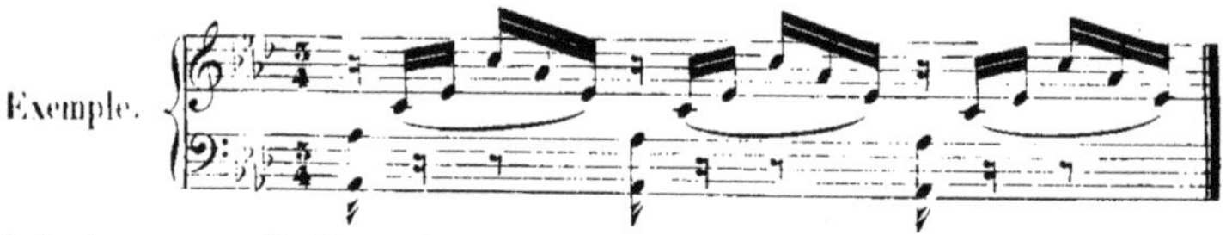

Au lieu de compter sur l'intelligence des musiciens, les compositeurs devraient leur éviter toute méprise en écrivant distinctement. Je m'étonne qu'on n'ait jamais fait cette observation dans les Solfèges; elle est importante, car ce changement forme un tout autre rhythme et dénature le caractère du morceau.

LEÇON POUR ÉTUDIER LE TRIOLET.

Moderato. (92 - ♩)

N° 36.

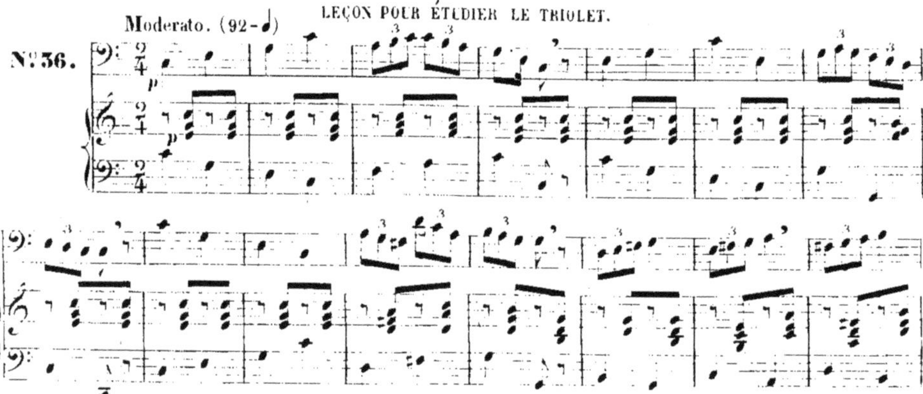

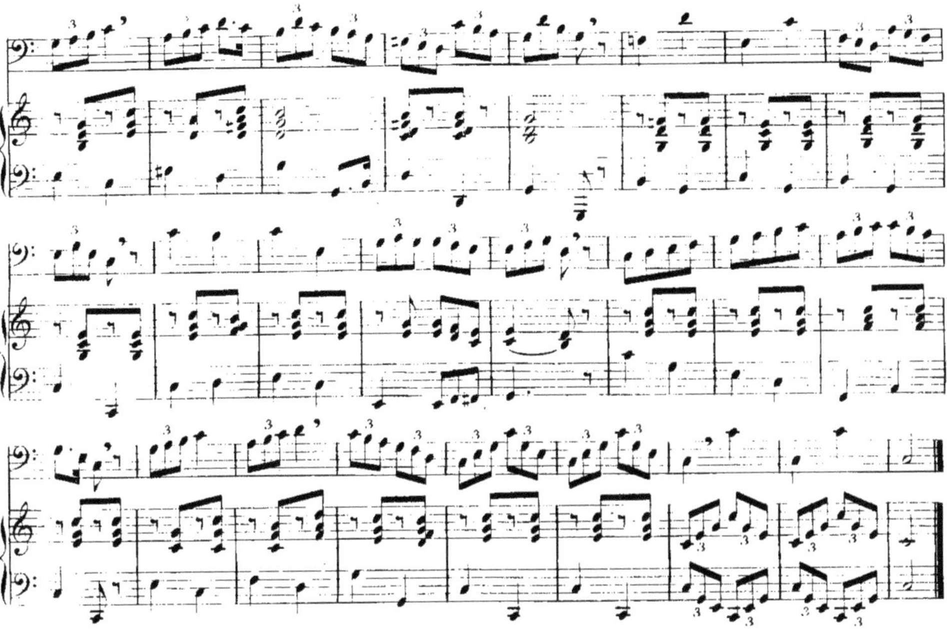

DES MODES.

Mode signifie état des tons. Les tons sont majeurs ou mineurs: la différence la plus sensible existe dans la qualité de l'intervalle qui sépare la troisième de la première note d'une gamme. Si l'intervalle forme deux tons, (une tierce majeure) la gamme est majeure.

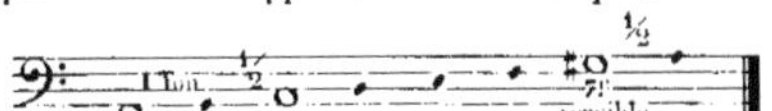

Si l'intervalle forme seulement un ton et demi, la gamme est mineure.

La gamme mineure n'est point une gamme nouvelle: elle est formée par les notes de la gamme modèle, mais à des dégrés différens.

Gamme majeure. Gamme mineure.

En exécutant cette gamme mineure en montant, on y introduisit des modifications et l'on haussa d'abord la septième note (la sensible) qui tend à se rapprocher de la tonique.

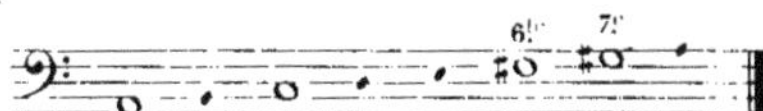

L'intervalle de Fa à Sol ♯ était dur à l'oreille et très difficile à chanter à cause du dégré d'un ton et demi: on le rapprocha de la septième.

Mais en descendant, la gamme mineure doit être invariablement composée des notes de la gamme majeure; voilà pourquoi l'on dit que le ton de La mineur est *relatif* de celui d'Ut, et *vice versa* pour tous les tons. Aussi ces tons analogues ont-ils le même nombre d'accidens à la clé.

Cependant plusieurs théoriciens conservent la septième en descendant.

N°57.
Gamme descendante.
Moderato.

1° Var.

2me Var.

3me Var.

4me Var.

5me Var. (En Syncopes)

6me Var.

7me Var.

8me Var. (En Syncopes)

9me Var. (En Syncopes)

10me Var.

11me Var. ou Résumé.

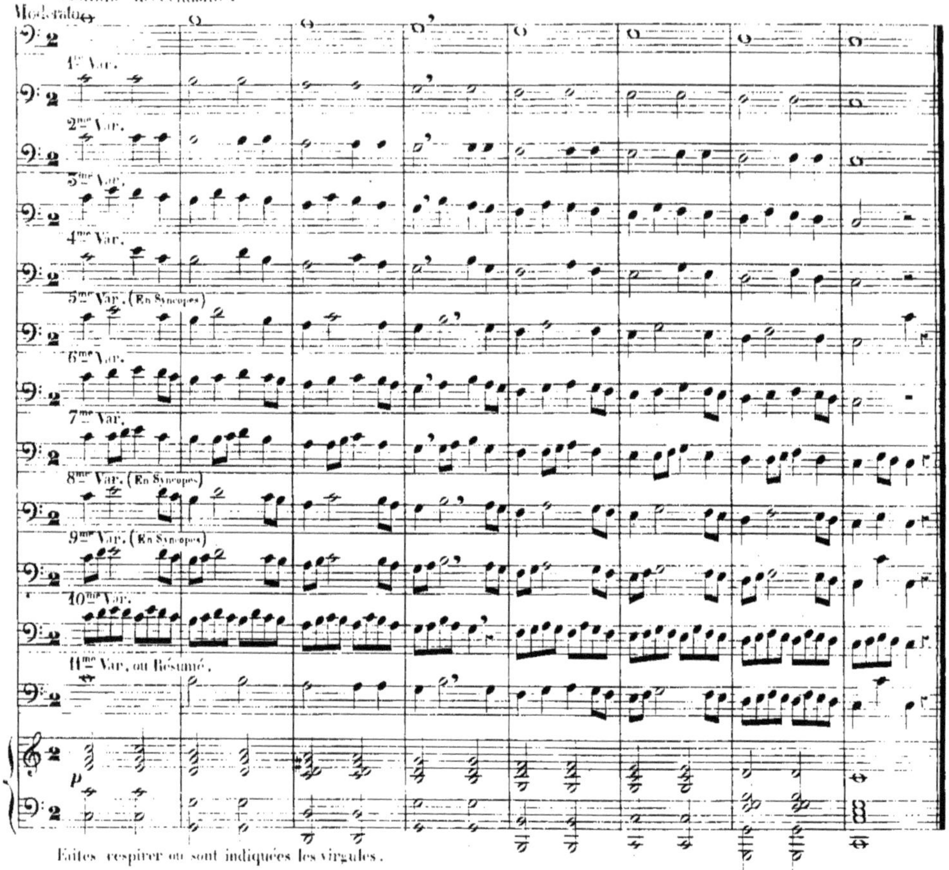

Faites respirer où sont indiquées les virgules.

DES PAUSES A COMPTER.

Une Pause. 2 Pauses. 3 Pauses. 4 Pauses. 5 Pauses. 6 Pauses. 7 Pauses. 8 Pauses.

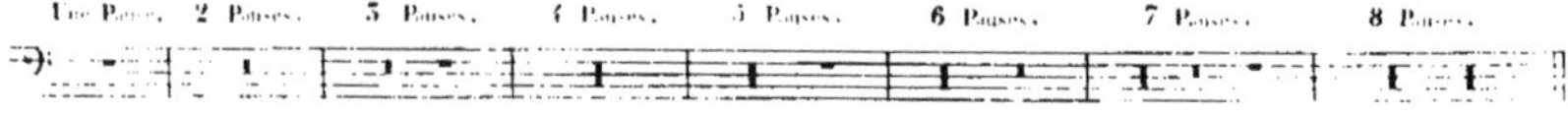

On n'écrit pas toujours le nombre des pauses au dessus des signes; on se sert aussi d'abréviations pour cette sorte de silence.

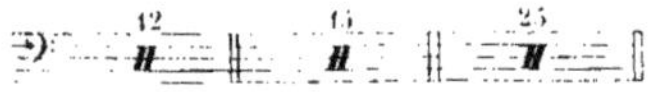

Lorsqu'un musicien a un grand nombre de pauses à compter, le copiste ou le graveur doit prendre le soin de donner une réplique.

La réplique doit se tracer en petites notes.

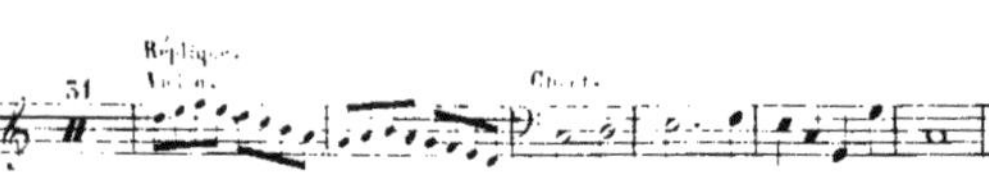

DÉSIGNATION DES TONS MAJEURS ET DES TONS MINEURS RELATIFS.

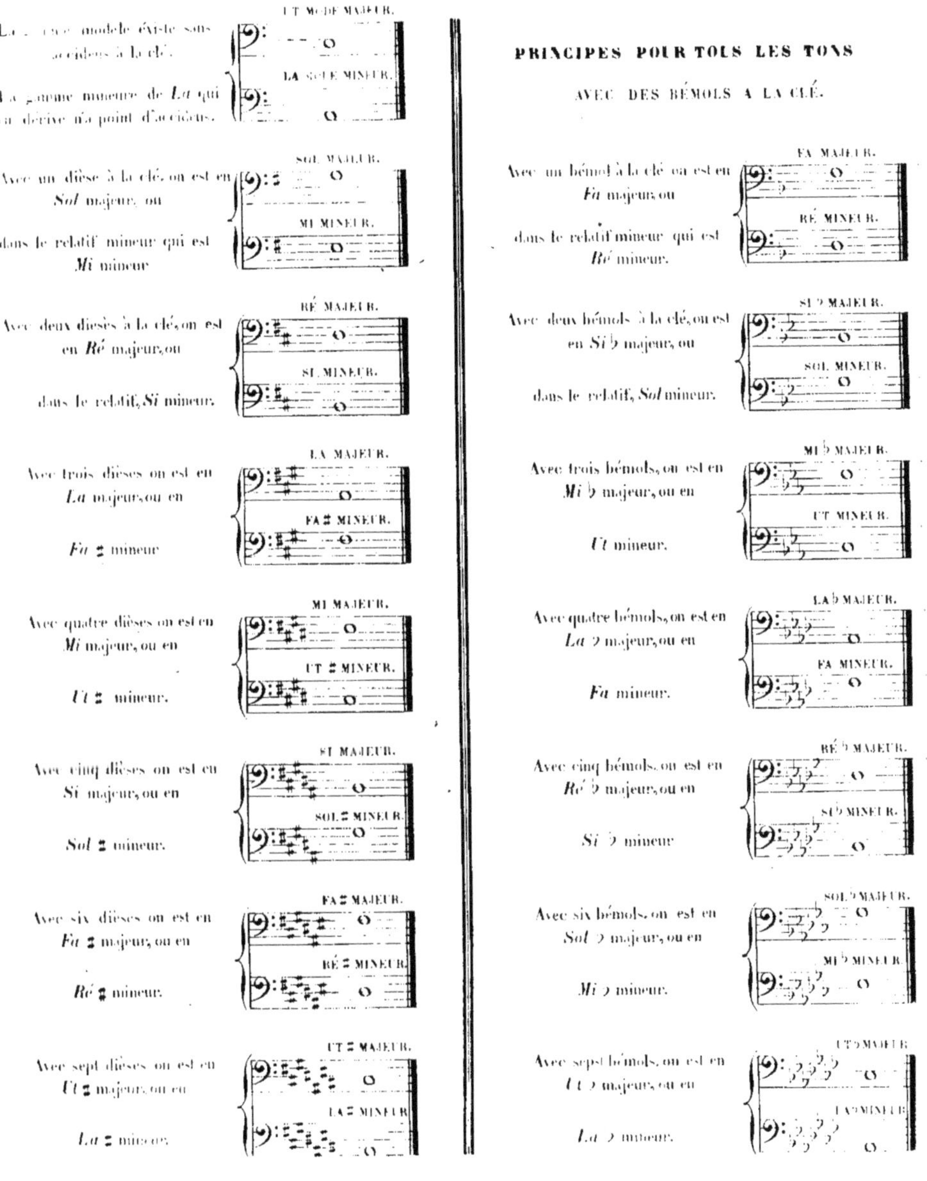

La gamme modele existe sans accidens à la clé.

La gamme mineure de *La* qui en dérive n'a point d'accidens.

Avec un dièse à la clé, on est en *Sol* majeur, ou

dans le relatif mineur qui est *Mi* mineur

Avec deux dièses à la clé, on est en *Ré* majeur, ou

dans le relatif, *Si* mineur.

Avec trois dièses on est en *La* majeur, ou en

Fa # mineur

Avec quatre dièses on est en *Mi* majeur, ou en

Ut # mineur.

Avec cinq dièses on est en *Si* majeur, ou en

Sol # mineur.

Avec six dièses on est en *Fa* # majeur, ou en

Ré # mineur.

Avec sept dièses on est en *Ut* # majeur, ou en

La # mineur.

PRINCIPES POUR TOUS LES TONS

AVEC DES BÉMOLS A LA CLÉ.

Avec un bémol à la clé on est en *Fa* majeur, ou

dans le relatif mineur qui est *Ré* mineur.

Avec deux bémols à la clé, on est en *Si*♭ majeur, ou

dans le relatif, *Sol* mineur.

Avec trois bémols, on est en *Mi*♭ majeur, ou en

Ut mineur.

Avec quatre bémols, on est en *La*♭ majeur, ou en

Fa mineur.

Avec cinq bémols, on est en *Ré*♭ majeur, ou en

Si♭ mineur

Avec six bémols, on est en *Sol*♭ majeur, ou en

Mi♭ mineur.

Avec sept bémols, on est en *Ut*♭ majeur, ou en

La♭ mineur.

DE LA DISTINCTION DU MODE MAJEUR ET DU MODE MINEUR.

Les signes de la clé ne peuvent, seuls, aider à trouver dans quel mode est un morceau.

Il faut encore lire ce morceau et en chercher les notes essentielles qui forment des accords parfaits, (c'est à dire composés de tonique, tierce et quinte)

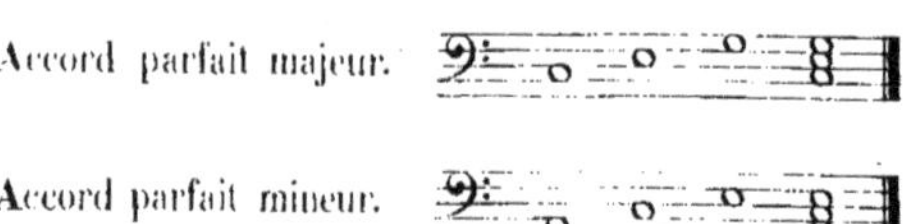

La mélodie ou l'accompagnement doit indiquer l'un ou l'autre de ces accords.

Le professeur fera bien de frapper plusieurs accords majeurs et mineurs, et de demander à l'élève: est-ce majeur? est-ce mineur? afin de faire apprécier la différence de la tierce mineure à la tierce majeure. Il faut faire observer que la tierce majeure donne à l'accord une clarté qui n'existe point dans l'accord mineur. Donnez pour exemple.

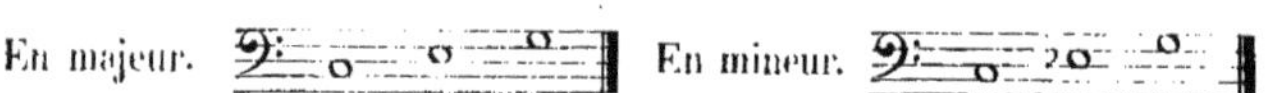

La tierce mineure donne à l'accord parfait une résonnance plus sombre.

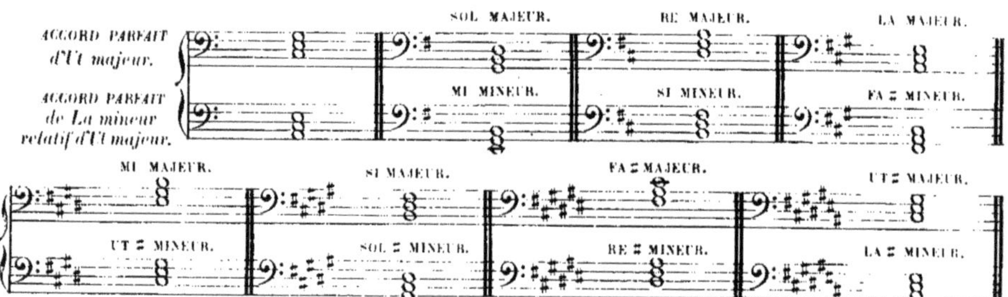

Remarquez que les tierces des accords des relatifs mineurs sont mineures, et que les tierces des accords parfaits des modes majeurs sont majeures.

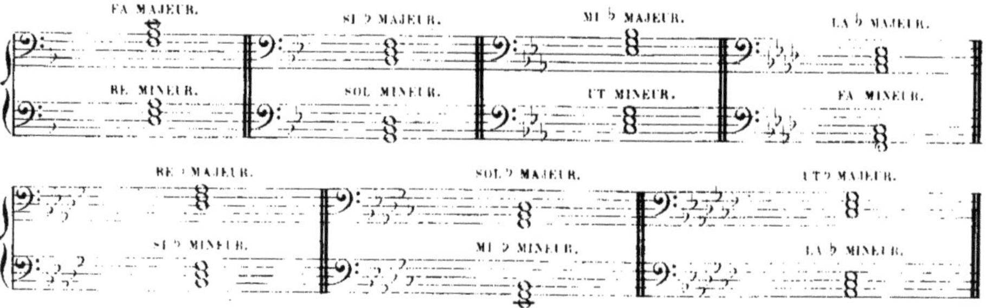

Observez bien que la tierce majeure est composée de deux tons, et que la tierce mineure est composée d'un ton et d'un ½ ton diatonique.

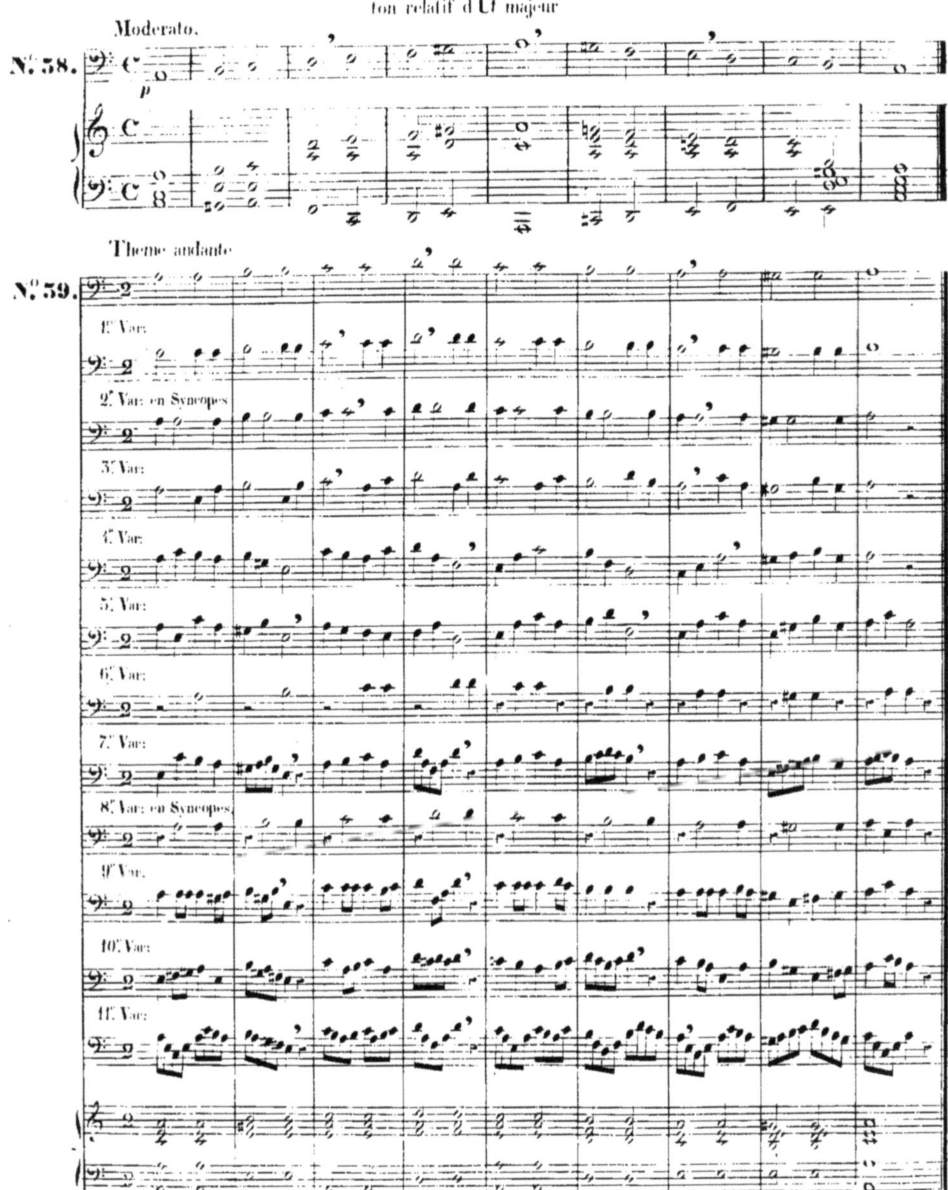

GAMME EN LA MINEUR.
ton relatif d'Ut majeur
Moderato.
N.º 58.
p
Thème andante
N.º 59.
1.º Var:
2.º Var: en Syncopes
3.º Var:
4.º Var:
5.º Var:
6.º Var:
7.º Var:
8.º Var: en Syncopes
9.º Var:
10.º Var:
11.º Var:

Comparaison de la gamme majeure à la gamme mineure.

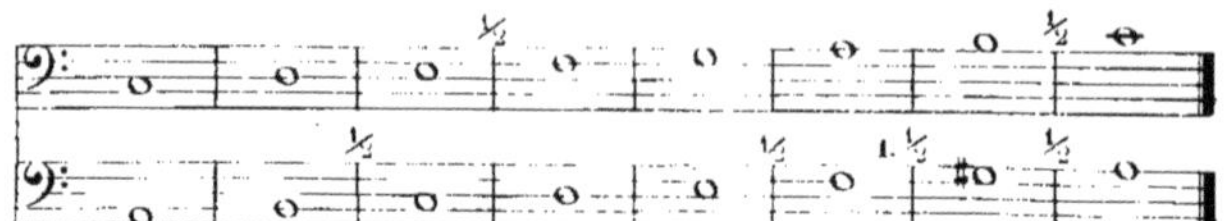

J'ai dit que la gamme mineure la plus normale se faisait avec la sixte mineure.

On sait que la gamme majeure se compose de cinq tons et deux demi-tons celle ci se compose de trois tons, trois demi-tons et un intervalle de 2de augmentée; c'est cet intervalle qui lui donne la difficulté vocale.

Les trois demi-tons se trouvent de la 2de note à la 3e de la 5e à la 6e et de la 7me à la 8me et le ton et demi de la 6me à la 7me les trois degrés composés d'un ton se trouvent du 1er au 2d du 3me au 4me et du 4me au 5me; Si l'on fait la gamme mineure avec la 6e majeure l'intervalle du ton et demi est détruit; cela rend cette gamme plus vocale; mais ainsi elle perd une portion de sa qualité mineure car il ne reste plus que la 3e qui apporte la différence du ton majeur.

Comparaison de la gamme majeure à la gamme mineure en descendant.

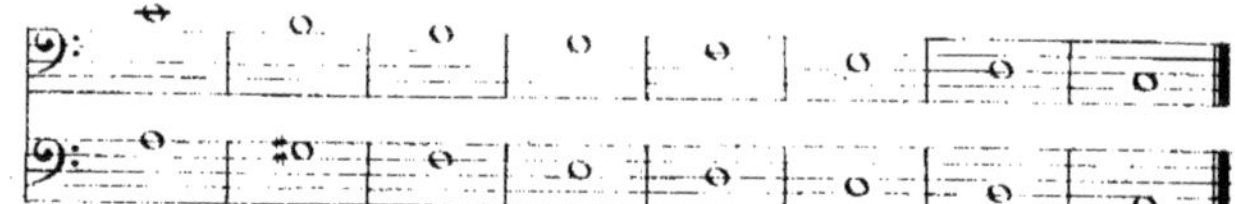

Seconde manière de la descendre.

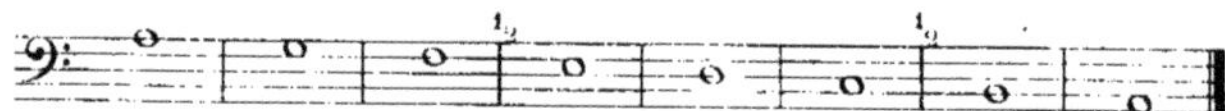

Ainsi elle se compose comme la gamme majeure de cinq tons et deux demi-tons voila bien ce qui prouve que cette gamme est relative de la gamme majeure.

Je conseillerai au professeur de faire étudier ce tableau dans plusieurs tons à son élève afin de lui faire apprécier toutes ces différences. on fera bien de les écrire et de ne point se contenter de la théorie.

DU RENVOI.

Le signe du renvoi $ placé dans une partie quelconque d'un morceau oblige quand on le rencontre une seconde fois à recommencer depuis l'endroit ou il parut d'abord jusqu'à ce qu'on trouve le mot *Fin* ou *Fine* en Italien On ajoute quelquefois au second renvoi les mots *al segno* au signe.

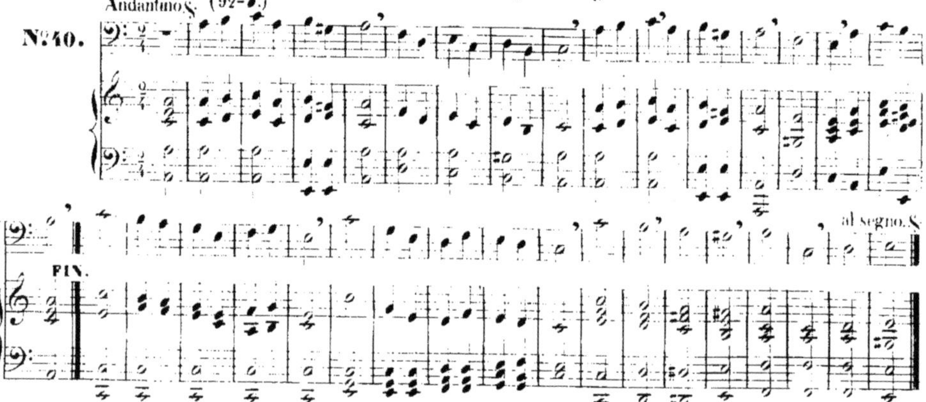

LEÇON POUR ETUDIER LA MESURE A $\frac{6}{8}$

La mesure à $\frac{6}{8}$ est le composé de la mesure à $\frac{2}{4}$

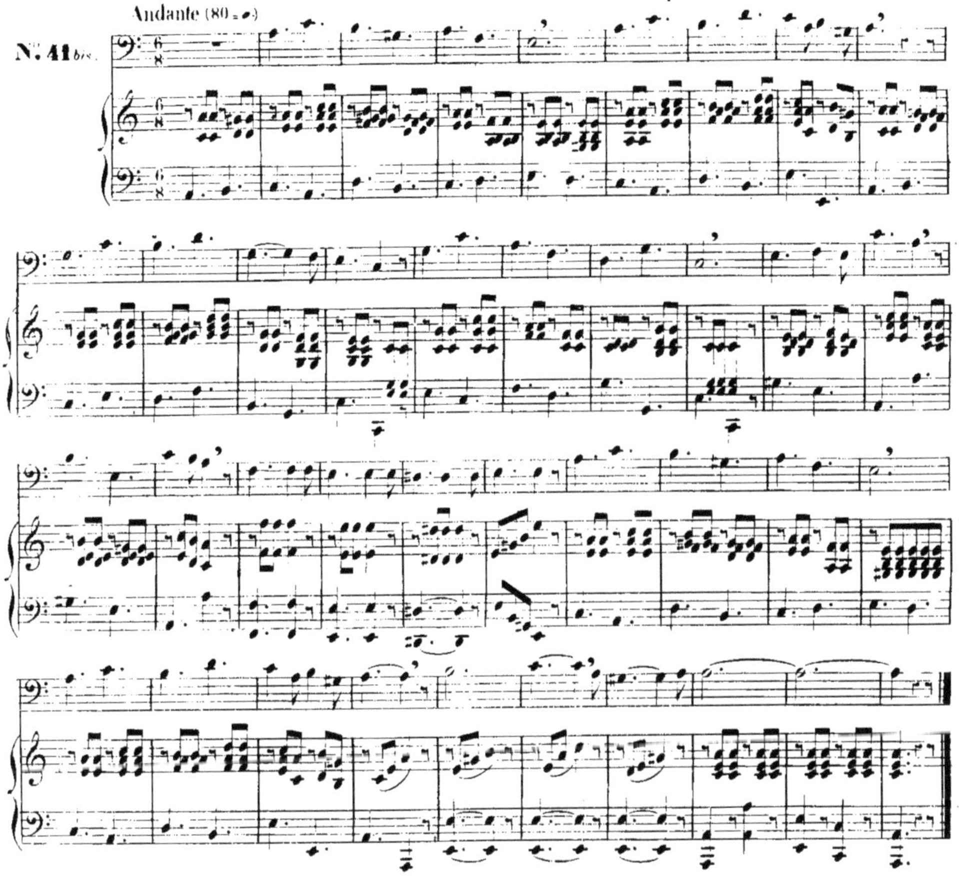

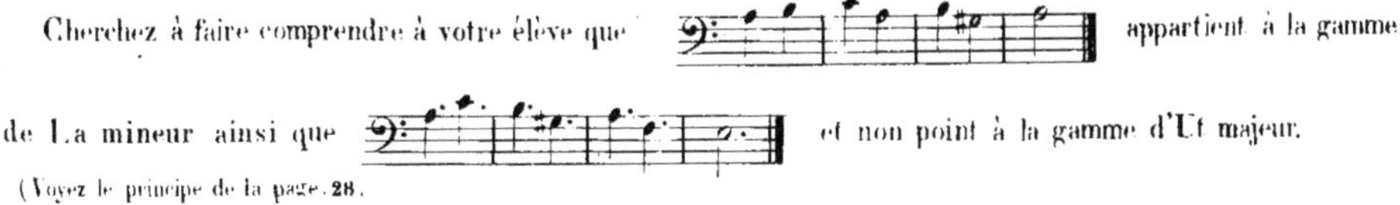

Les deux leçons précédentes sont en La mineur et non en Ut majeur, non seulement parceque l'on trouve le Sol dièse note sensible du mode mineur; mais encore l'accord parfait mineur de La dans la première mesure et non l'accord parfait majeur du ton d'Ut.

Cherchez à faire comprendre à votre élève que 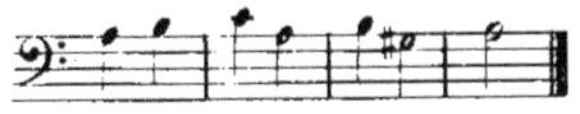 appartient à la gamme de La mineur ainsi que 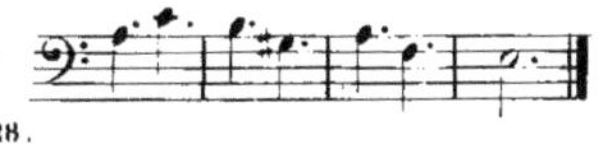 et non point à la gamme d'Ut majeur.

(Voyez le principe de la page. 28.

LEÇON POUR EXERCER LA MESURE A $\frac{6}{8}$

Cette leçon est en Ut on a quitté le ton de La mineur puisqu'on a trouvé Do Mi Sol dans l'accord et que le Sol est naturel.

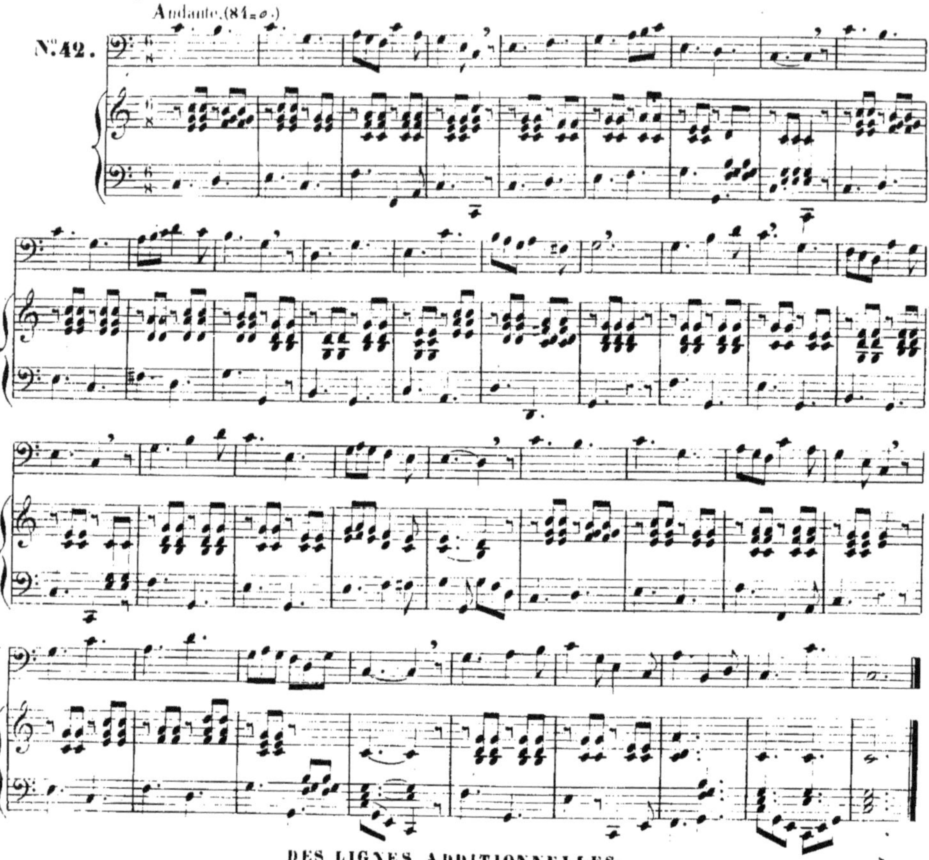

DES LIGNES ADDITIONNELLES.

On nomme lignes additionnelles les lignes ajoutées en dessus ou en dessous de la portée musicale.

On a remarqué dans la portée que, de ligne en ligne, on obtenait des intervalles de tierce; il en est de même pour les lignes additionnelles.

Au piano ou à un instrument aigu, lorsqu'une phrase est longtemps dans le haut pour éviter d'employer les lignes additionnelles, on écrit à l'octave inférieur, et l'on met 8².

Lorsque l'on veut revenir à l'8² ordinaire on met *Loco* mot Italien qui signifie en son lieu et place.

Ce qu'il y a de plus difficile à lire en musique, ce sont les lignes additionnelles et les intervalles disjoints; on conçoit que les intervalles conjoints soient faciles, car lorsque l'on connait le Do on voit bien que la note au dessus doit être Ré, et que la note au dessous doit être Si.

On doit reconnaître que cette leçon est en *La* mineur et non en *Ut* majeur, parceque le *Sol*, qui est la cinquième note du ton d'*Ut* ou la sensible du ton de *La*, est dièsée.

On doit se souvenir aussi du principe que j'ai donné. On trouve *La* à la basse et *Do, Mi, La* à la main droite de l'accompagnement de la première mesure ce qui donne l'accord parfait du ton de *La*.

Pour être en *Ut*, il faudrait trouver *Do, Mi*, et le *Sol* naturel.

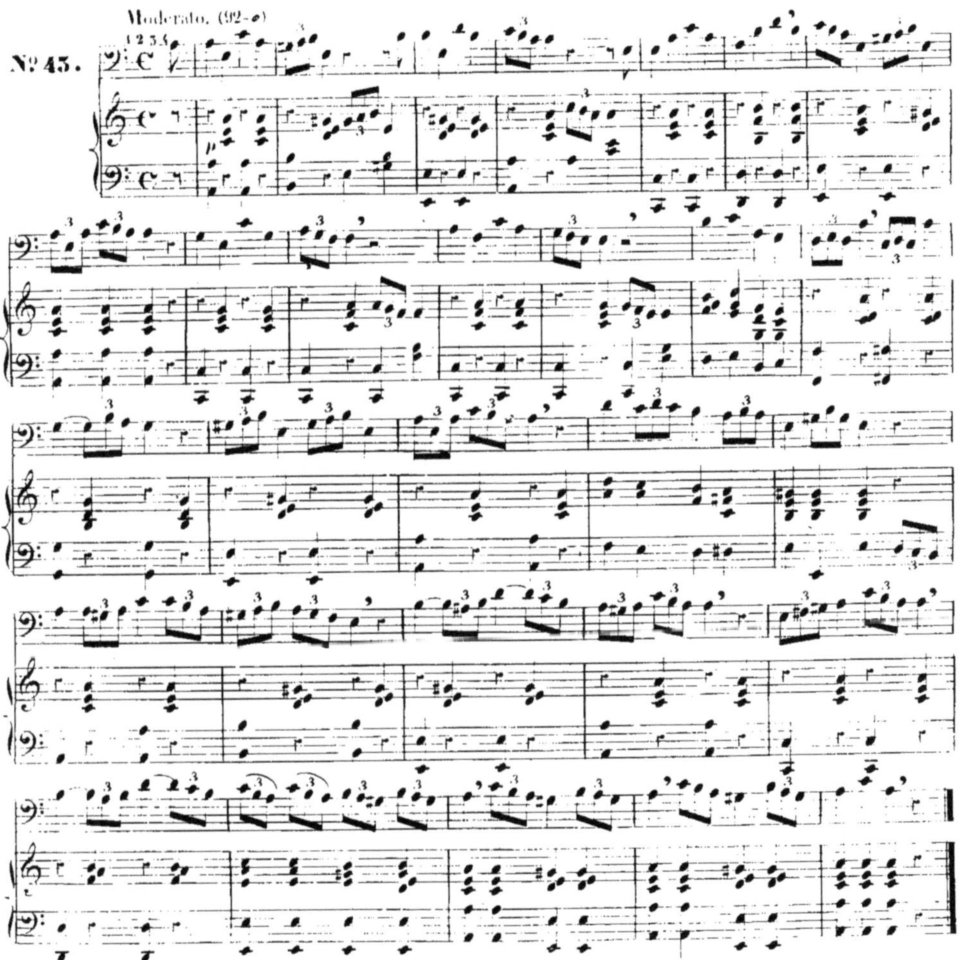

Jadis les maîtres faisaient regarder la dernière note du morceau comme moyen infaillible de reconnaître le ton; mais on pouvait encore être induit en erreur; car quelquefois un morceau finit sur la 3.ᵉ ou la 5.ᵉ et quand le maître disait en principe à son élève que la dernière note finissait sur la tonique, il se trompait donc.

Renoncez à tous ces procédés qui n'ont rien de certain. Dans les cas ordinaires un solfégien peut trouver en quel ton l'on est; mais il est des phrases qui demandent des connaissances harmoniques. (Voyez la page 28)

GAMME de La Majeur.

Lento.

N. 44.

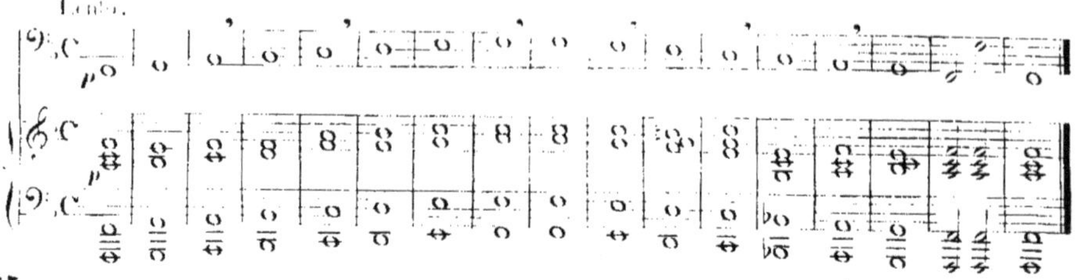

N. 45.
Moderato.   VARIATIONS.

1re Var.

2me Var.

3me Var. (En Syncope)

4me Var.

5me Var.

6me Var.

7me Var.

8me Var. (En Syncope)

9me Var.

10me Var. ou resume.

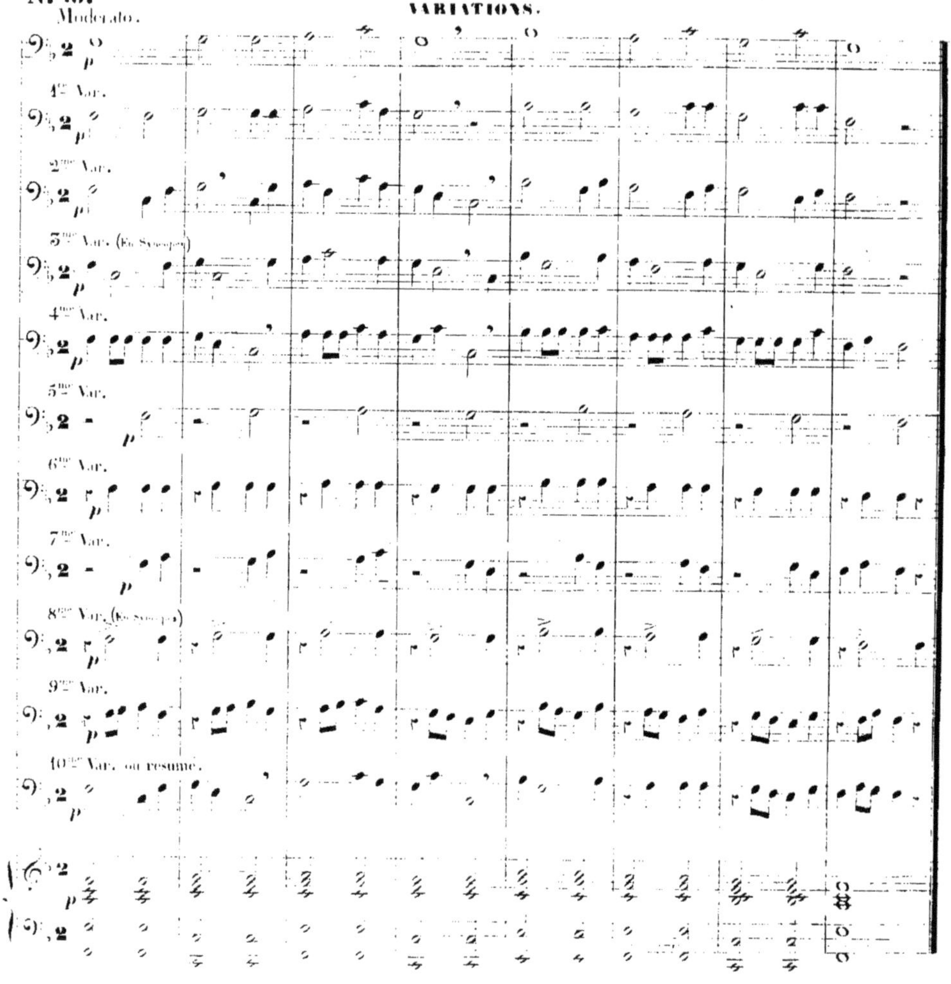

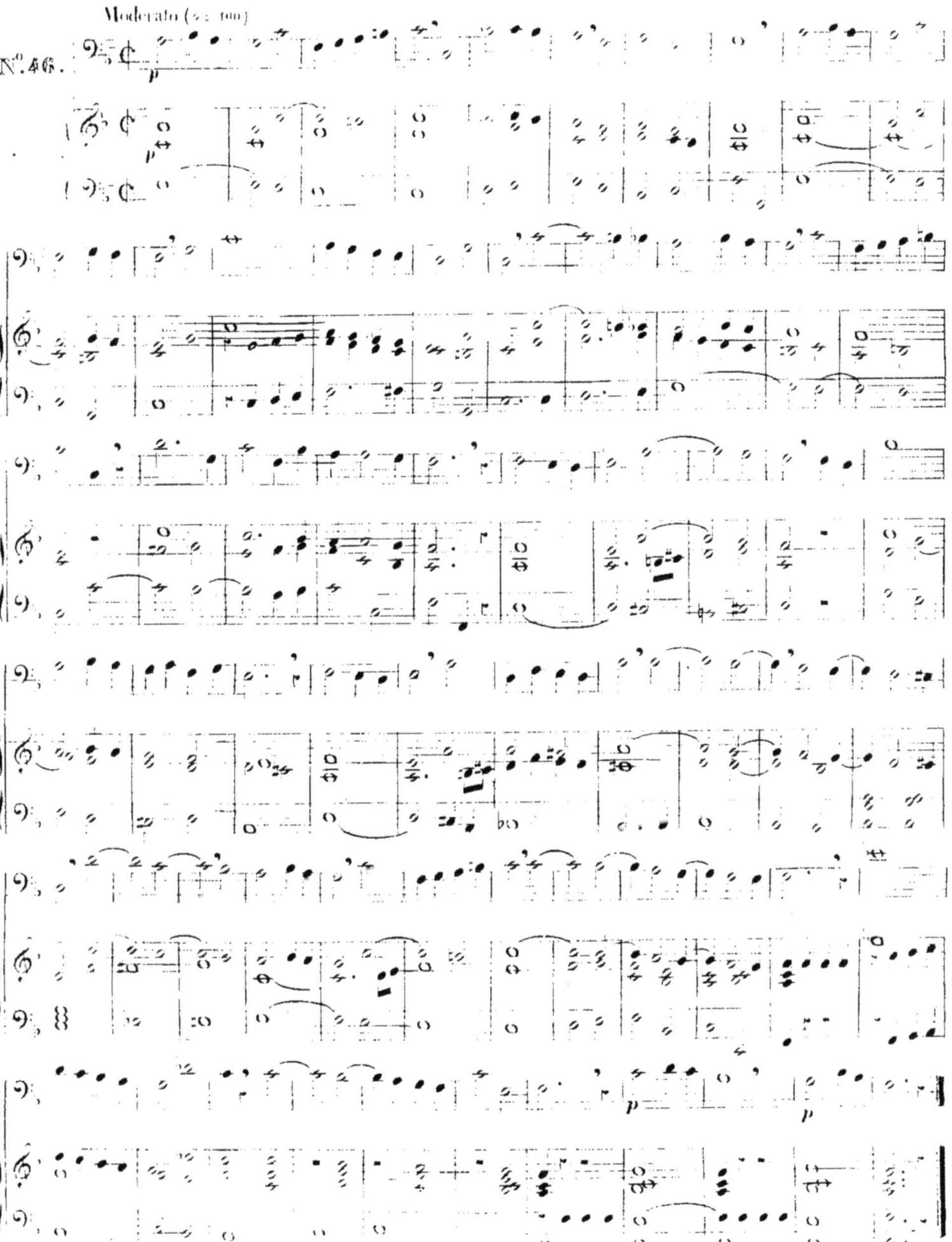

Moderato (♩ = 100)
N.° 46.
p
p
p
p

Leçon pour étudier les demi-tons et particulièrement le demi-ton chromatique.

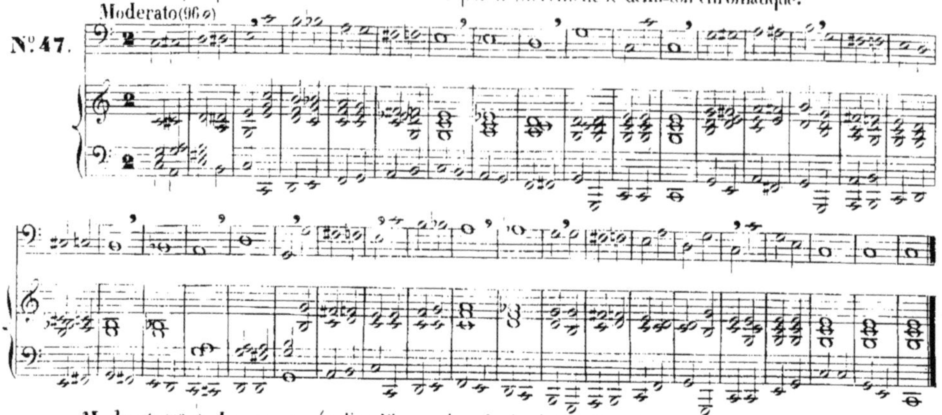

Moderato (96 ♩)

N.º 47.

Moderato (96 ♩) Leçon pour étudier l'intonation de demi-ton diatonique.

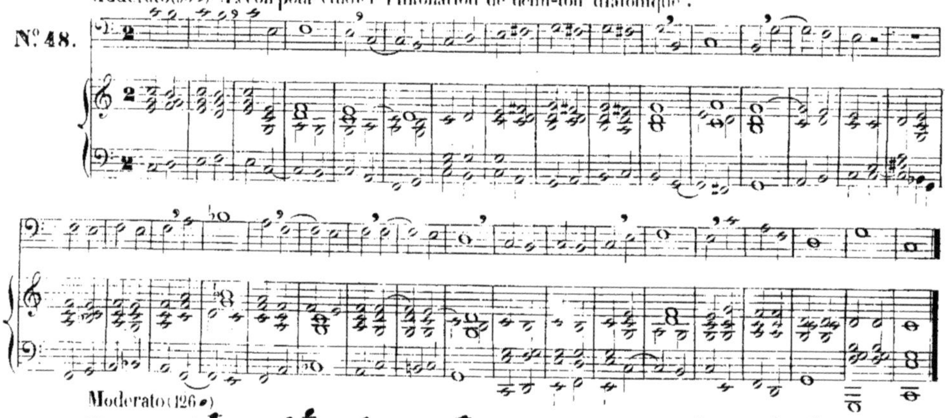

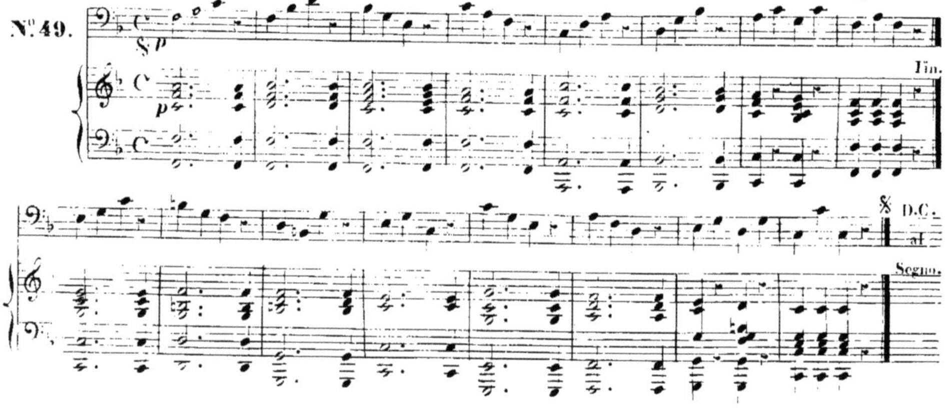

N.º 48.

Moderato (126 ♩)

N.º 49.

Fin.

D.C.
al
Segno.

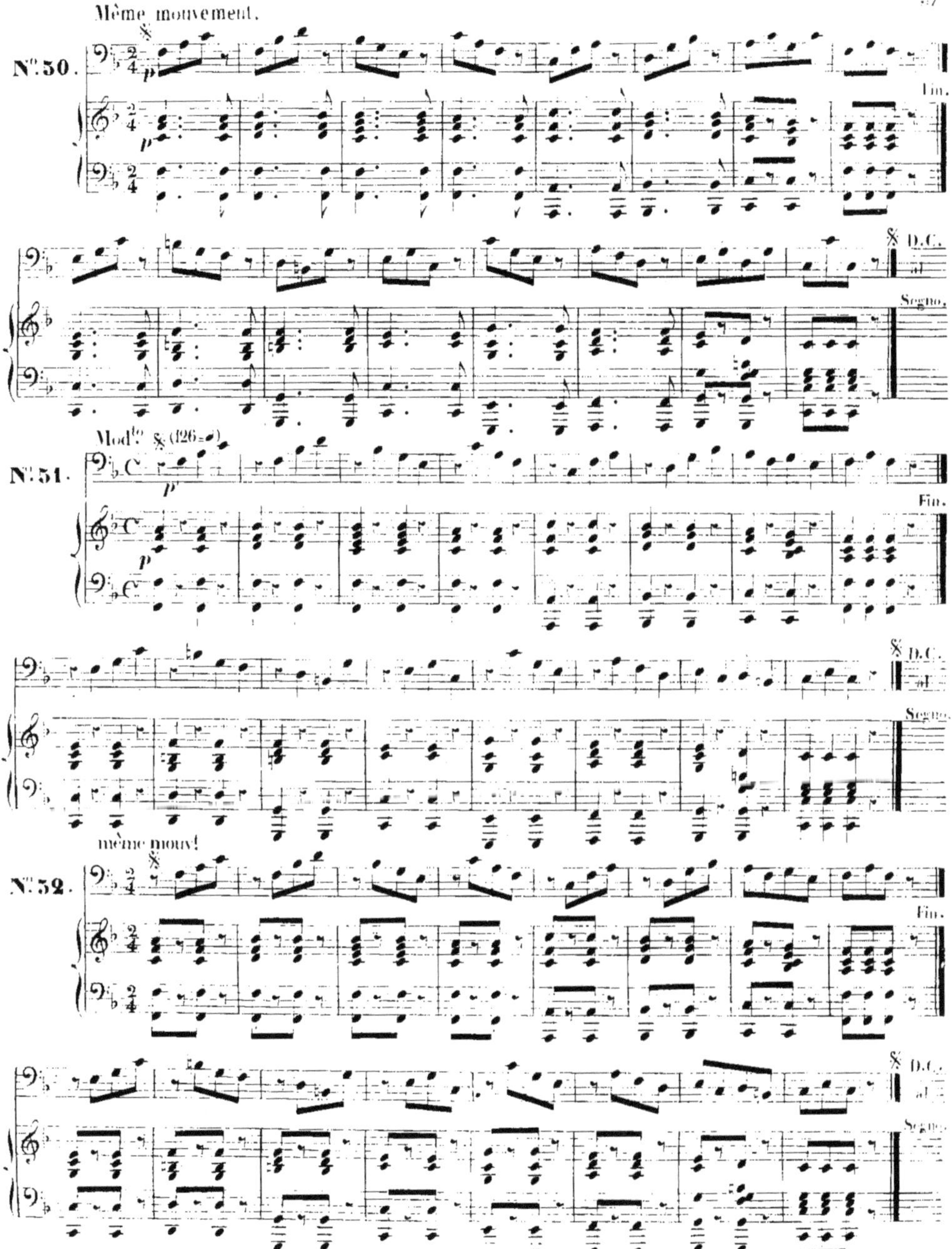
Même mouvement.
Fin.
D.C. al Segno.
Mod.to (126 = ♩)
Fin.
D.C. al Segno.
même mouv.t
Fin.
D.C. al Segno.
N.o 50.
N.o 51.
N.o 52.
p

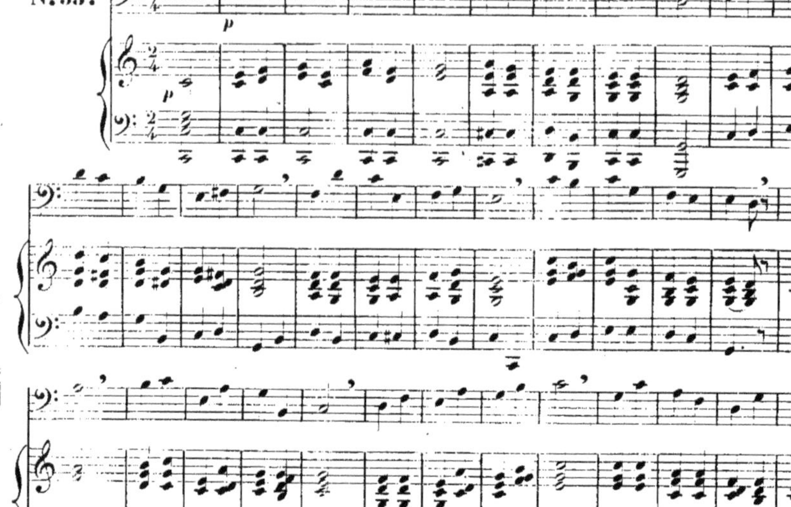
Moderato (104 = ♩)
N°53.
p
p

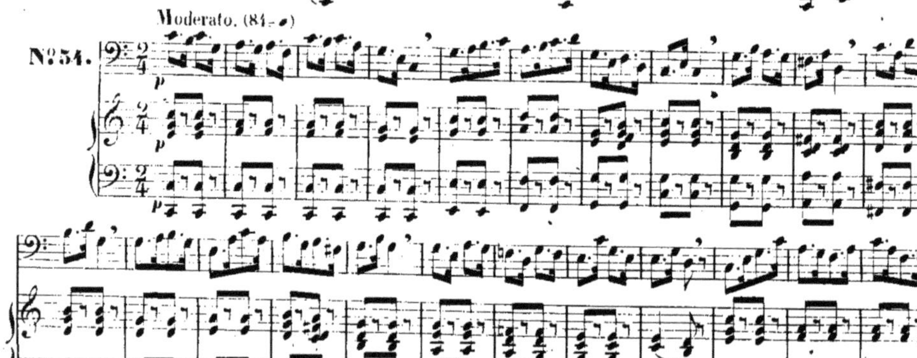
Moderato. (84 = ♩)
N°54.
p
p

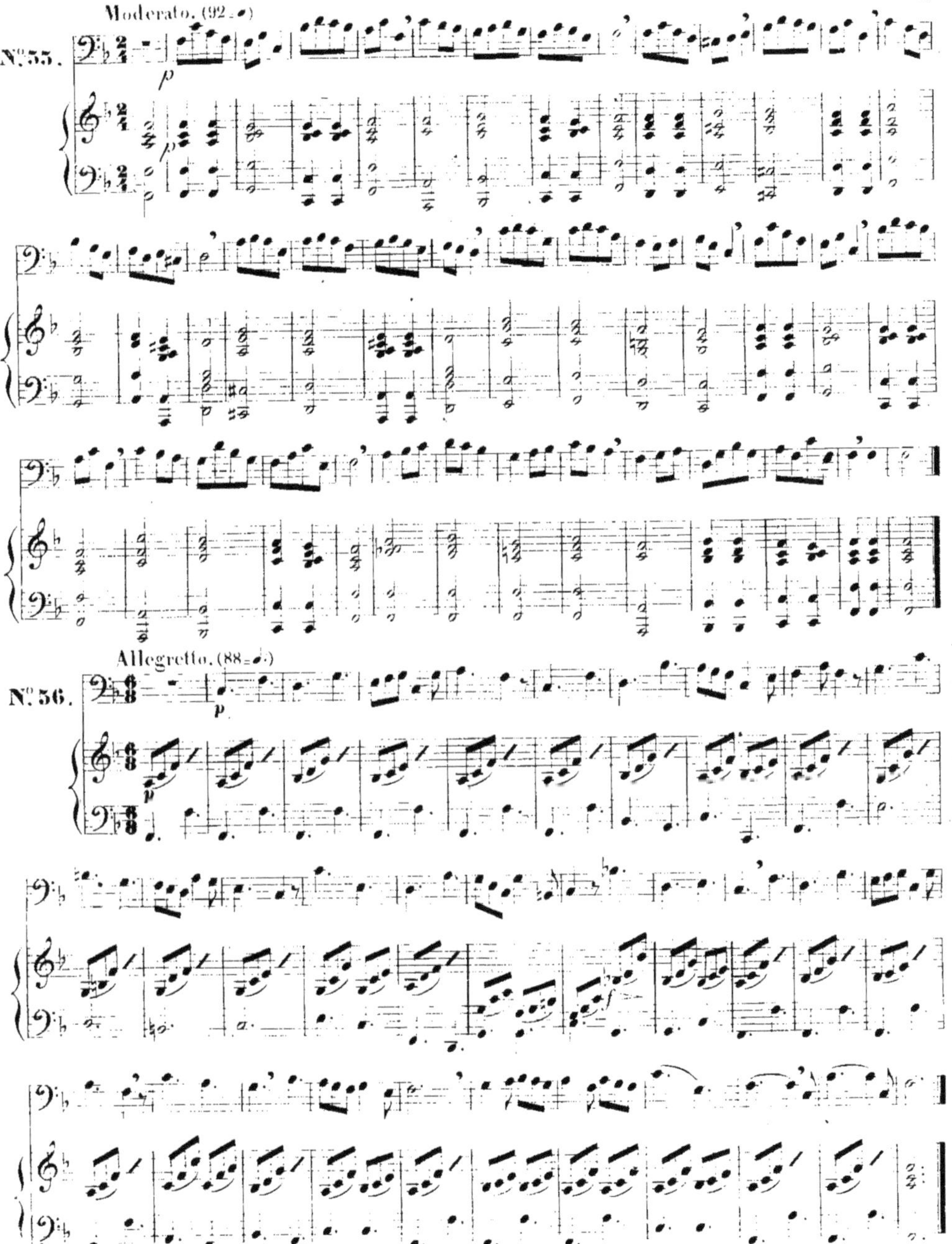

Moderato. (92 = ♩)
N° 55.
Allegretto. (88 = ♩.)
N° 56.
p

40
GAMME en Ré Mineur
relatif de Fa Majeur.
Lento.
N°.57.
Lento.
bème.
VARIATIONS.
1re Var.
2me Var. (En Syncopes)
3me Var.
4me Var.
5me Var.
6me Var.
7me Var.
8me Var.
9me Var. (En Syncopes)
10me Var.

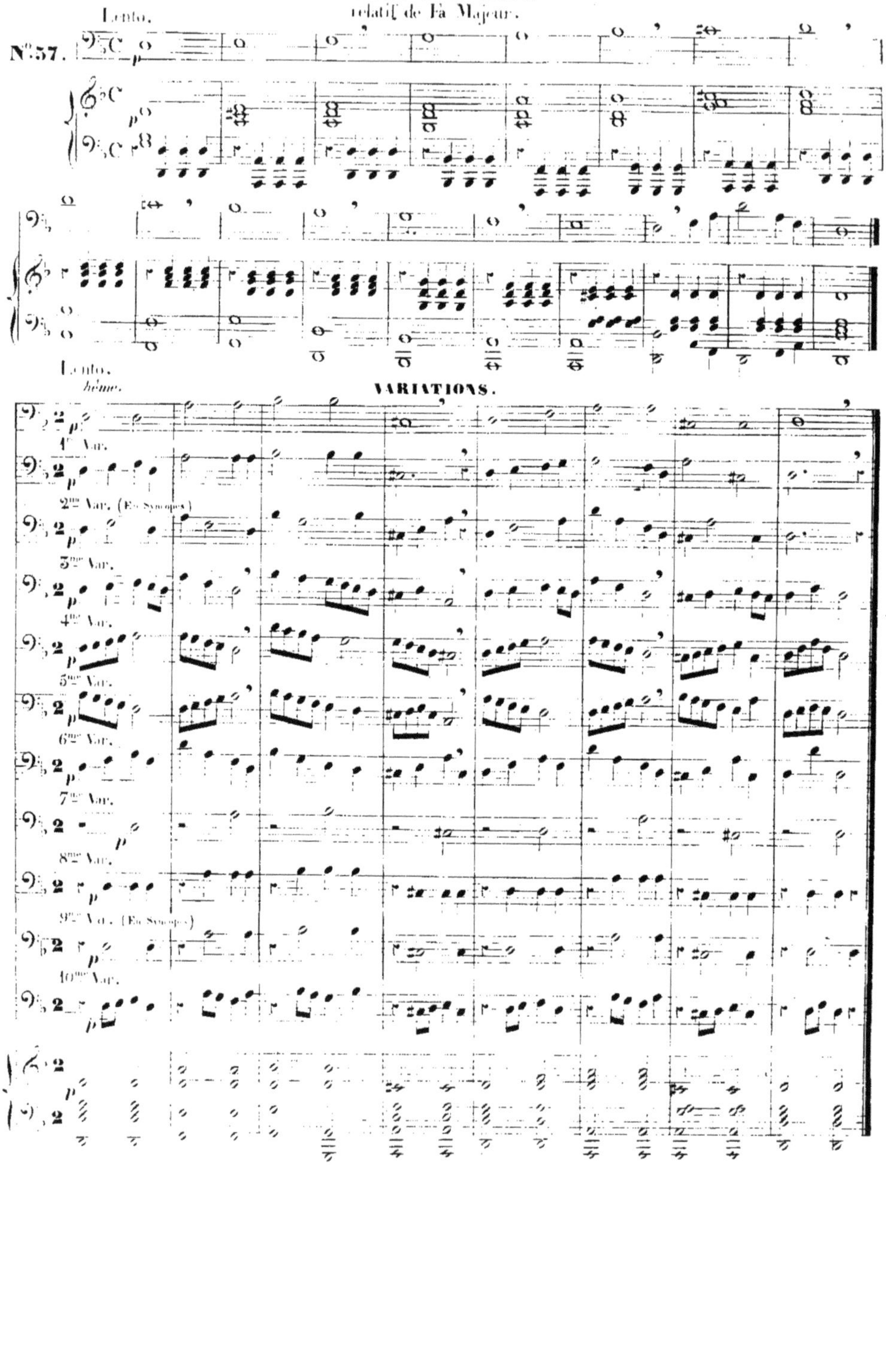

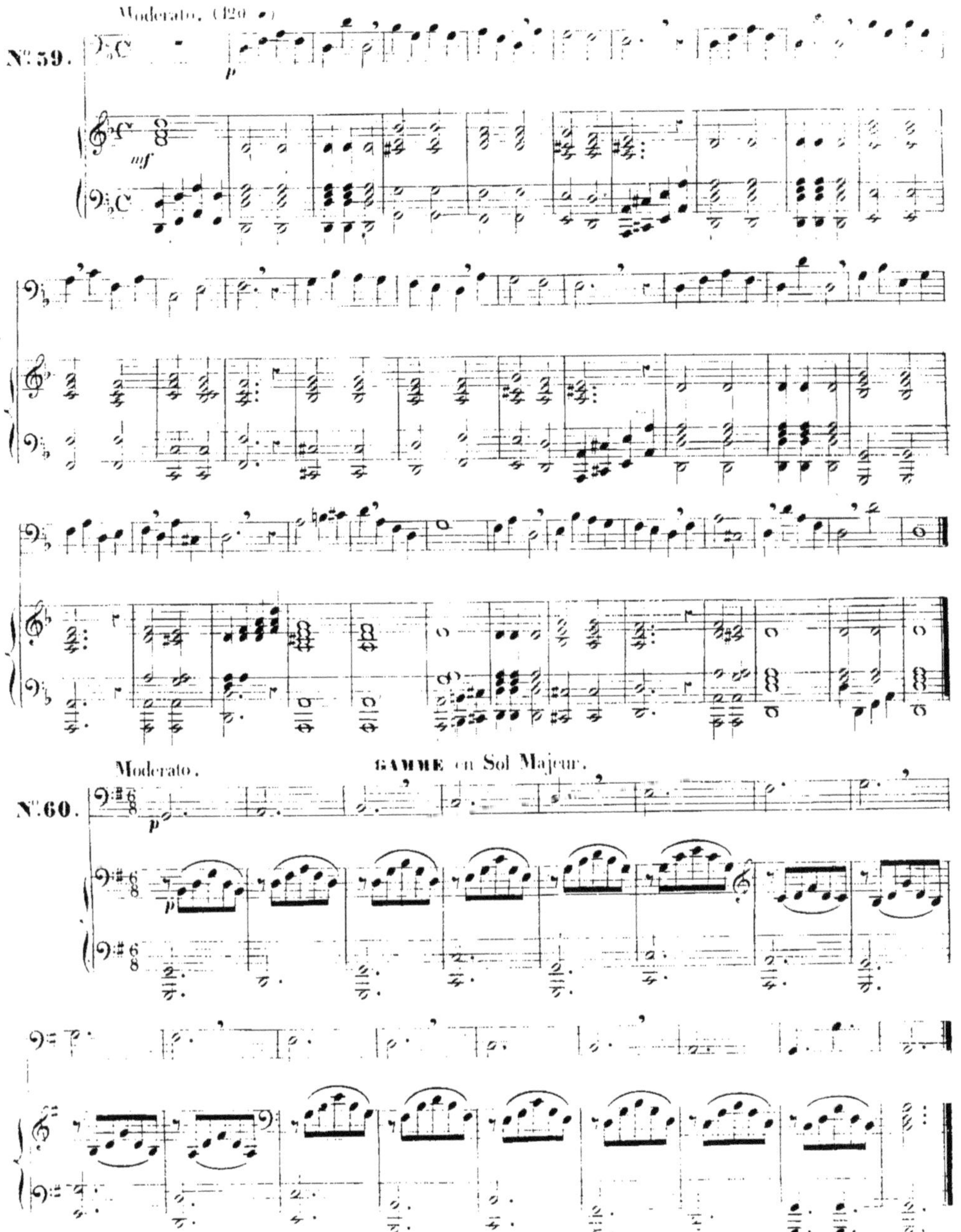
Moderato. (120 =)
N.º 59.
mf
p
Moderato.
GAMME en Sol Majeur.
N.º 60.
p
p

PRINCIPE de la GAMME en SOL MAJEUR.

Faites observer à votre élève que dans la gamme de Sol Majeur, il faut que le Fa soit dièse pour que de la sixième note à la 7me il y ait un ton et de la 7me à l'8ve il y ait un demi-ton.

Faites faire à votre élève plusieurs fois cette gamme pour qu'il la comprenne bien.

Exemple de la gamme en Sol.

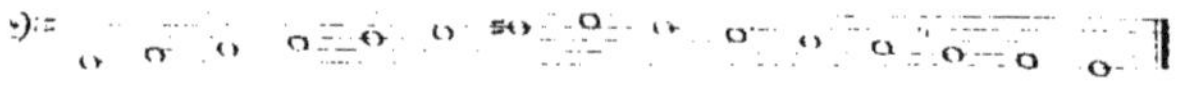

Je ne saurais trop recommander aux professeurs de faire écrire ces gammes dans tous les tons, particulièrement dans les trois premiers tons majeurs, le ton d'Ut le ton de Sol et le ton de Fa.

Après ces trois tons, il faudra écrire les trois relatifs mineurs qui sont: La mineur, Mi mineur et Ré mineur, vous les ferez faire avec la 6te. mineure, et la 6te. majeure en montant. (voyez la page

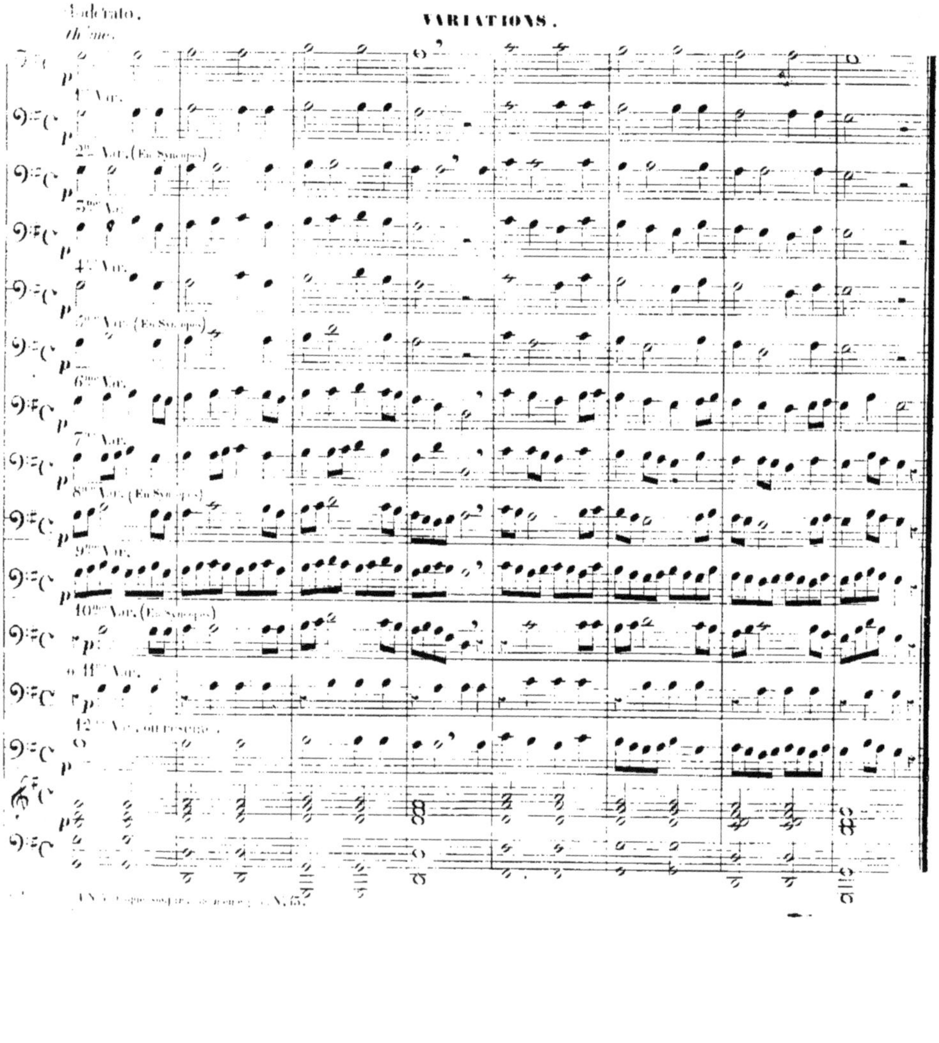

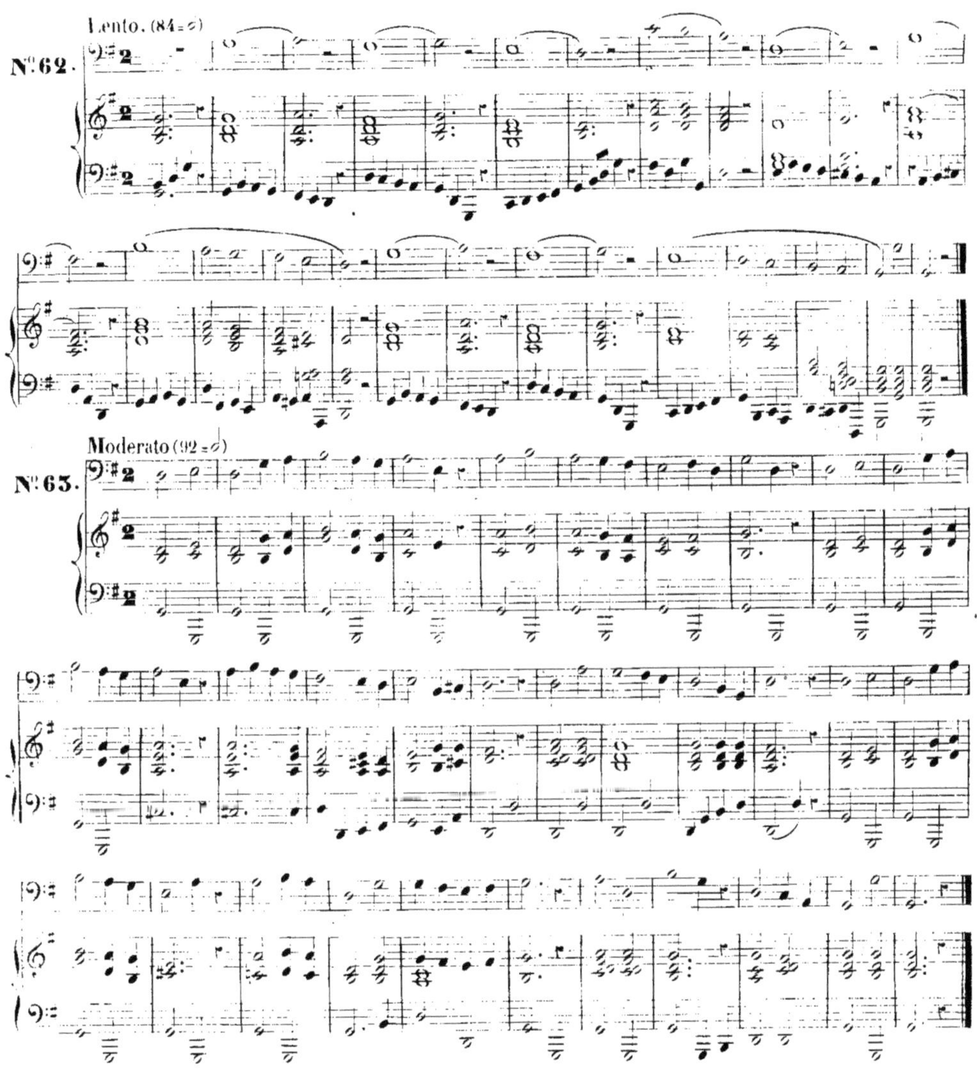

RODOLPHE mettait un dièse avant la clé, à la sensible, pour faire voir à l'élève qu'il était dans le ton mineur. (Voyez son solfège) ce procédé n'atteignait pas son but. Il en résultait que l'élève loin des leçons de son maître ne pouvait rien savoir.

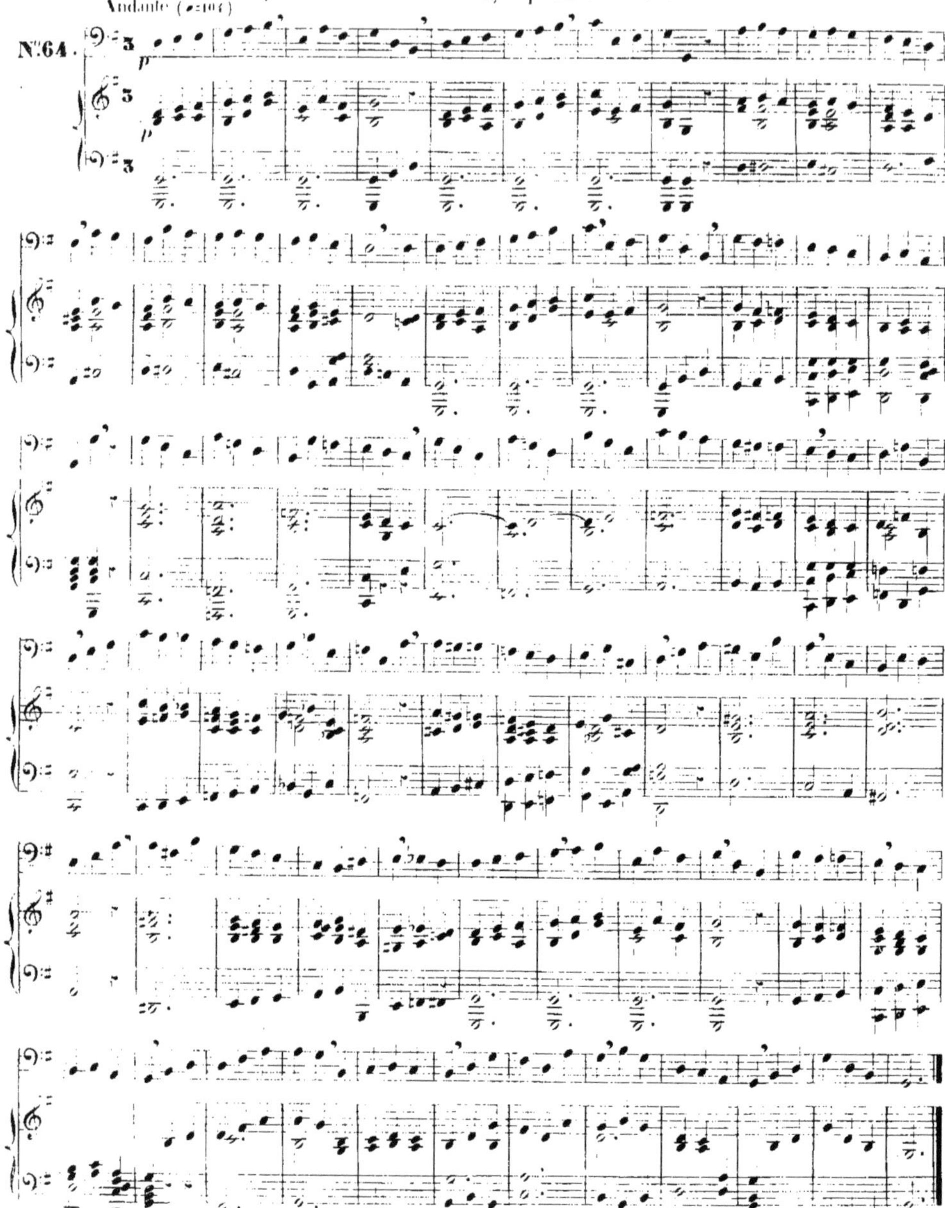

44
Après avoir solfié cette leçon, on pourra la vocaliser.
Andante (♩=104)
N°. 64.
p

La conclusion d'un morceau ou d'une partie principale est ordinairement indiquée par de ... barres ... la portée ‖ quand ces barres ont deux points à gauche, il faut recommencer ce qui précède ‖ mais quand ces points sont à droite et à gauche :‖: on exécute deux fois ce qui précède et ce qui suit. Dans le premier cas c'est une reprise simple, dans le second une reprise double.

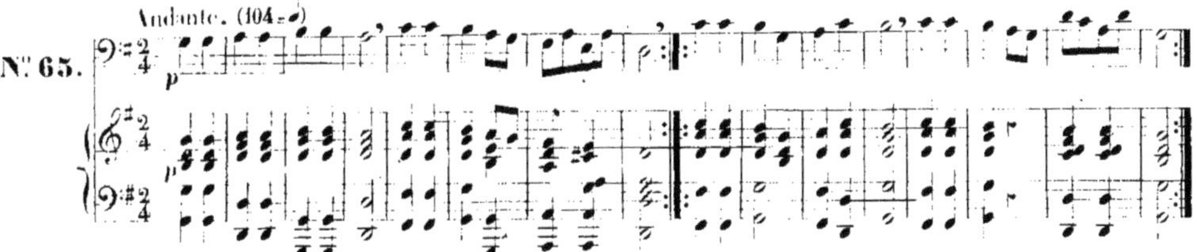

Les reprises se rencontrent plus ordinairement dans les airs variés; cependant on les emploie dans toute espèce de musique.

Souvent dans les reprises on met première fois ou deuxième fois. Voici le cas.

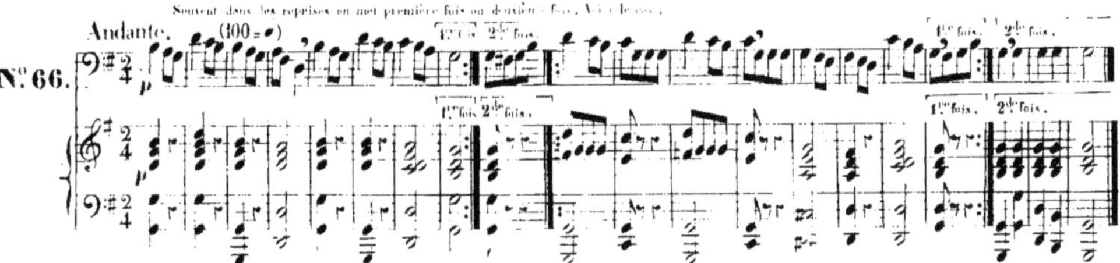

Dans ce cas, en premier lieu il faut exécuter la mesure marquée première fois; en second lieu, on doit passer la mesure marquée première fois et exécuter celle qui est indiquée 2.e fois.

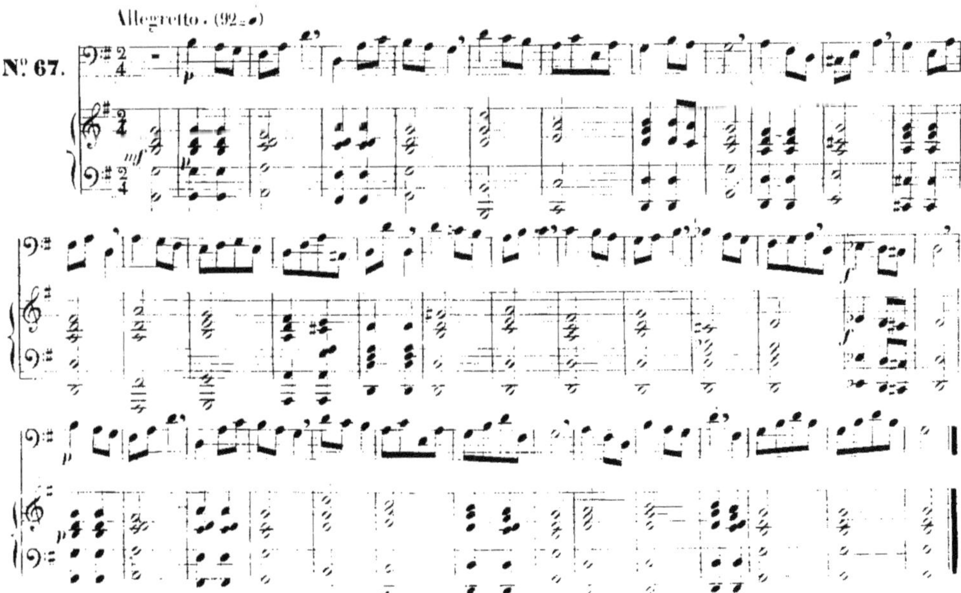

GAMME en Mi♭ Mineur.

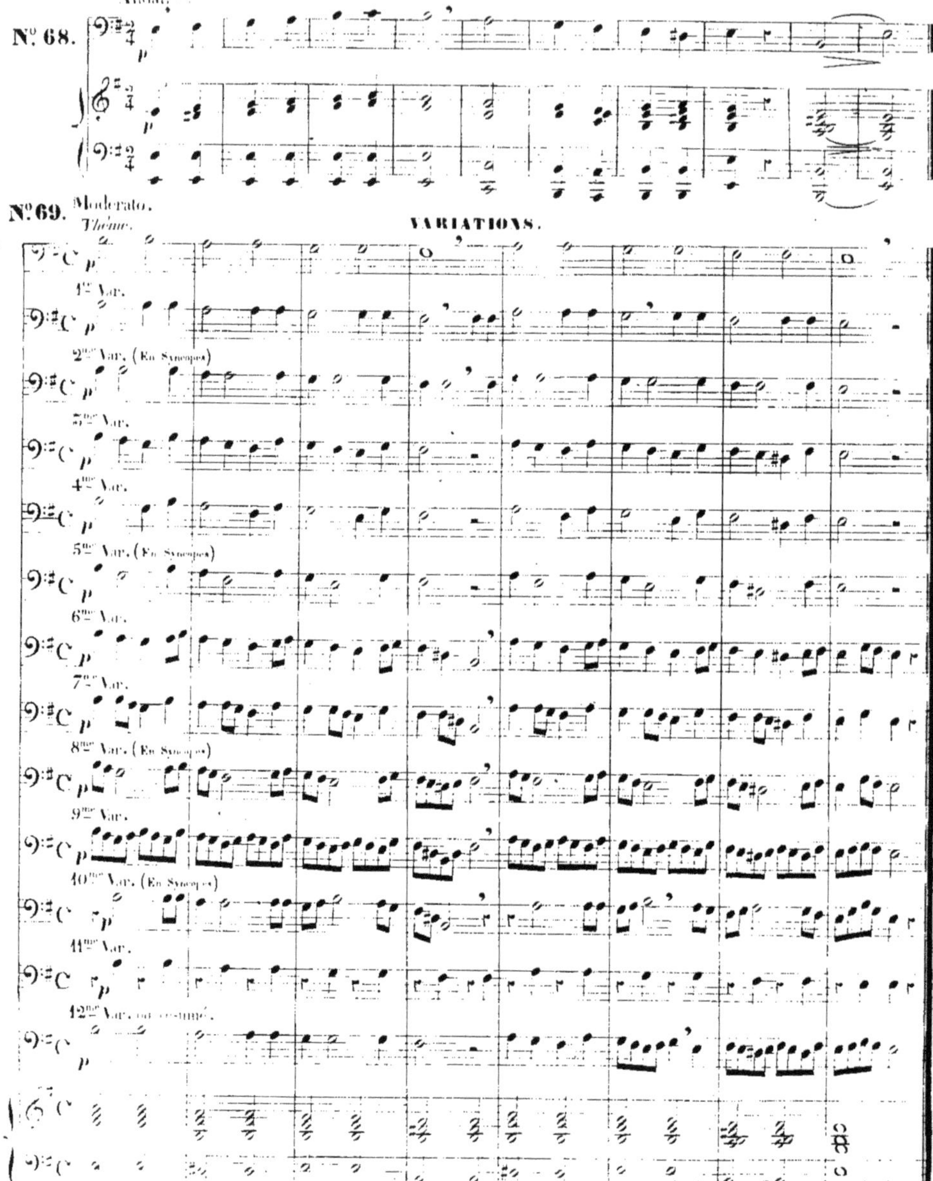

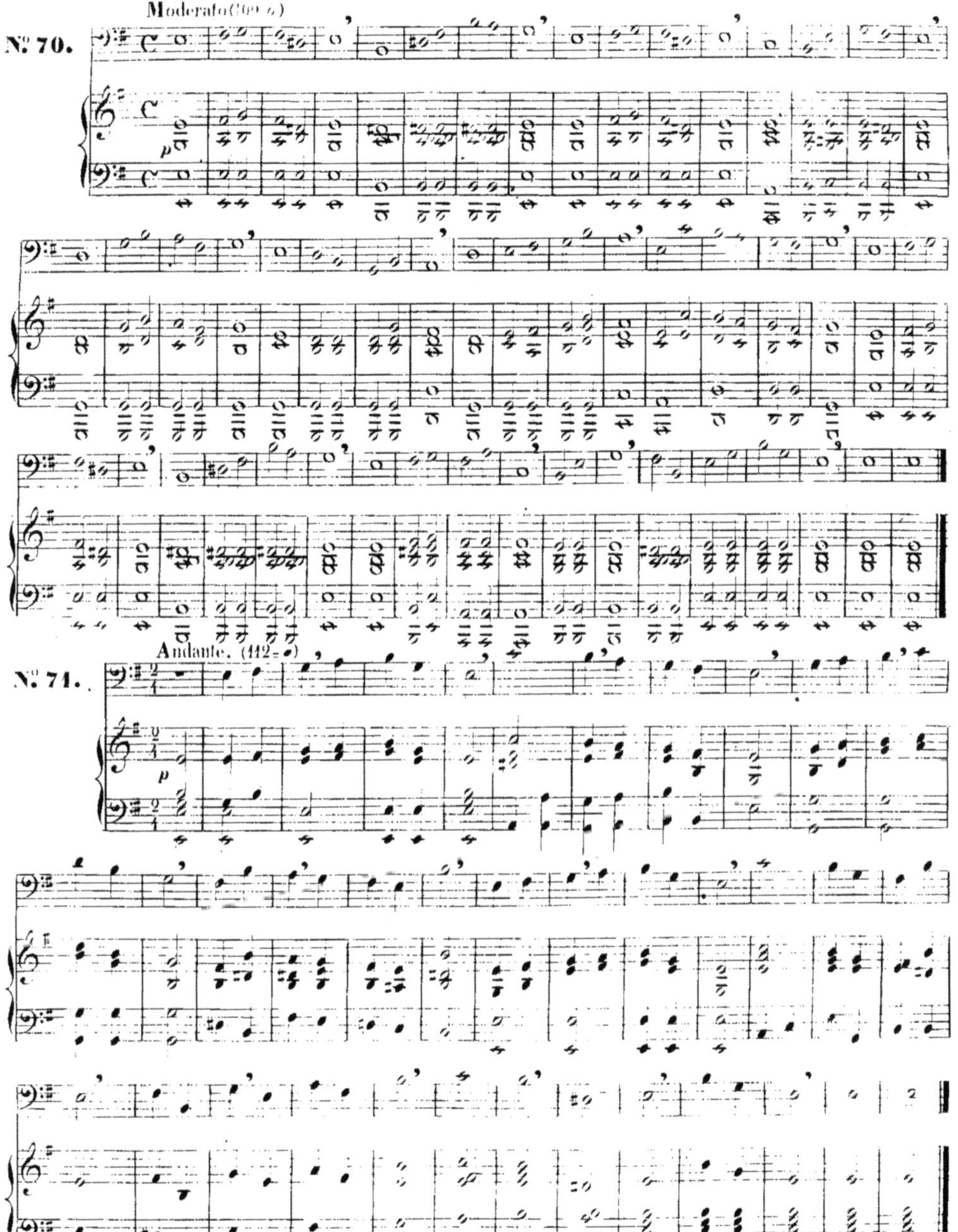

Moderato
N.° 70.
Andante. (112 = ♩)
N.° 71.
p

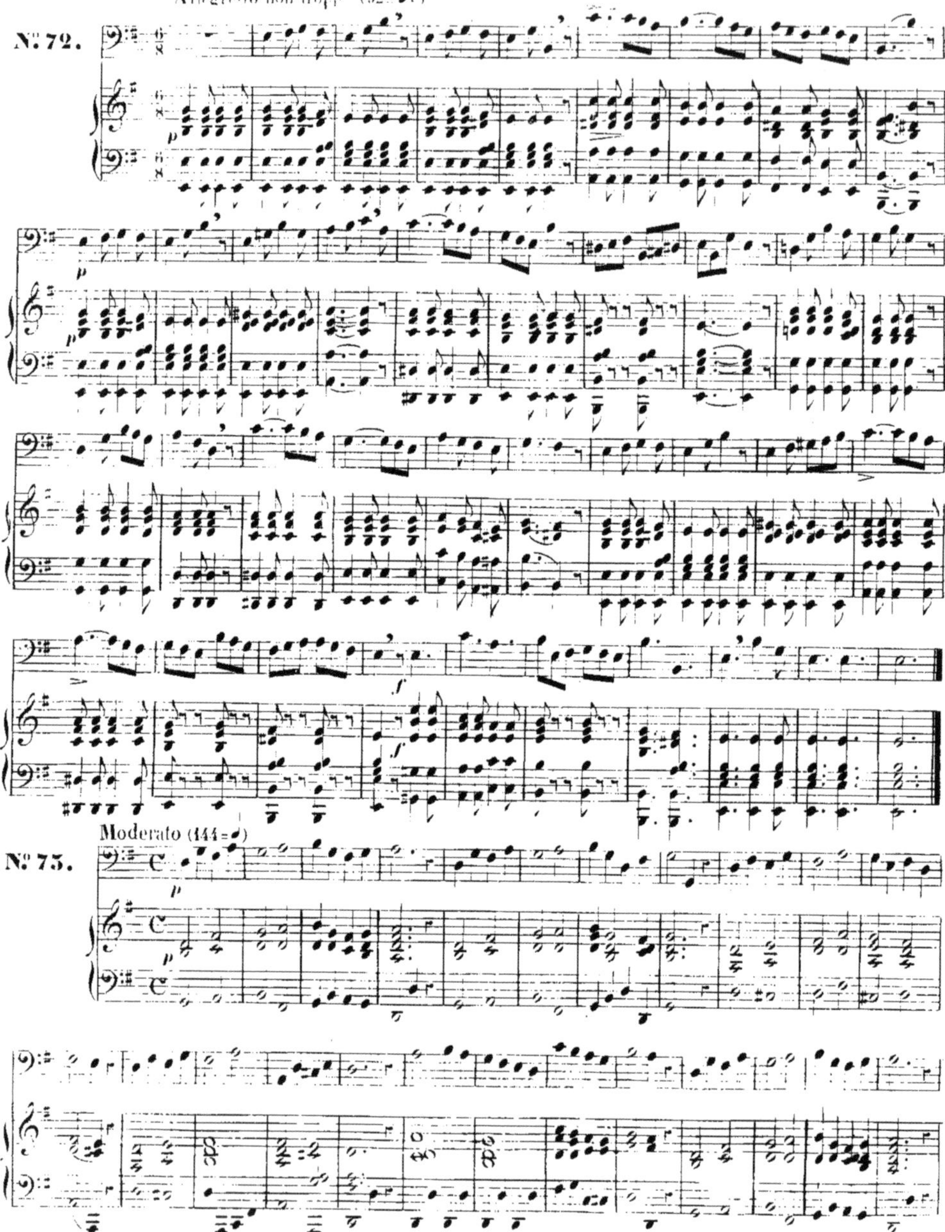

Allegretto non troppo (92 = ♩.)
N.º 72.
Moderato (144 = ♩)
N.º 73.

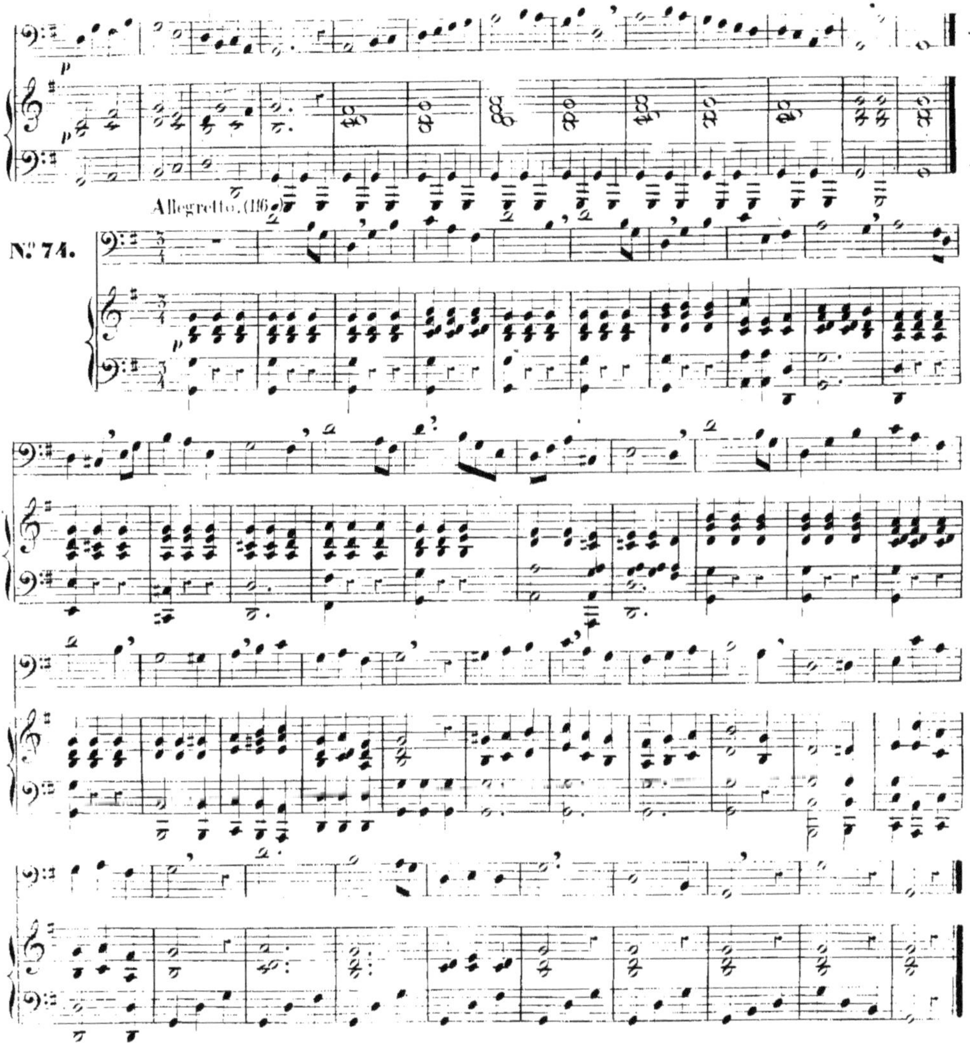

Faites bien repasser à votre élève le tableau des intervalles; et de leurs renversemens assurez vous souvent qu'il le sait par coeur et qu'il le comprend bien dans tous les tons; faites lui beaucoup de questions, il faut qu'il sache parfaitement ses mnémoniques. (Voyez la page 7 et 8.)

Leçon pour employer les silences dans les mesures à 4 tems de la pause de la demi-pause et du soupir.
La pause vaut toute la mesure, la demi-pause deux tems et le soupir un tems.

N.º 75. Andante. (112 = ♪)

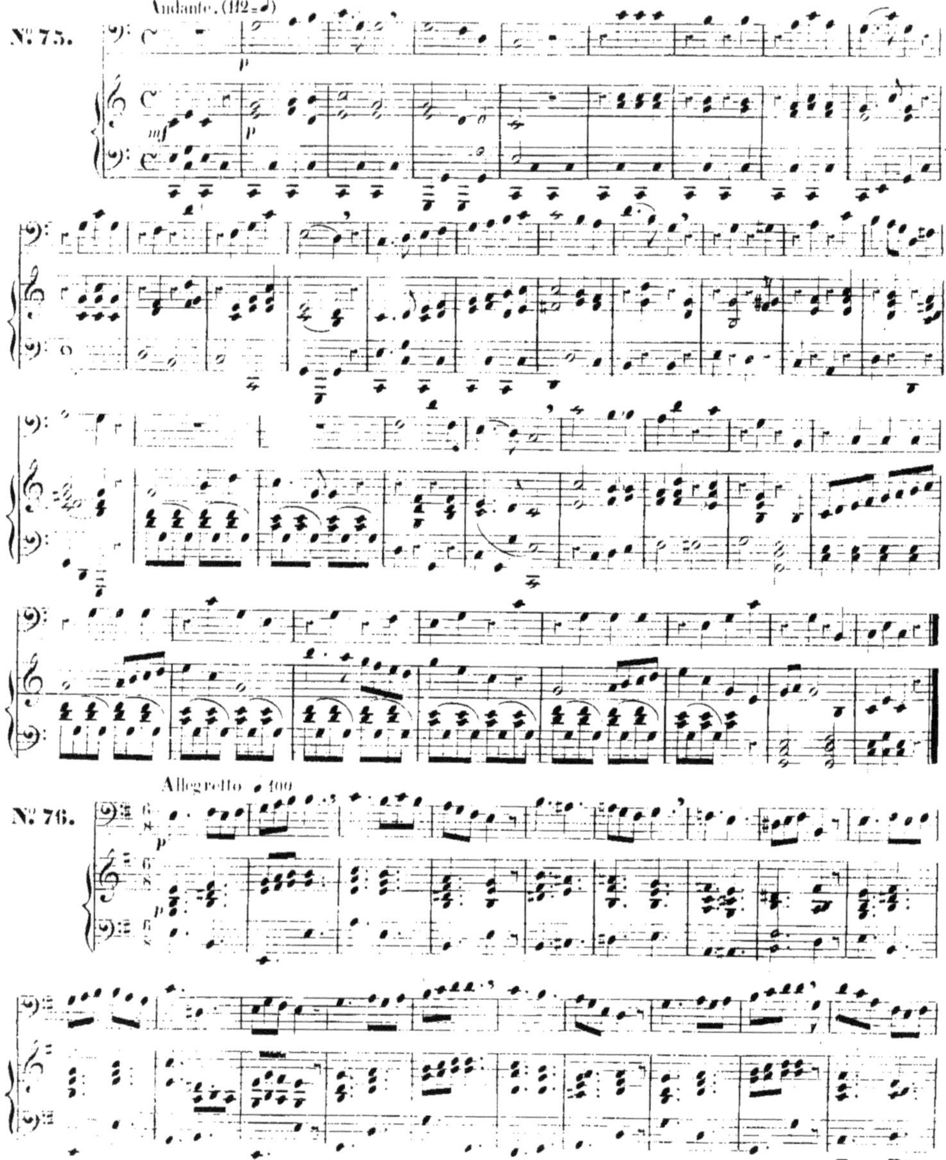

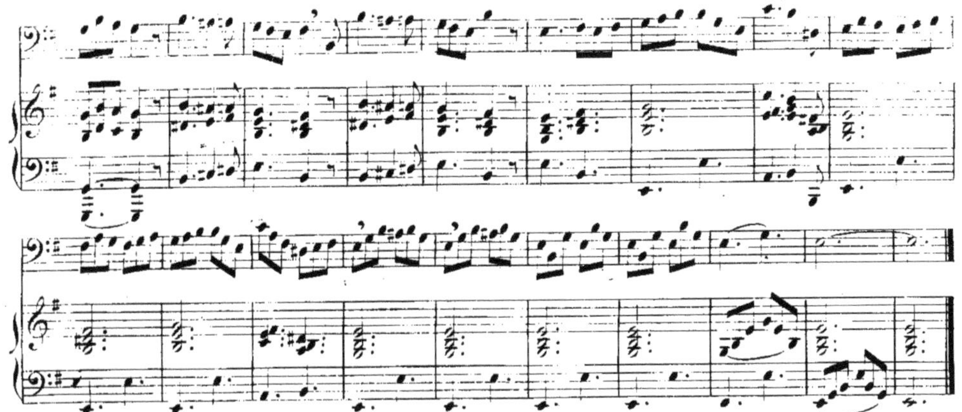

La même leçon que le N.º 75 avec des valeurs et des silences diminués de moitié: dans la mesure à $\frac{2}{4}$ la pause vaut la mesure, le soupir la demi-mesure, et le demi soupir en vaut le quart.

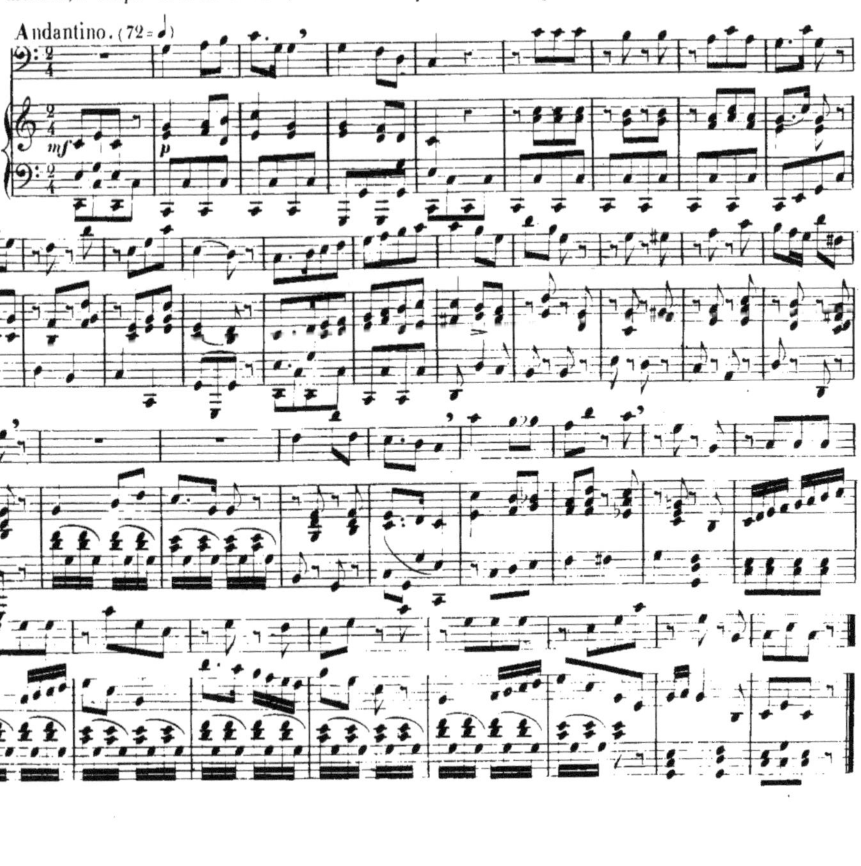

Leçon pour exercer la noire et deux points.
Détachez bien la double croche.

Andante. (104 = ♩)

N°. 78 .

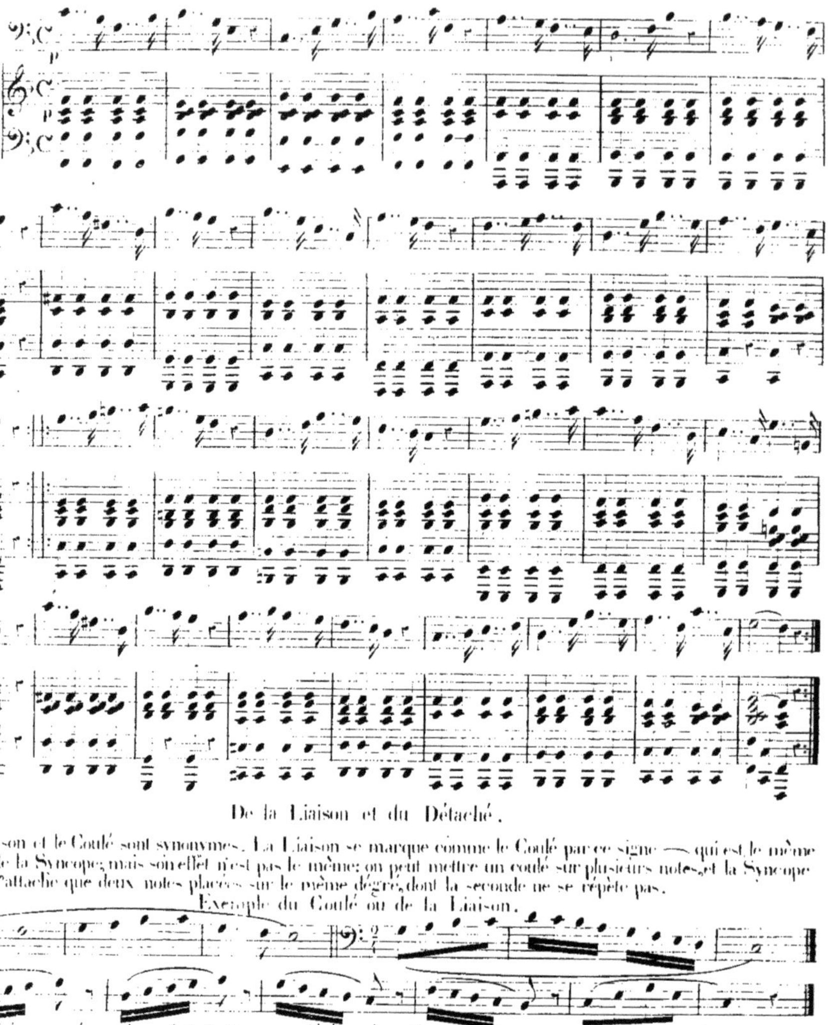

De la Liaison et du Détaché.

La Liaison et le Coulé sont synonymes. La Liaison se marque comme le Coulé par ce signe ⌒ qui est le même que celui de la Syncope, mais son effet n'est pas le même: on peut mettre un coulé sur plusieurs notes, et la Syncope ne lie ou n'attache que deux notes placées sur le même degré, dont la seconde ne se répète pas.

Exemple du Coulé ou de la Liaison.

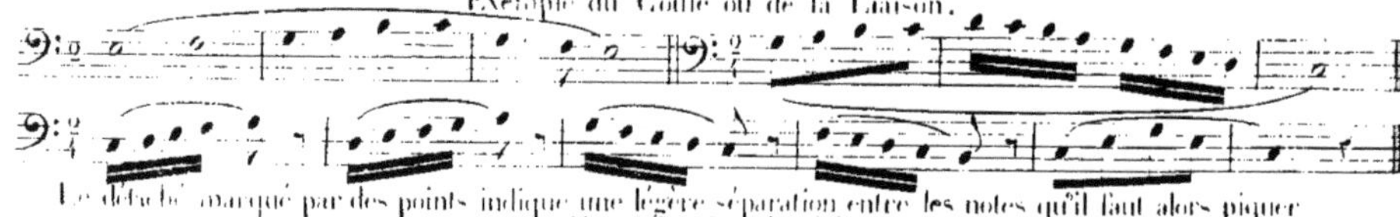

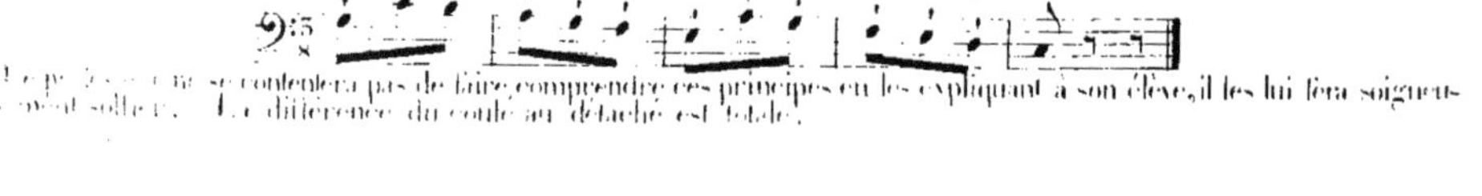

Le détaché marqué par des points indique une légère séparation entre les notes qu'il faut alors piquer.

Exemples du détaché.

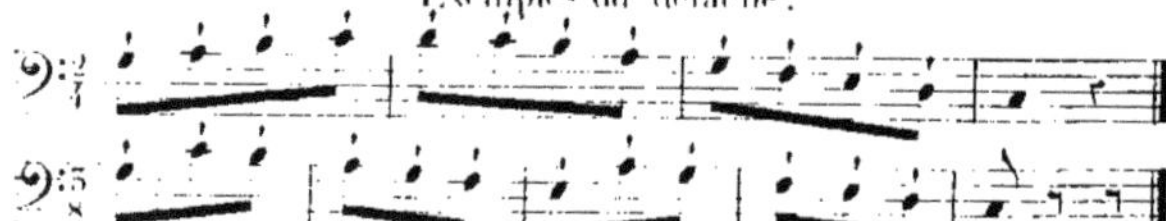

Le professeur ne se contentera pas de faire comprendre ces principes en les expliquant à son élève, il les lui fera soigneusement solfier. La différence du coulé au détaché est totale.

Leçon à 2/4 pour exercer la croche et deux points.

détachez la triple croche.

N°. 79.

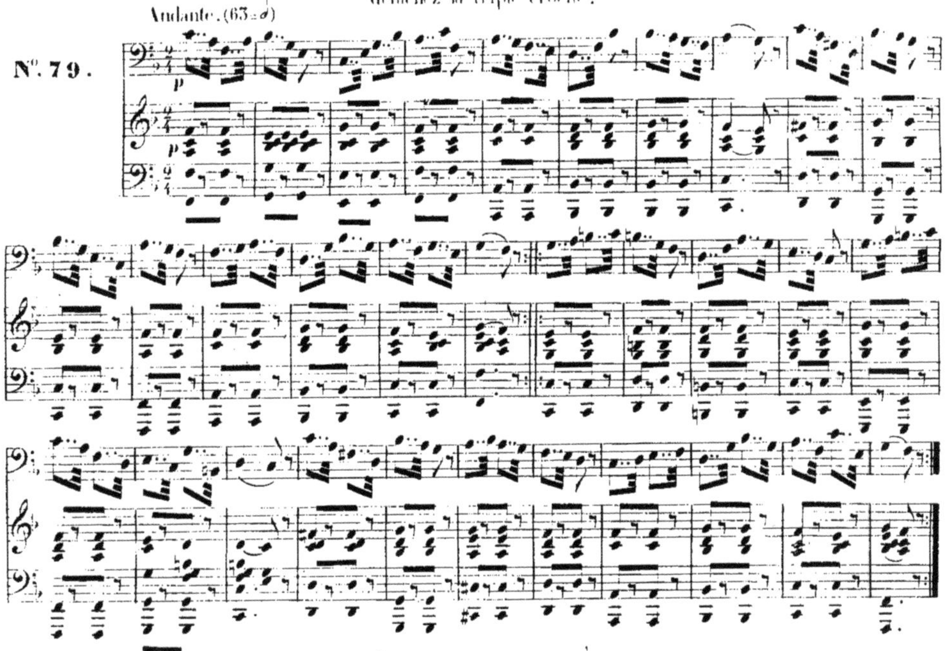

DU POINT D'ORGUE ET DES PAUSES À COMPTER.

On remplit les mesures par des notes ou des silences; mais s'il y avait un grand nombre de *mesures à compter*, on réunirait toutes ces mesures par des bâtons de quatre et de deux pauses, ou l'on écrit simplement le chiffre à compter.

SILENCES.

d'une demi pause. d'une mesure.

de deux mesures. de quatre mesures. de vingt trois mesures.

23

On prolonge quelquefois la mesure en plaçant sur une note un signe nommé point d'orgue. Cette prolongation est arbitraire.

Quand le point d'orgue se place sur un silence, il n'indique plus qu'un repos dont la prolongation est aussi indéterminée. Il se nomme alors *point d'arrêt*.

On donne aussi le nom de point d'orgue à un trait improvisé par un chanteur ou un instrumentiste habile. Cette improvisation, qui doit être courte et de bon goût, se termine le plus ordinairement lentement, pour ramener au mouvement régulier qu'on reprend alors sur la mesure qui suit le point d'orgue, et au-dessus de laquelle on écrit *a Tempo* en mesure.

C'est même là que l'on peut faire distinguer son style; j'engagerai cependant l'artiste à être sobre de ces ornemens; un point d'orgue bien fait peut lui mériter beaucoup d'éloges, tandis que par un point d'orgue médiocre, il afficherait une prétention qui toucherait au ridicule. D'ailleurs ces sortes d'ornemens demandent la perfection. Les basse-tailles doivent être sobres des points d'orgue.

Les points d'orgue les plus simples sont toujours les meilleurs, à moins qu'ils ne fassent ressortir toutes les ressources de l'instrument ou de la voix, et bien entendu, qu'ils soient exécutés admirablement.

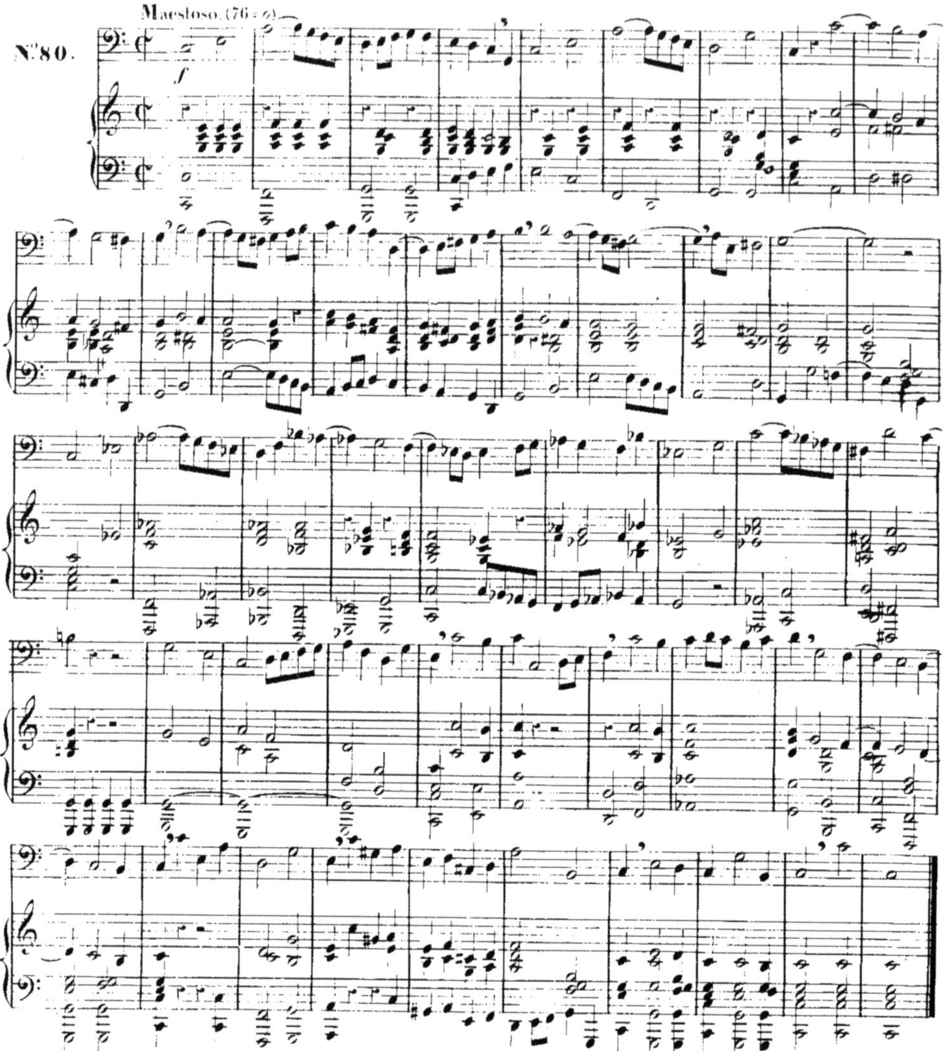

Le professeur fera bien de dicter de la musique à son élève en lui faisant bien décomposer les tems; surtout qu'il commence par les choses les plus simples. Une note par mesure, puis deux notes dans la mesure à deux
tems, puis quatre et apres la mesure à deux tems il entreprendra la mesure à quatre tems et finira par celle
à trois. Il fera bien au dessus de la musique de lui faire chiffrer les tems pour que l'élève analyse bien ce qui
entre dans chaque tems. Ce travaille bien fait lui sera très productif.

DE LA FORMATION DE LA GAMME MINEURE.

Avant d'étudier cette gamme, il faudra s'assurer que l'élève sait bien composer toutes les gammes majeures dans tous les tons, ensuite s'assurer aussi que l'élève trouve bien les tons majeurs. S'il ne les sait pas bien, faites-les lui repasser.

Il y a plusieurs manières de former cette gamme elle se fait en montant avec la 6ᵉ mineure ou avec la 6ᵉ majeure, mais premièrement, nous l'étudierons avec la 6ᵉ mineure, étant la plus normale et la moins accidentée nous commencerons par étudier le relatif d'Ut majeur qui est La mineur.

EXEMPLE.

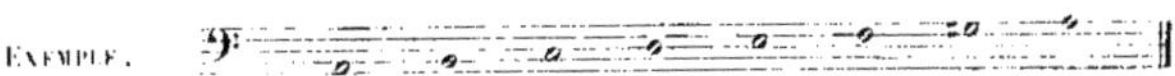

Vous remarquerez qu'elle se forme des mêmes notes que la gamme d'Ut son relatif majeur, avec la seule exception que la note sensible du ton mineur est haussée d'un demi-ton.

Voyez la gamme Ré mineur; vous la formez avec les notes du ton de Fa en haussant la sensible qui est Ut ♯. De même dans tous les tons. Faites beaucoup de questions et surtout donnez des exemples.

On doit faire écrire à l'élève toutes ces gammes, et ensuite lorsqu'elles sont bien corrigées, il faut les lui faire apprendre par cœur.

J'engagerai le professeur à revenir souvent à ces principes. Une fois que l'élève saura bien former ainsi cette gamme mineure, la 2ᵈᵉ manière avec la 6ᵐᵉ majeure sera bien facile à comprendre. Cette seconde gamme est plus vocale, en ce qu'il n'y a pas l'intervalle de 2ᵈᵉ augmentée de la 6ᵐᵉ à la 7ᵐᵉ note.

Il faudra aussi que le professeur s'assure que l'élève a bien retenu son tableau d'intervalles, afin qu'il comprenne la différence de la 6ᵉ mineure à la 6ᵉ majeure et qu'il sache bien ce que c'est qu'une seconde augmentée voyez les pages 17 et 18 de l'A.B.C.

VOICI LES DEUX MANIÈRES DE FAIRE LA GAMME MINEURE.

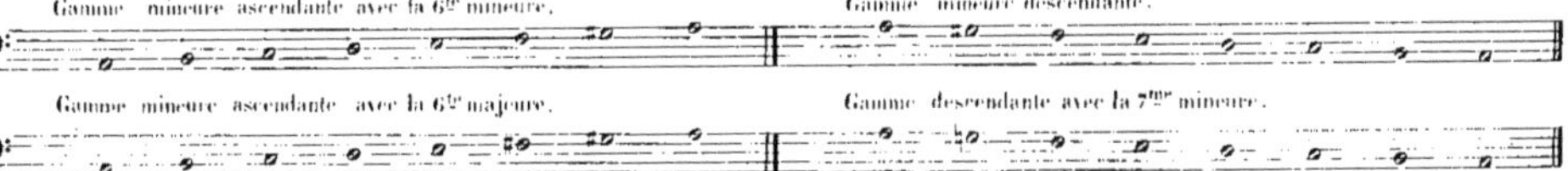

Vous ferez bien observer à l'élève que la sensible de la gamme mineure doit être toujours haussée d'un demi-ton chromatique, quelle que soit la note; ainsi si la note formant la sensible est bémolisée il faut la hausser par un ♮; si elle est naturelle il faut la hausser par un ♯; et si elle est déjà diésée il faudra la hausser par un double dièse. Donnez toujours des exemples à vos élèves souvent la théorie ne suffit pas pour se faire bien comprendre.

EXEMPLES DE TOUTES LES GAMMES MINEURES.

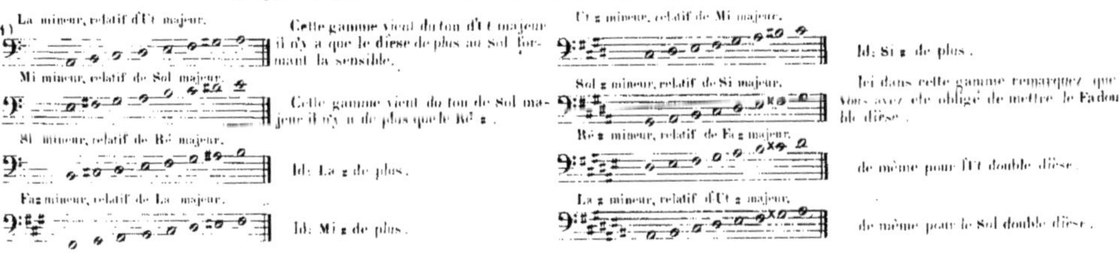

MÊMES PRINCIPES POUR LES TONS MINEURS AVEC BÉMOLS.

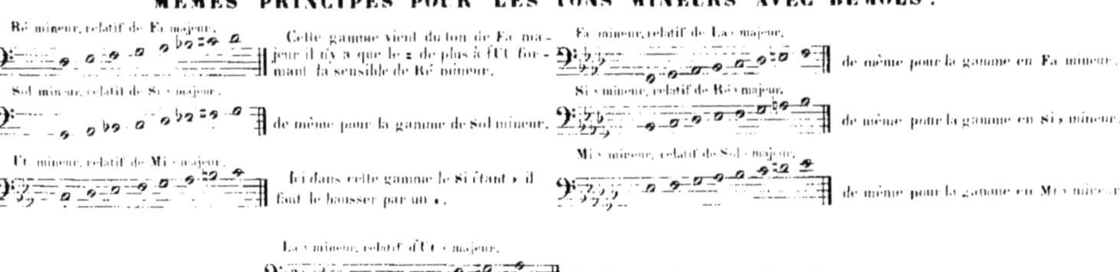

Assurez-vous toujours que la gamme mineure est le relatif de tel majeur, et sachez quels sont les accidents qui entrent dans ce ton majeur. Servez-vous en pour la gamme mineure et haussez la sensible du mode mineur. Ce procédé est infaillible.

(1) Dans les 1ᵉʳᵉˢ gammes mineures avec un et 2 dièses et 1 2 ♭ je n'ai point mis les accidents à la clé pour que l'élève les comprenne mieux.

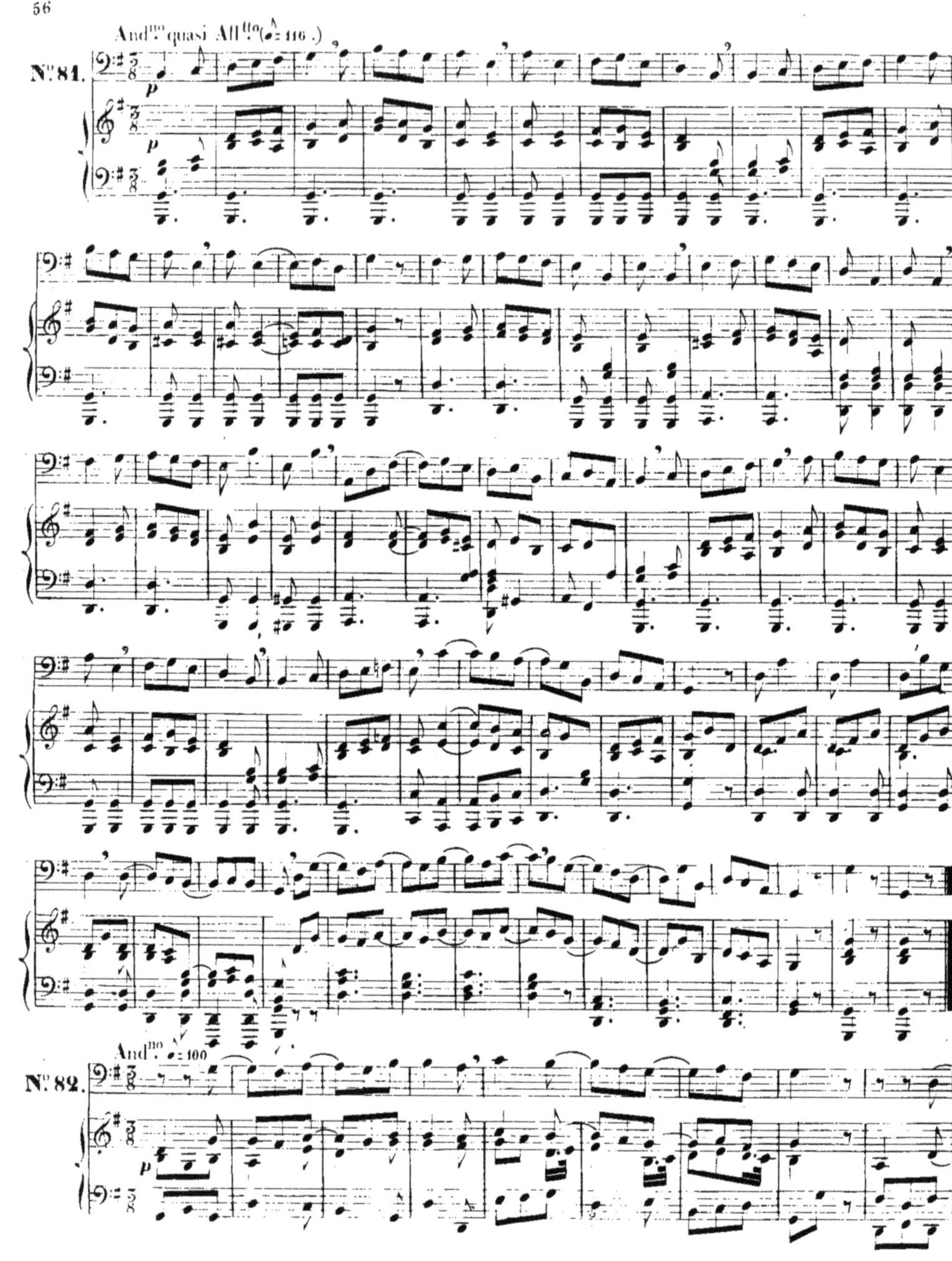
And.to quasi All.tto (♩.= 116.)
N.o 81.
p
And.no ♩.= 100
N.o 82.
p

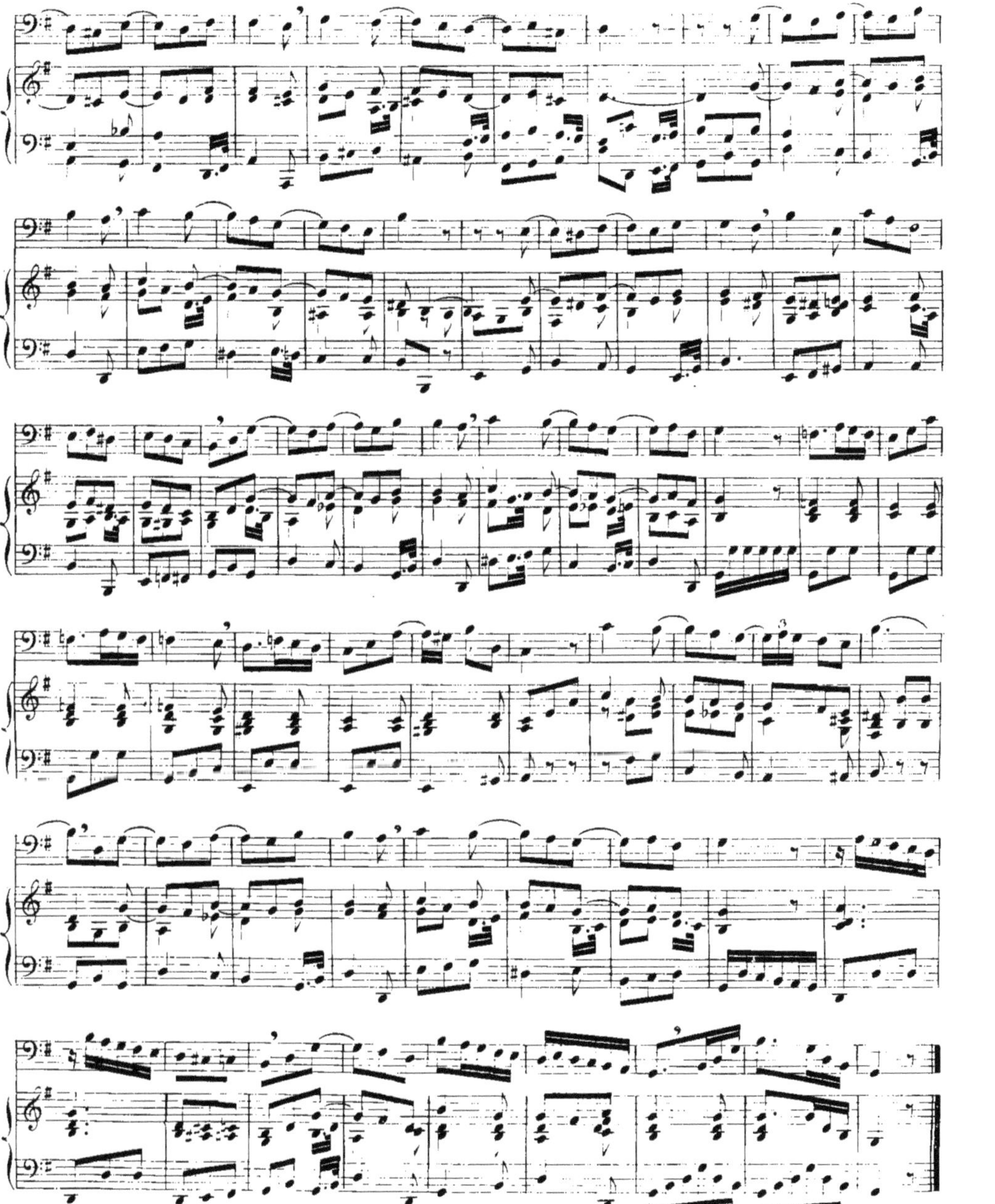

N.º 83.

Allegretto.
N.º 84.
Moderato. (♩ = 120)
VARIATIONS.
1re Var.
2me Var.
3me Var.
4me Var.
5me Var.
6me Var.
7me Var.
8me Var.
9me Var.
10me Var.

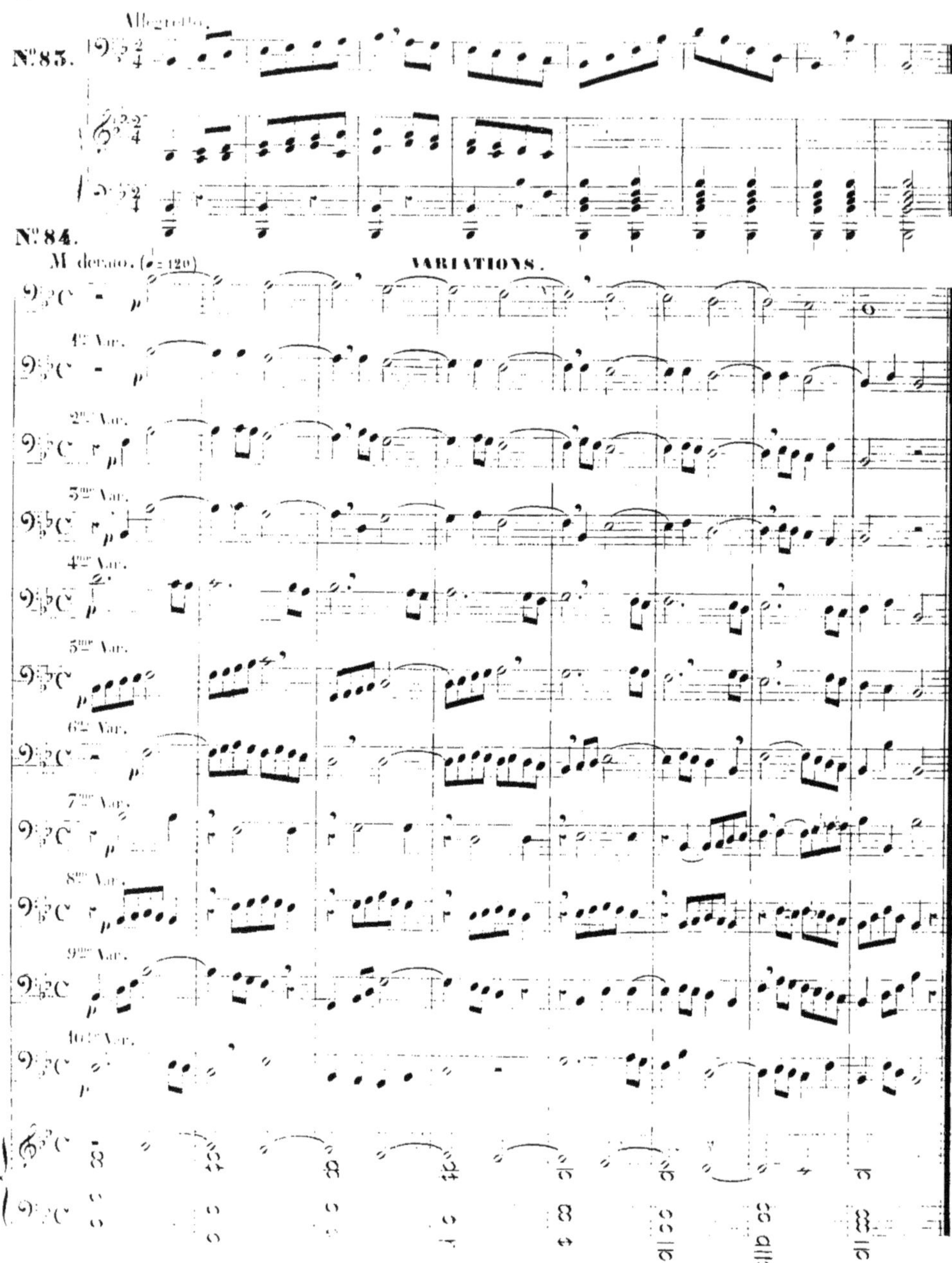

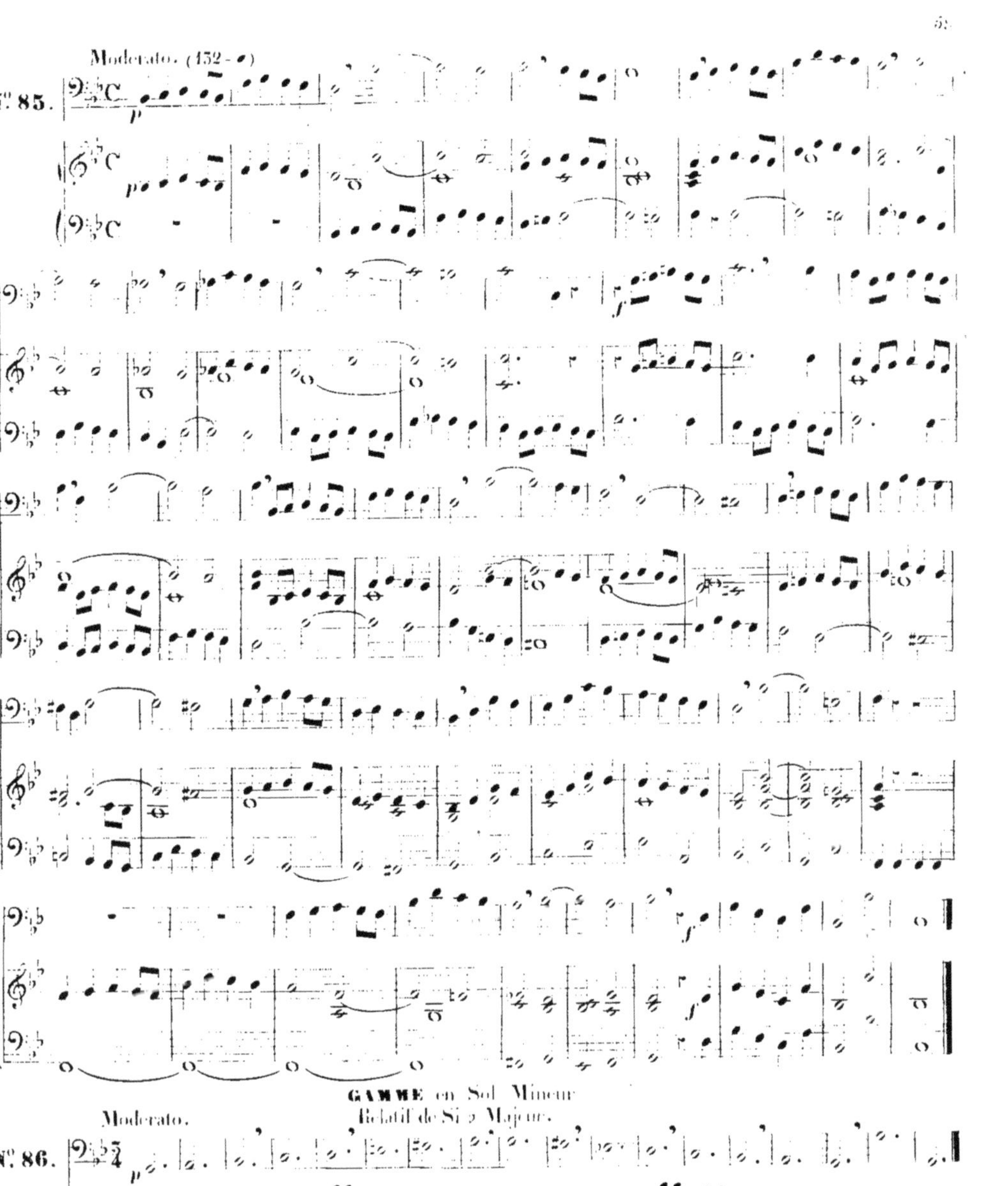

Moderato. (132 = ♩)
N.º 85.
p
GAMME en Sol Mineur
Relatif de Si ♭ Majeur.
Moderato.
N.º 86.
p

Lorsque l'Élève aura acquis l'habitude de bien battre la mesure, il faudra le faire solfier sans la marquer.

Andantino. (♩ = 96)

N.° 87.

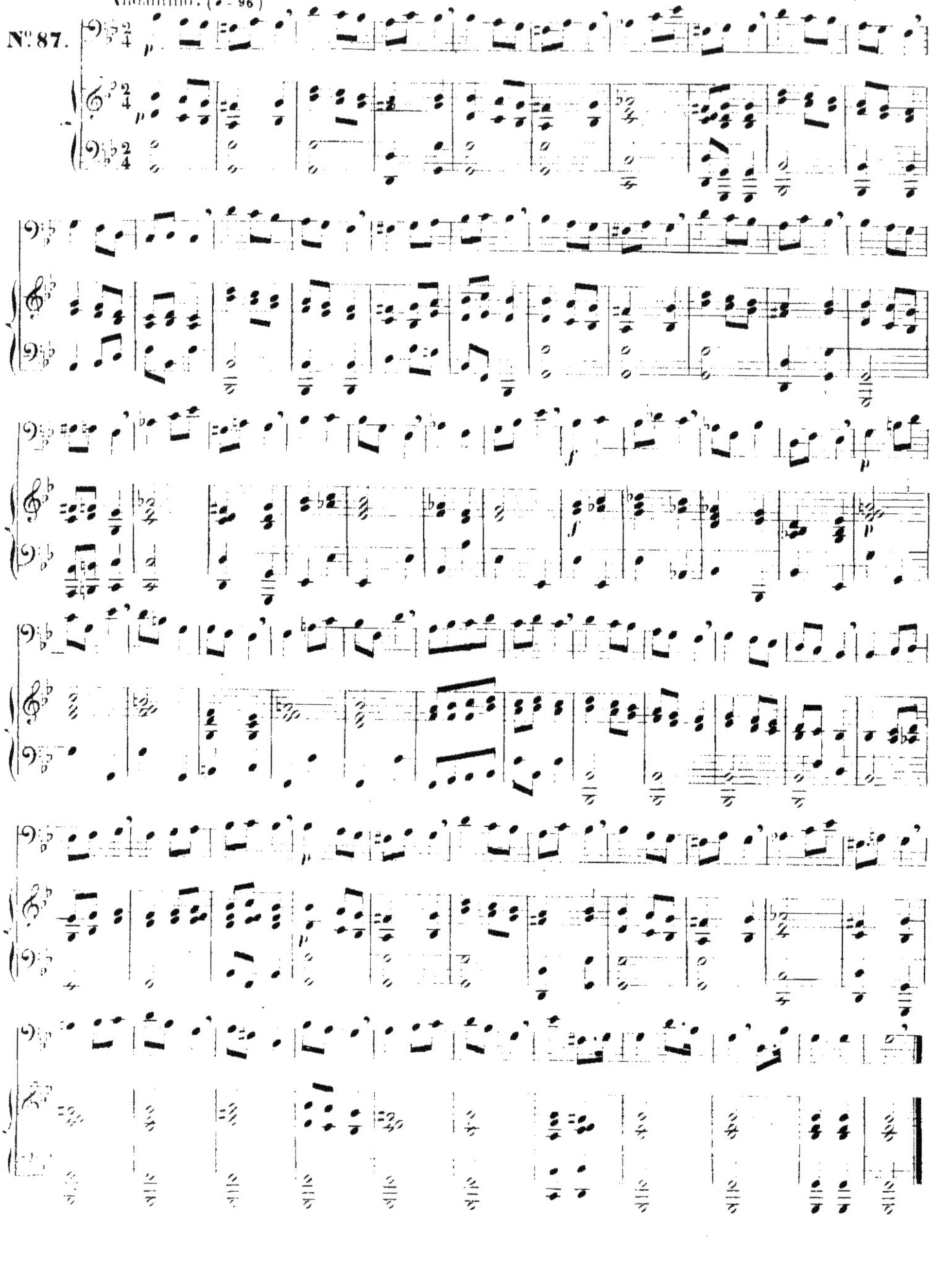

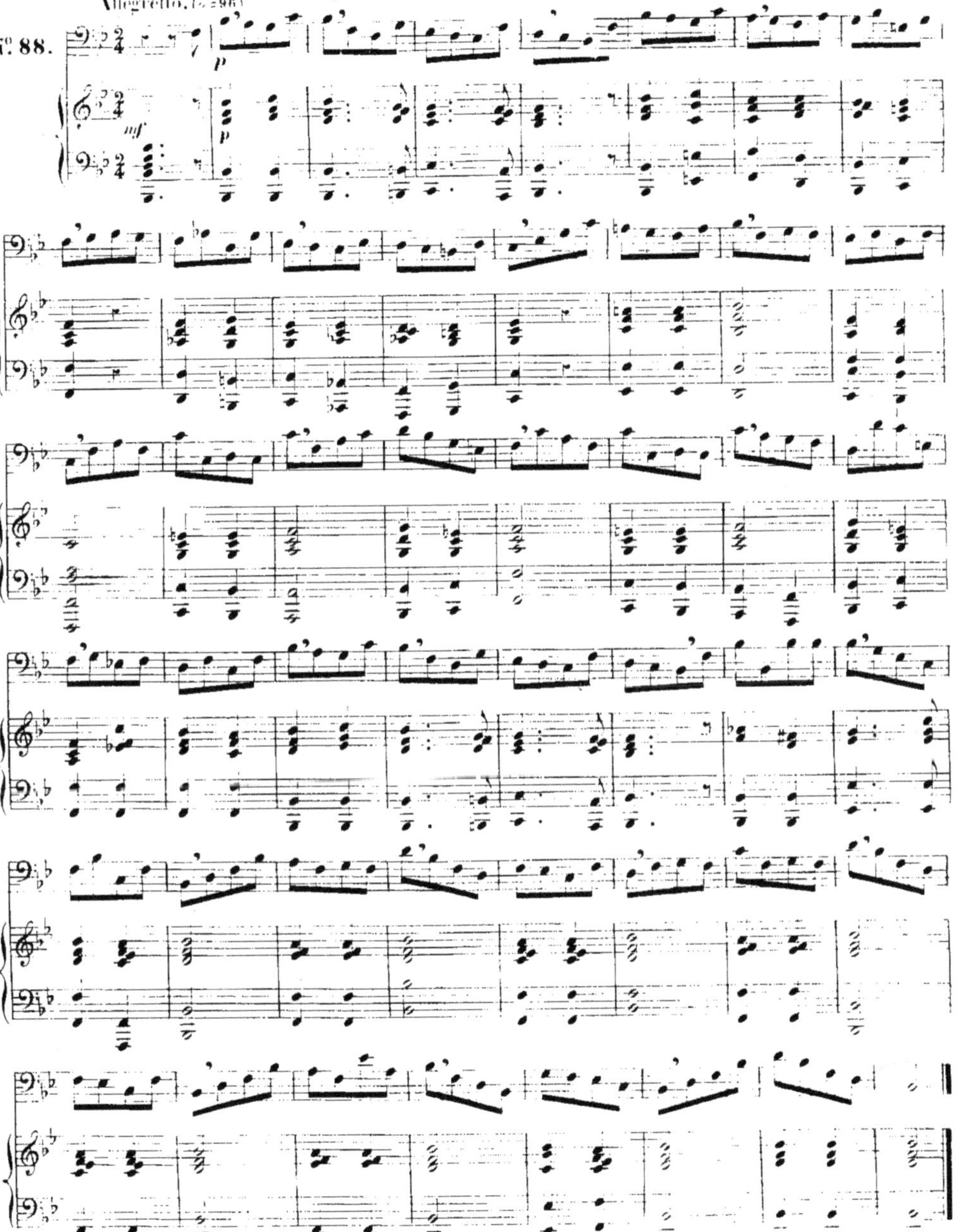
Solfiez légèrement et avec netteté cette leçon.
Allegretto. (♩=96)
N.º 88.
p
mf
p

62
N.° 89.
Andantino. (♩=92)
Faites bien observer les syncopes.

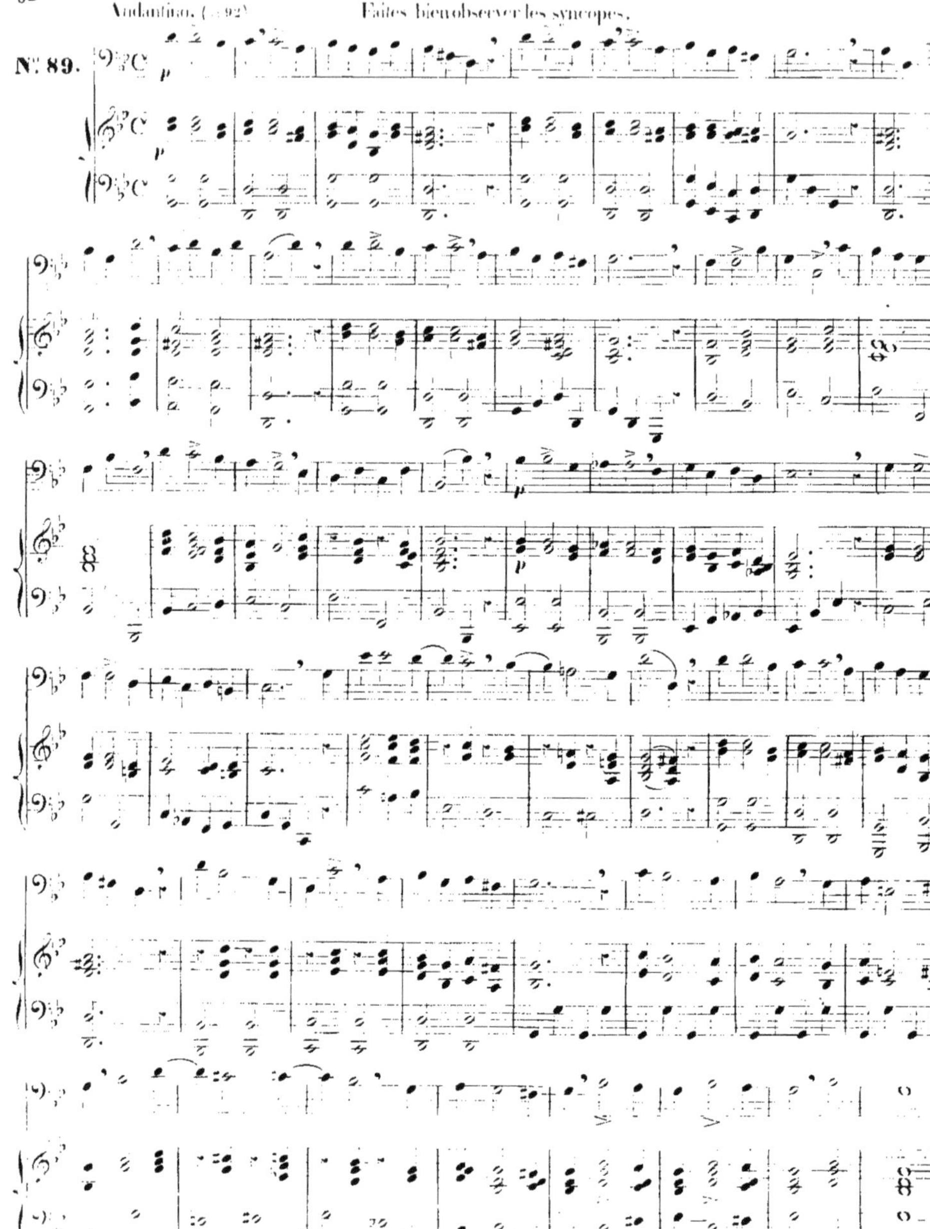

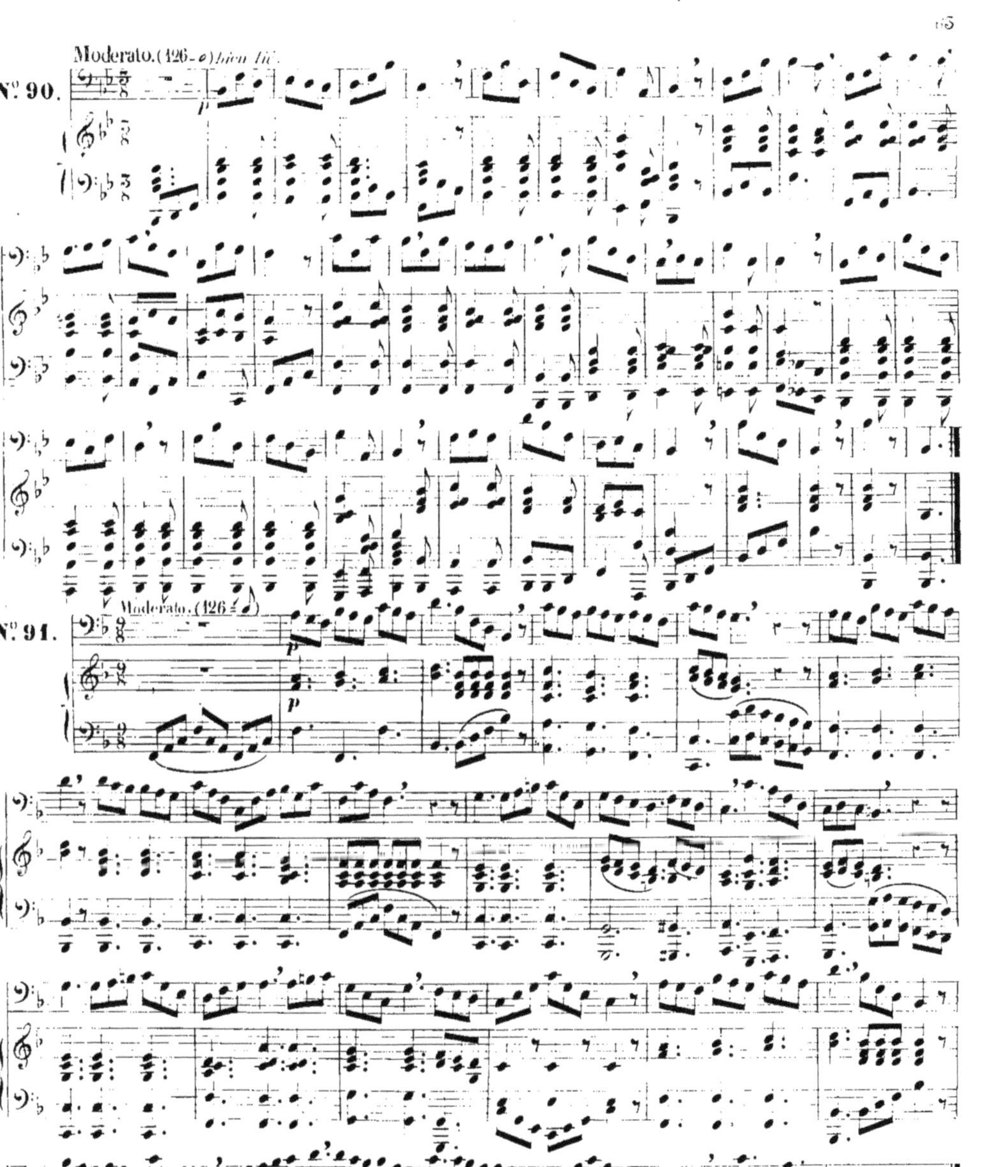
Moderato.(126-♩)bien lié.
N.º 90.
N.º 91.
Moderato.(126 ♩.)
p
p
p

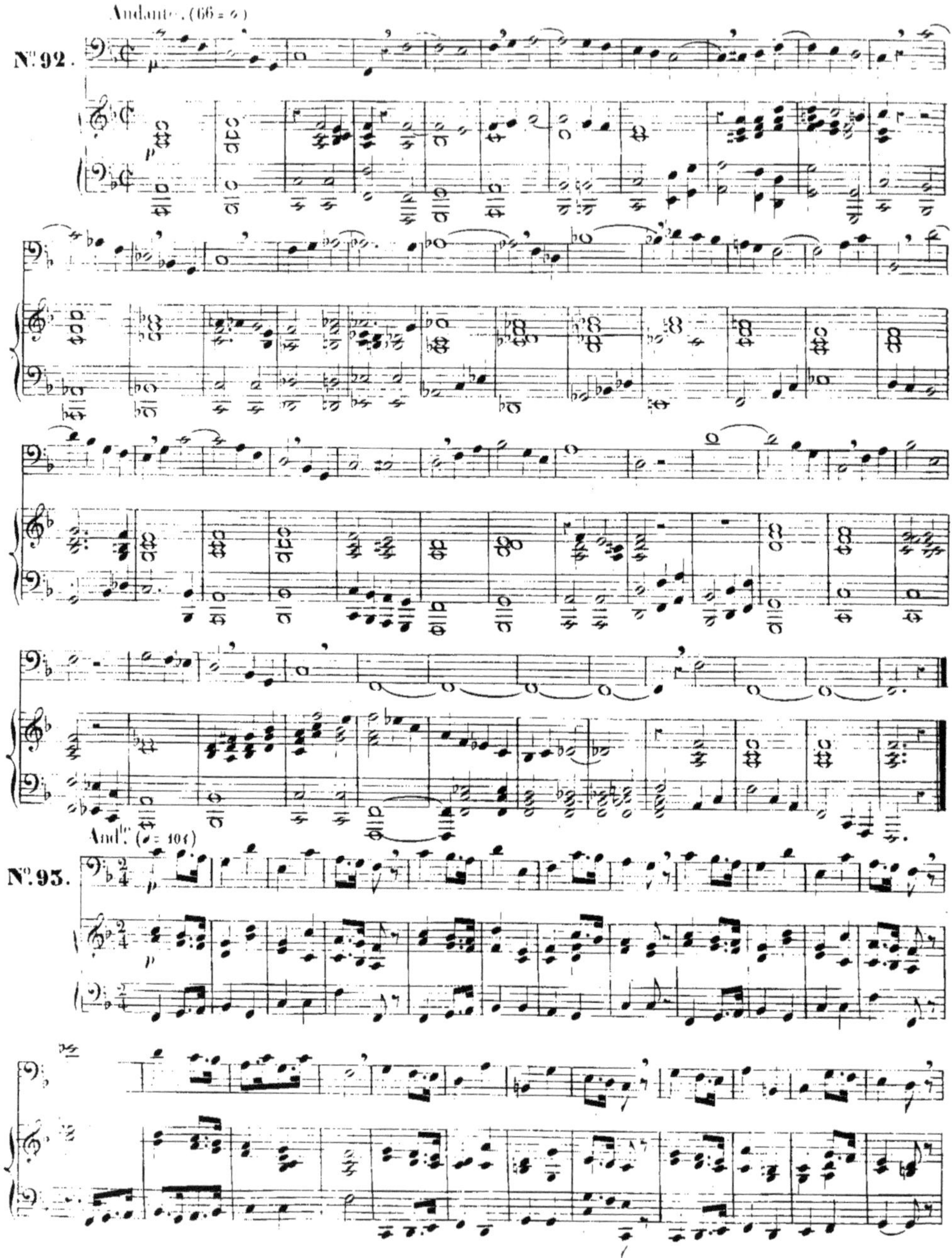

Andante. (66 = ♩)
N.º 92.
And.te (♩ = 104)
N.º 93.

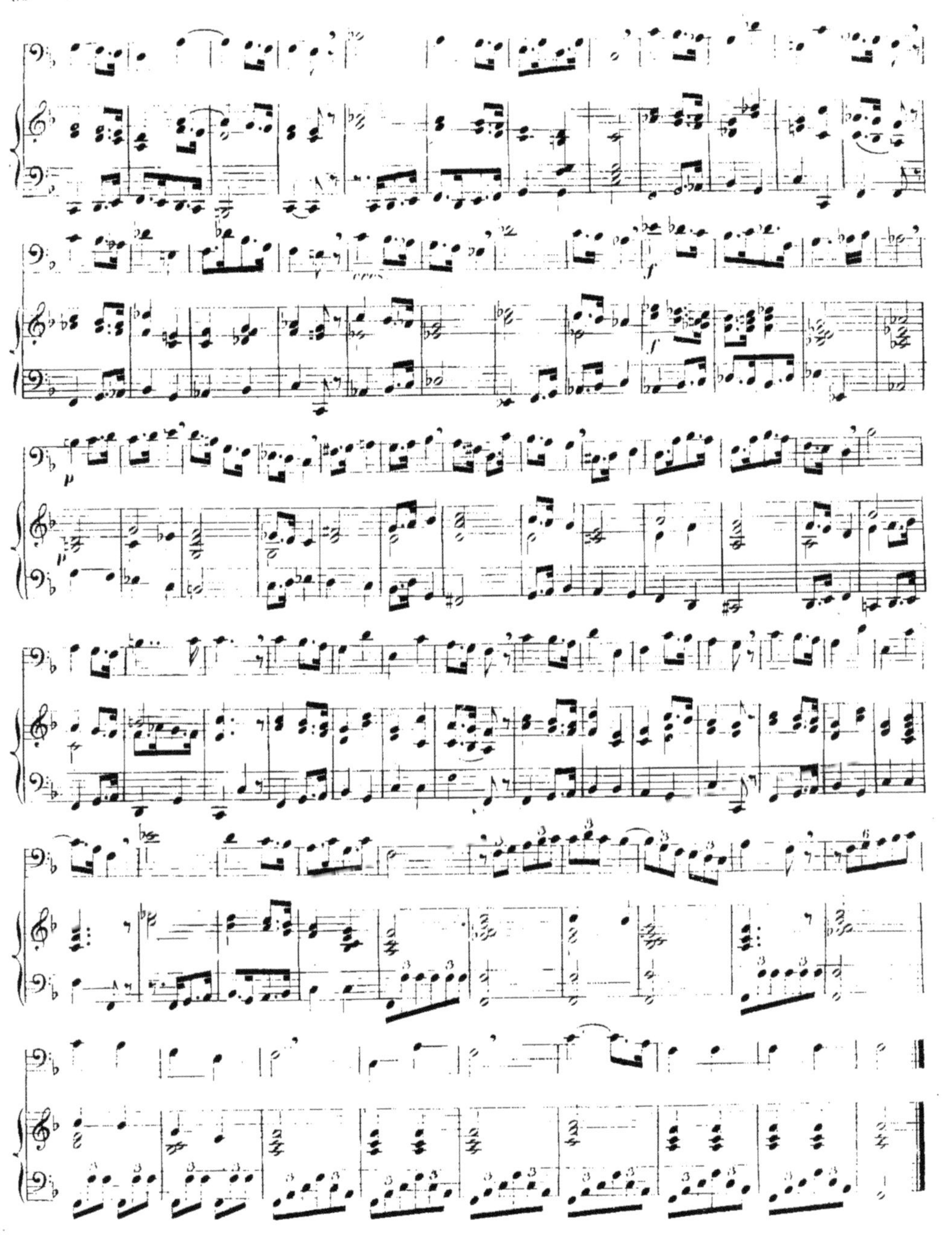

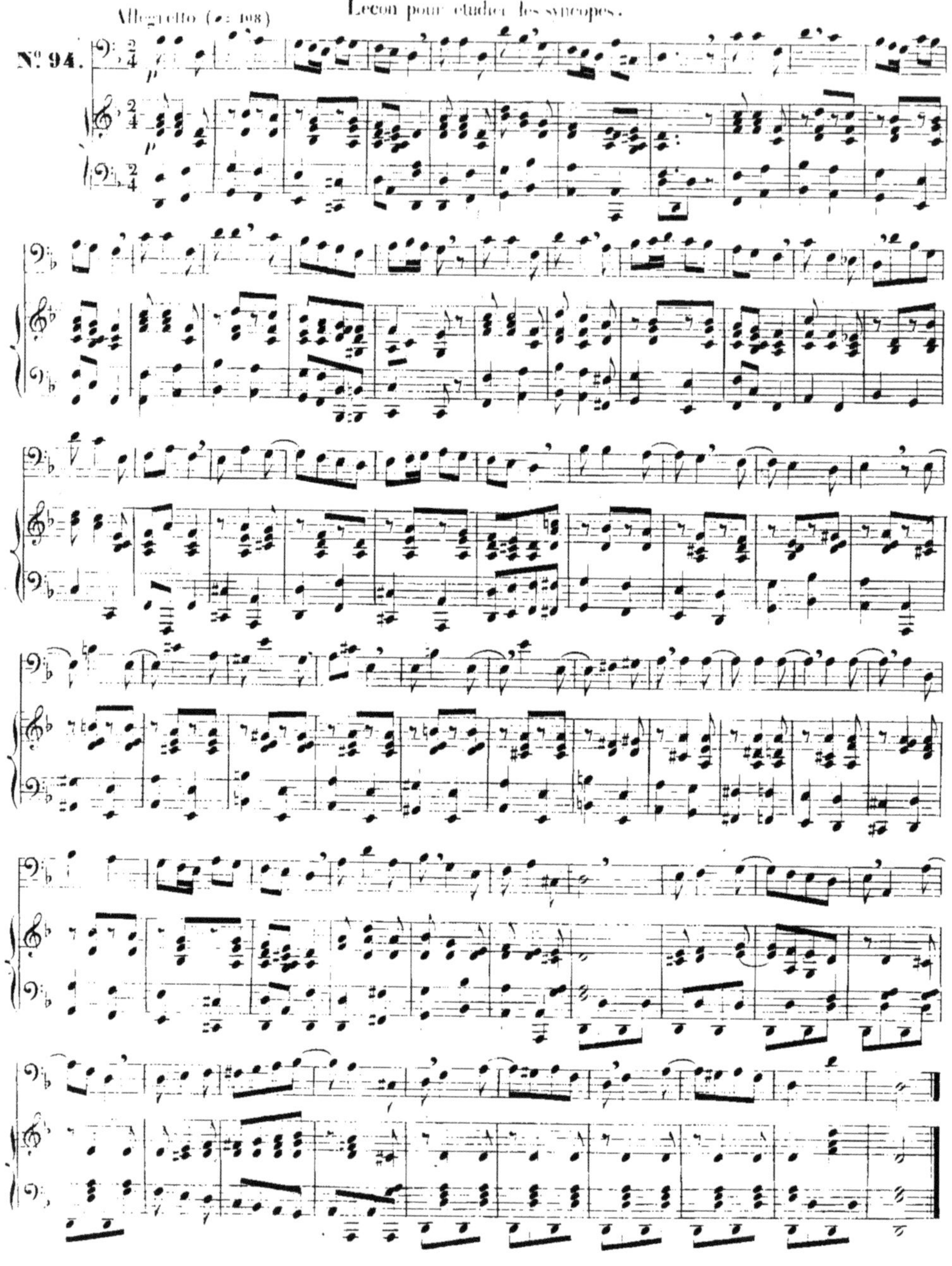
Allegretto (♩ = 108)
Leçon pour étudier les syncopes.
N.º 94.

GAMME en Ré Majeur et Variations.

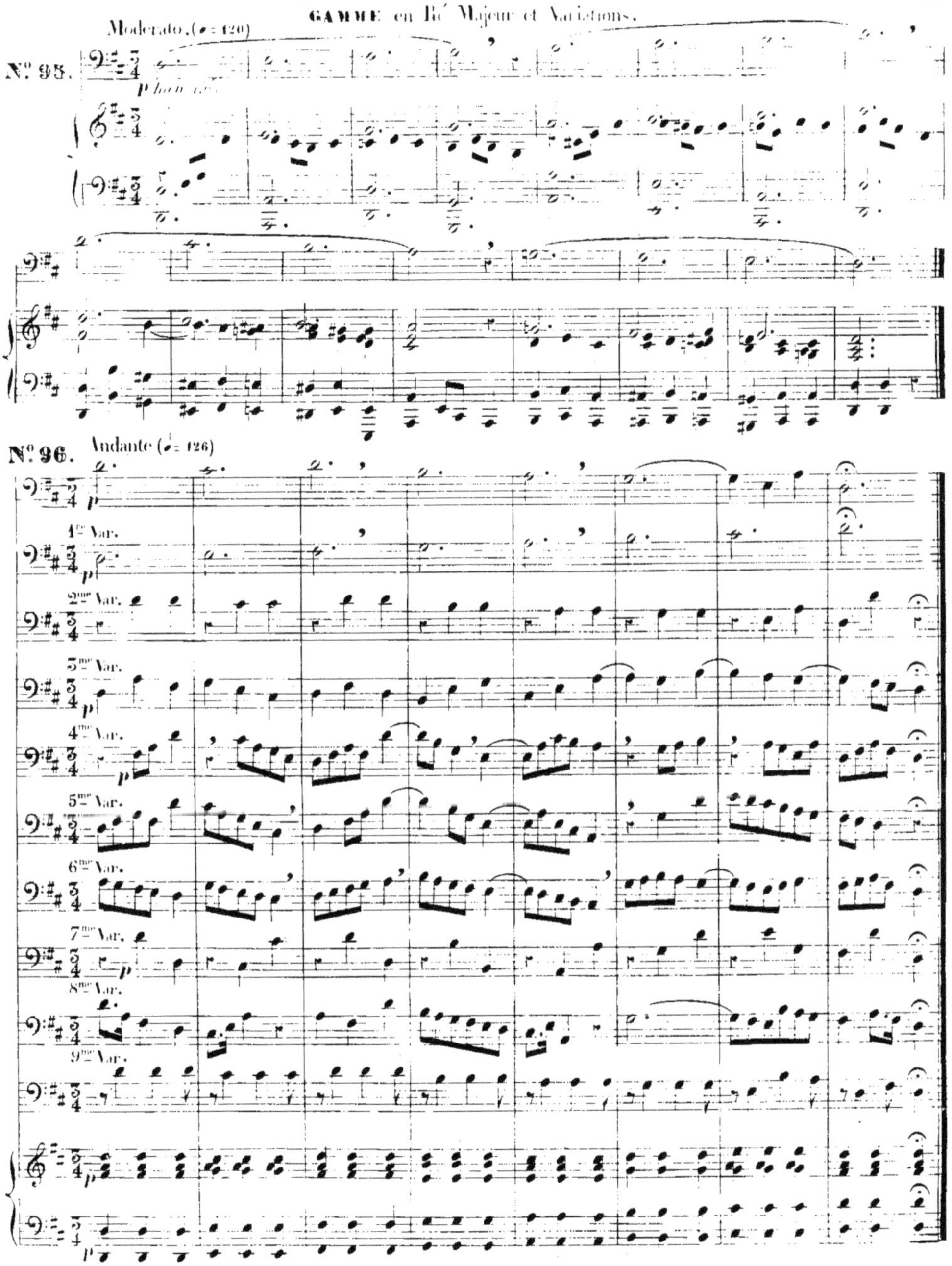

Après avoir solfié cette leçon faites la vocaliser sur la syllabe A.

Andante. (♩=108)

N° 97.

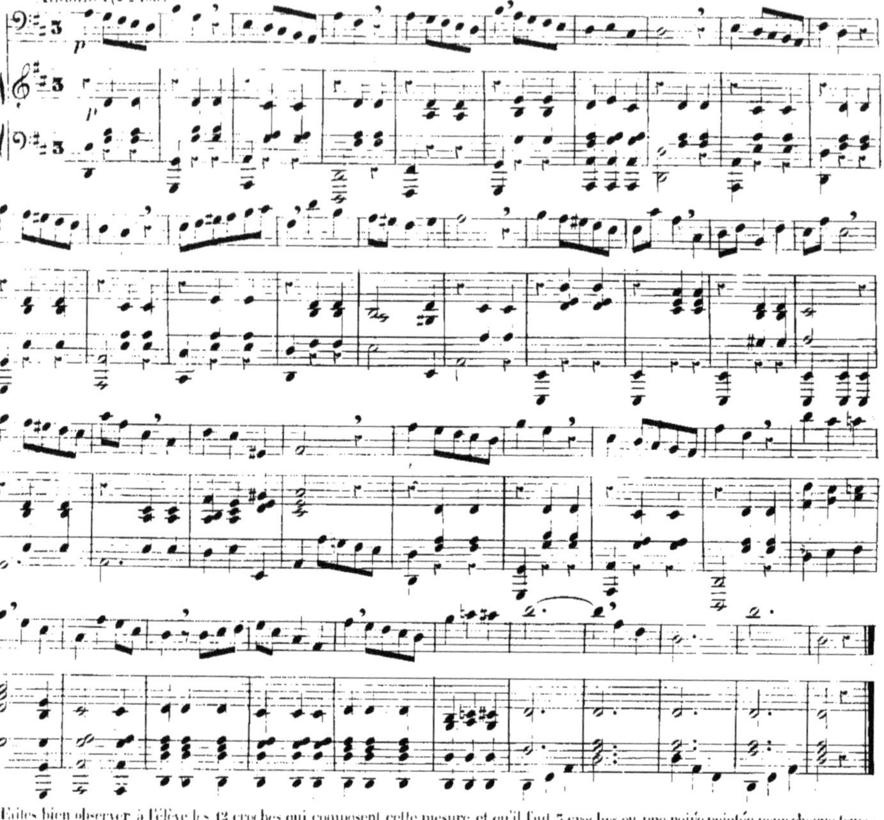

Faites bien observer à l'élève les 12 croches qui composent cette mesure et qu'il faut 3 croches ou une noire pointée pour chaque tems.

Andante. (♪=208)

N° 98.

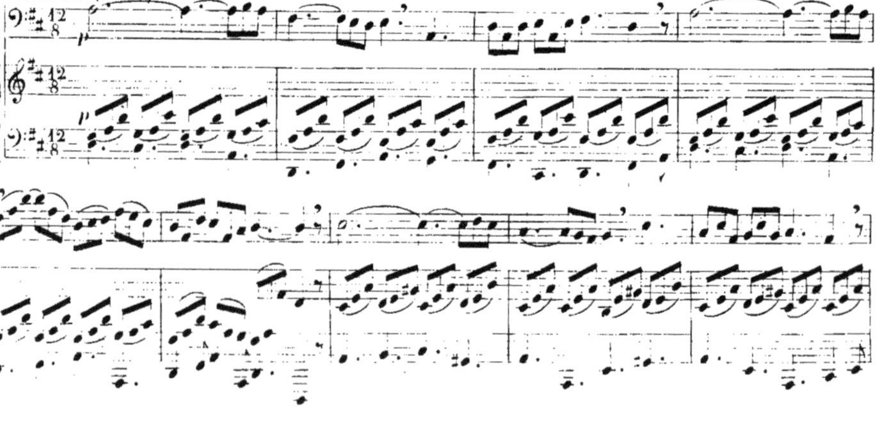

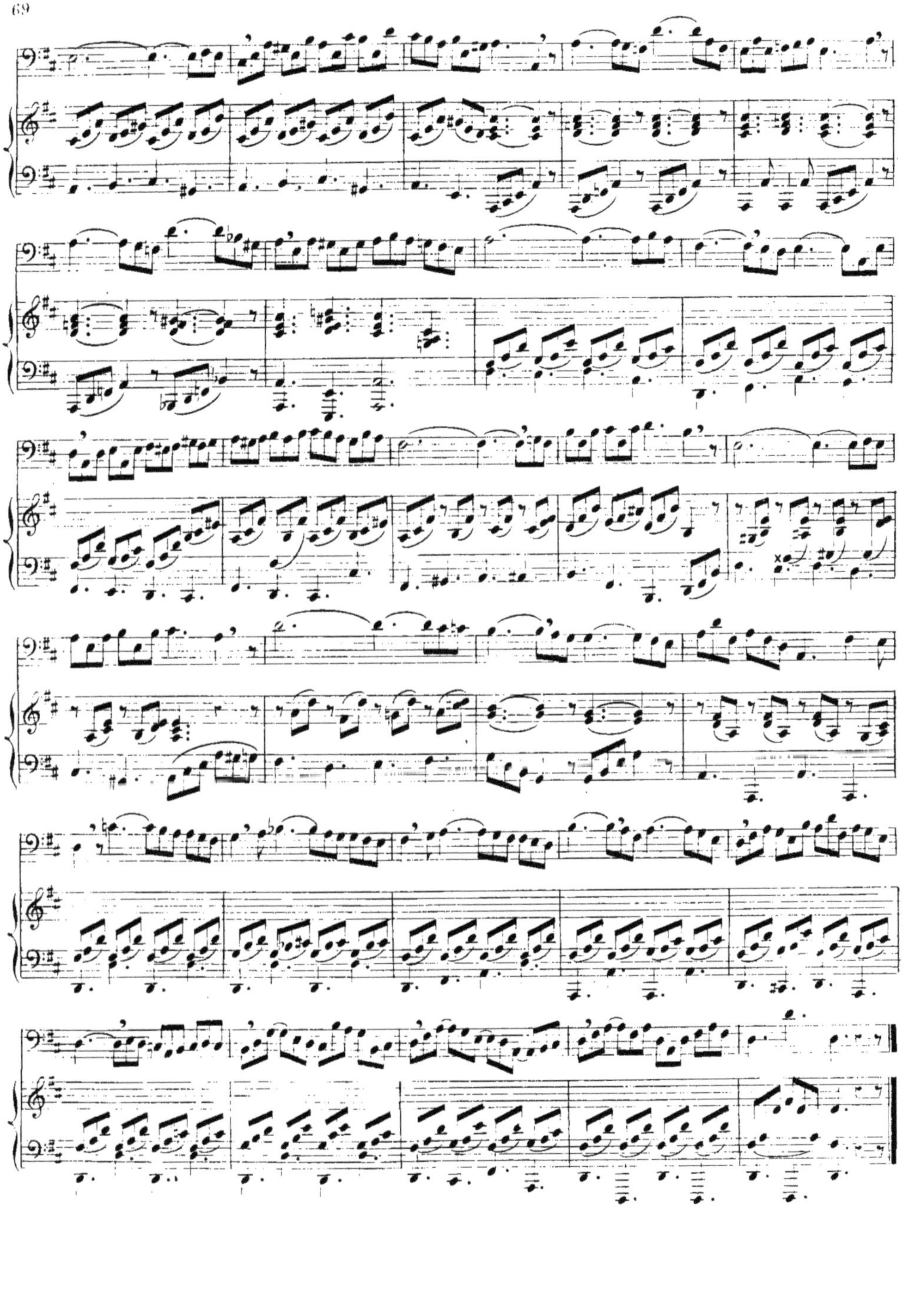

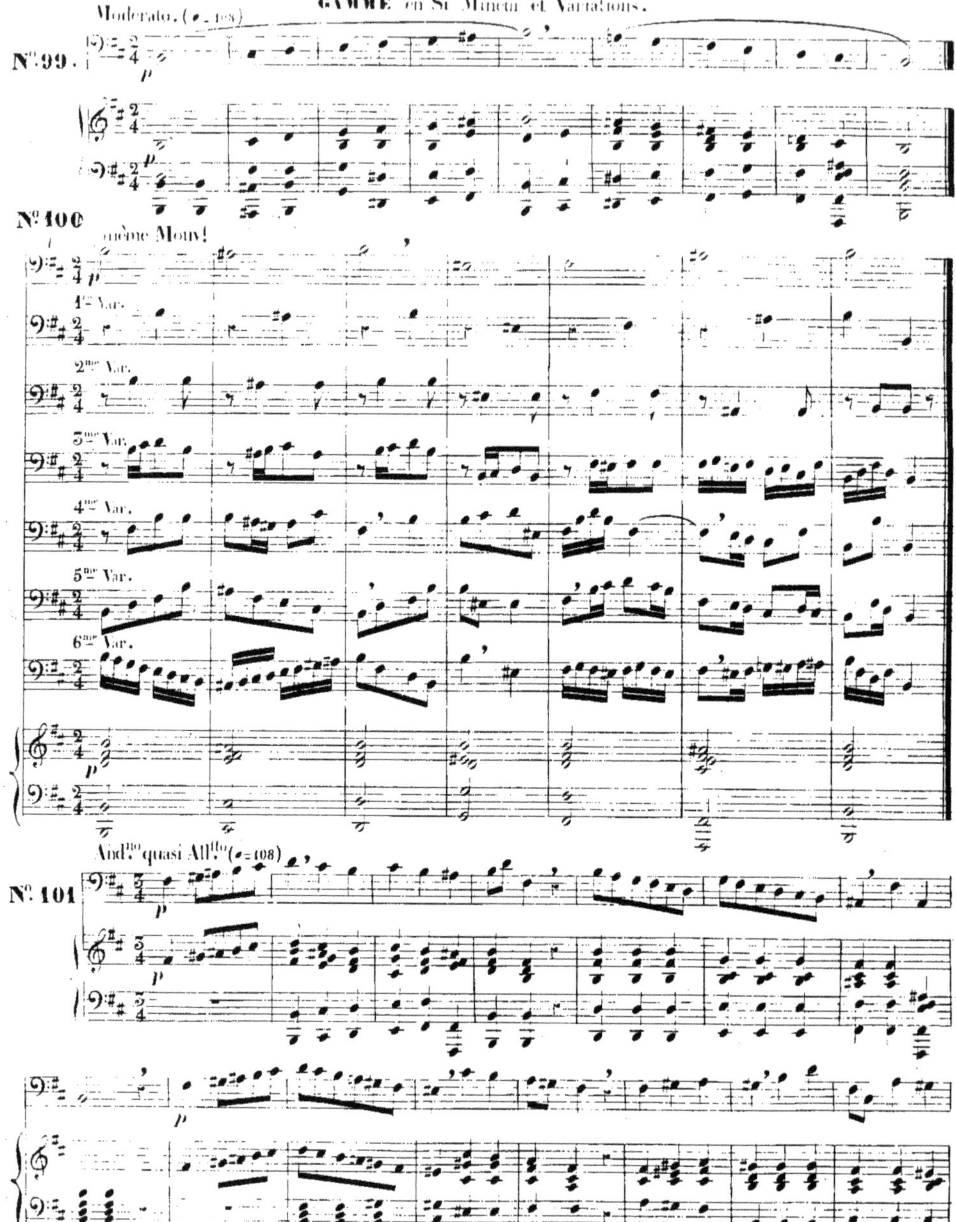

Moderato. (♩=108)
GAMME en Si Mineur et Variations.
N°.99.
N°.100
même Mouv!
1re Var.
2me Var.
3me Var.
4me Var.
5me Var.
6me Var.
And.tino quasi All.tto (♩=108)
N°.101

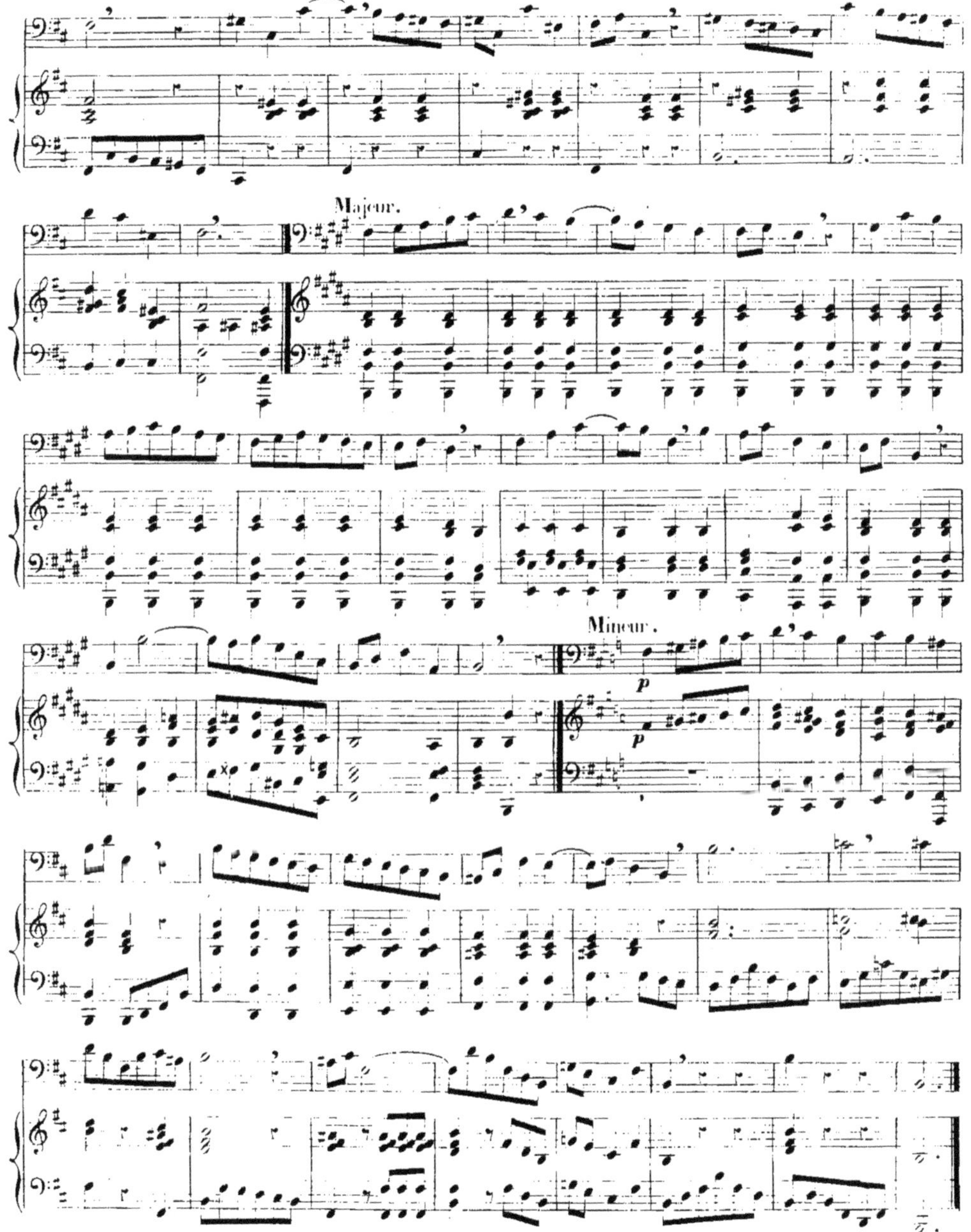
Majeur.
Mineur.
p
p

Andante. (♩ = 108)
bien lié.
Faites vocaliser aussi cette leçon.
N.º 102.
p

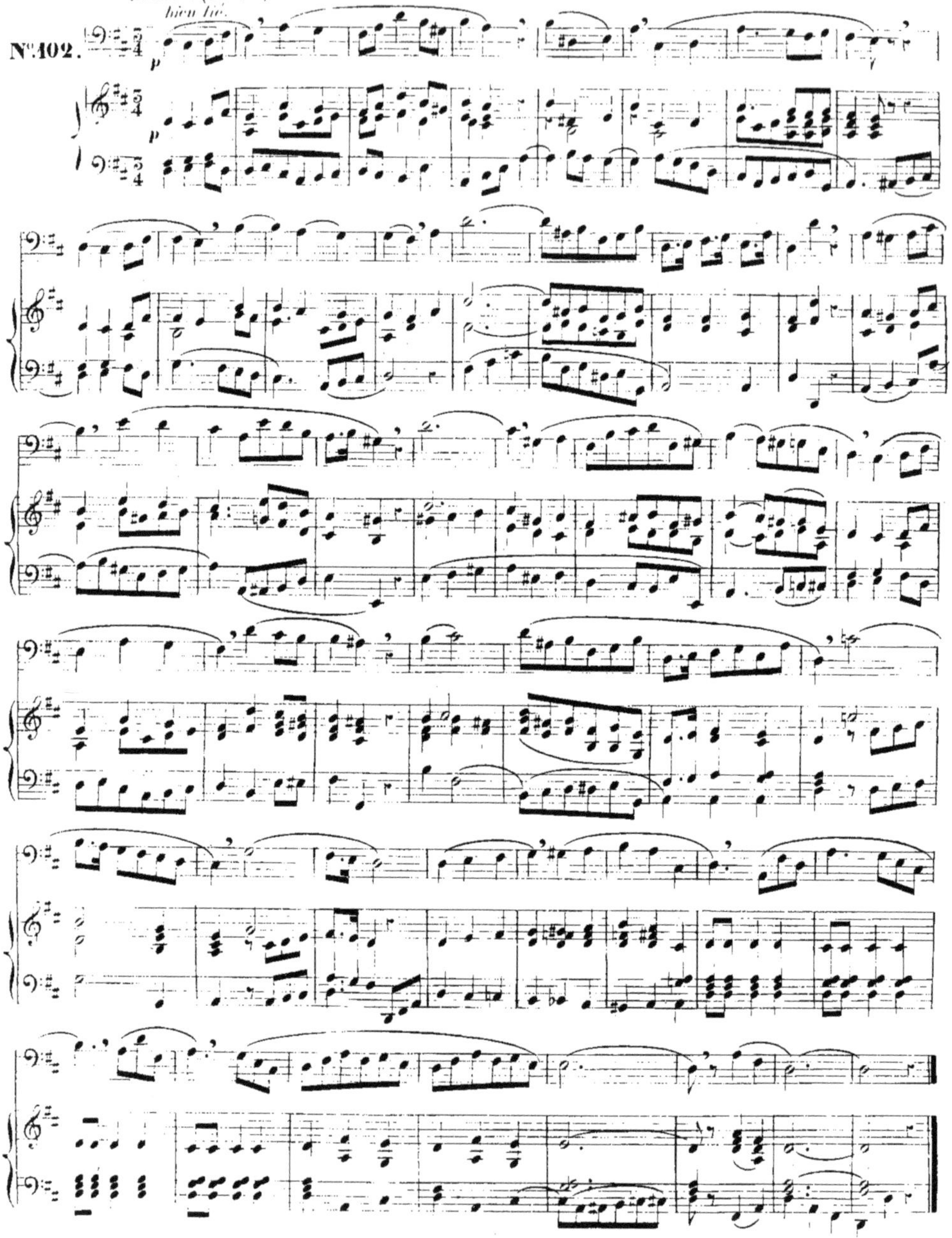

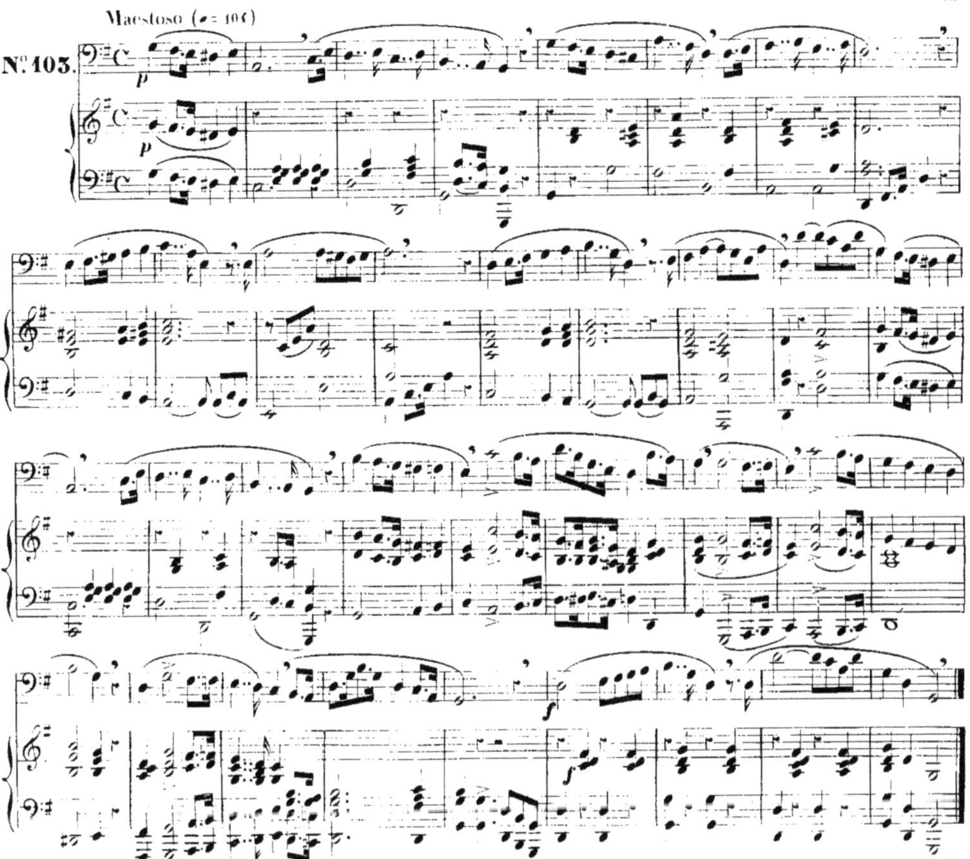

Faites repasser le principe des intervalles et dites bien à l'élève que lorsqu'il sera interrogé sur cette théorie il doit tou-jours considérer la note grave de l'intervalle comme tonique de la gamme majeure.

Il existe dans la position chromatique 4 notes qui peuvent lui offrir de grandes difficultés d'après mon système. Ce sont les notes Sol ♯, Ré ♯, La ♯, et Fa ♭. J'offrirai dans ce cas deux moyens, à l'élève, la difficulté est qu'il ne peut pas savoir faire les gammes dans ces tons puisqu'il y aurait plus de 7. accidents à la clé, mais en renversant desuite l'intervalle on obtient un bon résultat.

(1) Ex. la 6.te de Sol ♯; prenez le renversement qui vous donne la 3 si la 6.te est majeure la 3 est mineure etc. de même pour Ré ♯, La ♯, et Fa ♭.

Le second procédé; est, si la note est accidentée de manière à ne pas savoir faire la gamme à cause de la quantité d'acci-dents; retranchez l'accident mettez la note dans son état naturel et calculez-le d'après mon système et vous devrez remettre le ♯ ou le ♮ que vous aurez emprunté de manière à ce que votre calcul soit juste. (2) Je désire que l'élève sache ces deux pro-cédés et par la suite il choisira celui qu'il trouve le plus facile.

Leçon pour étudier les contre-tems et les syncopes.

Moderato. (♩ = 116)

N°. 104.

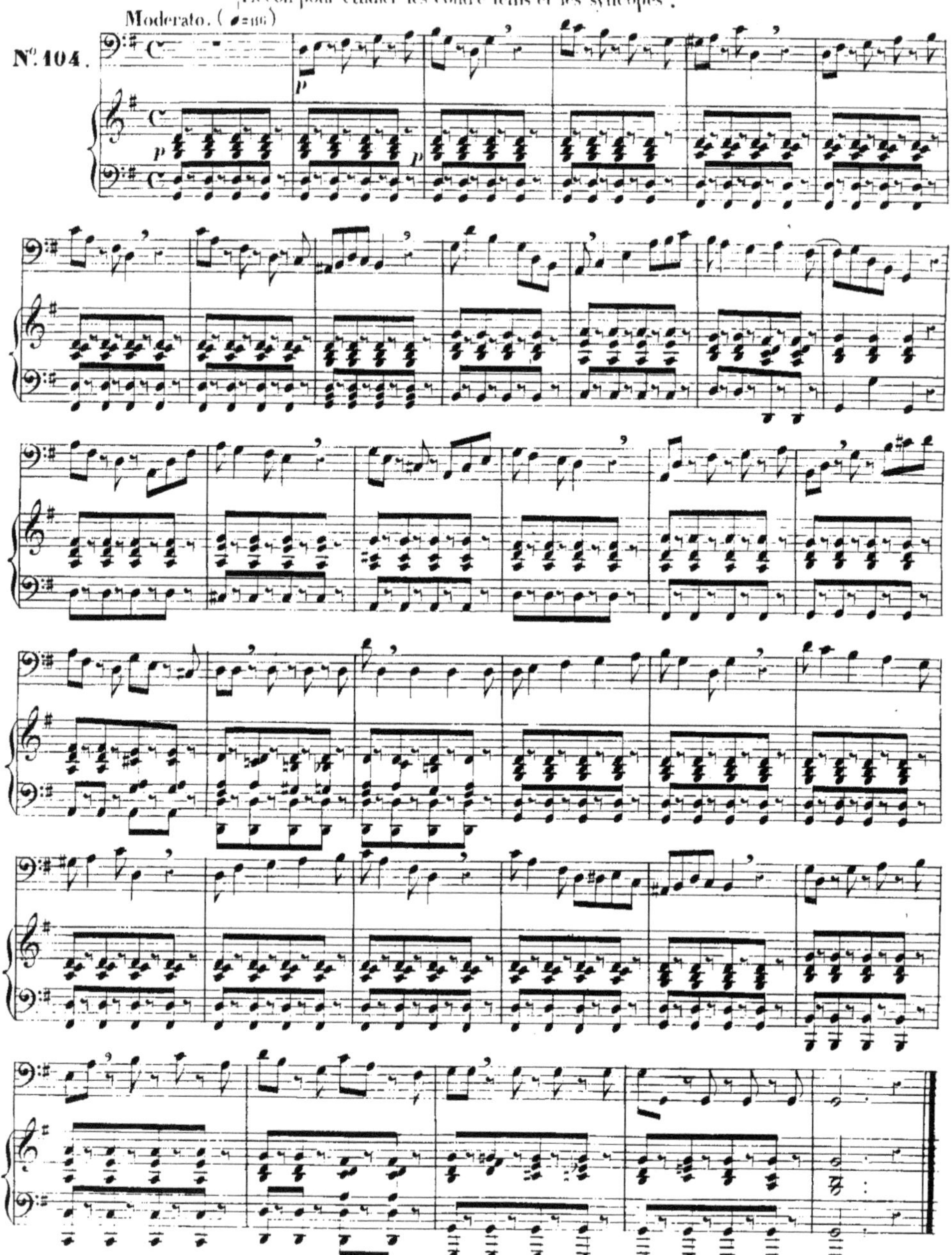

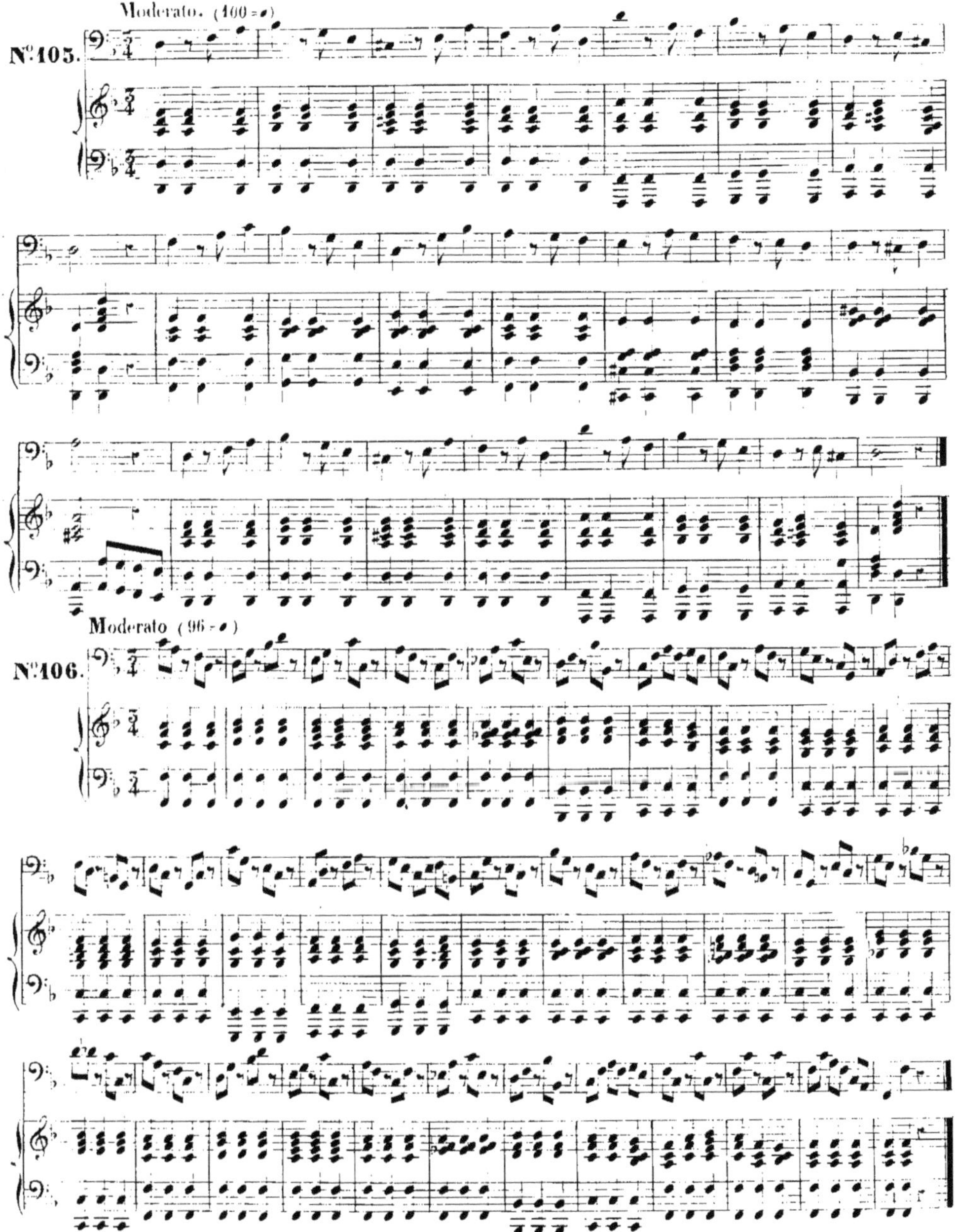

Moderato. (100 =)
N.º 105.
Moderato (96 =)
N.º 106.

De la mesure simple à $\frac{3}{2}$; son composé est $\frac{9}{4}$

On doit se souvenir de la règle qui dit de tripler le premier chiffre et doubler le 2. pour trouver le composé.

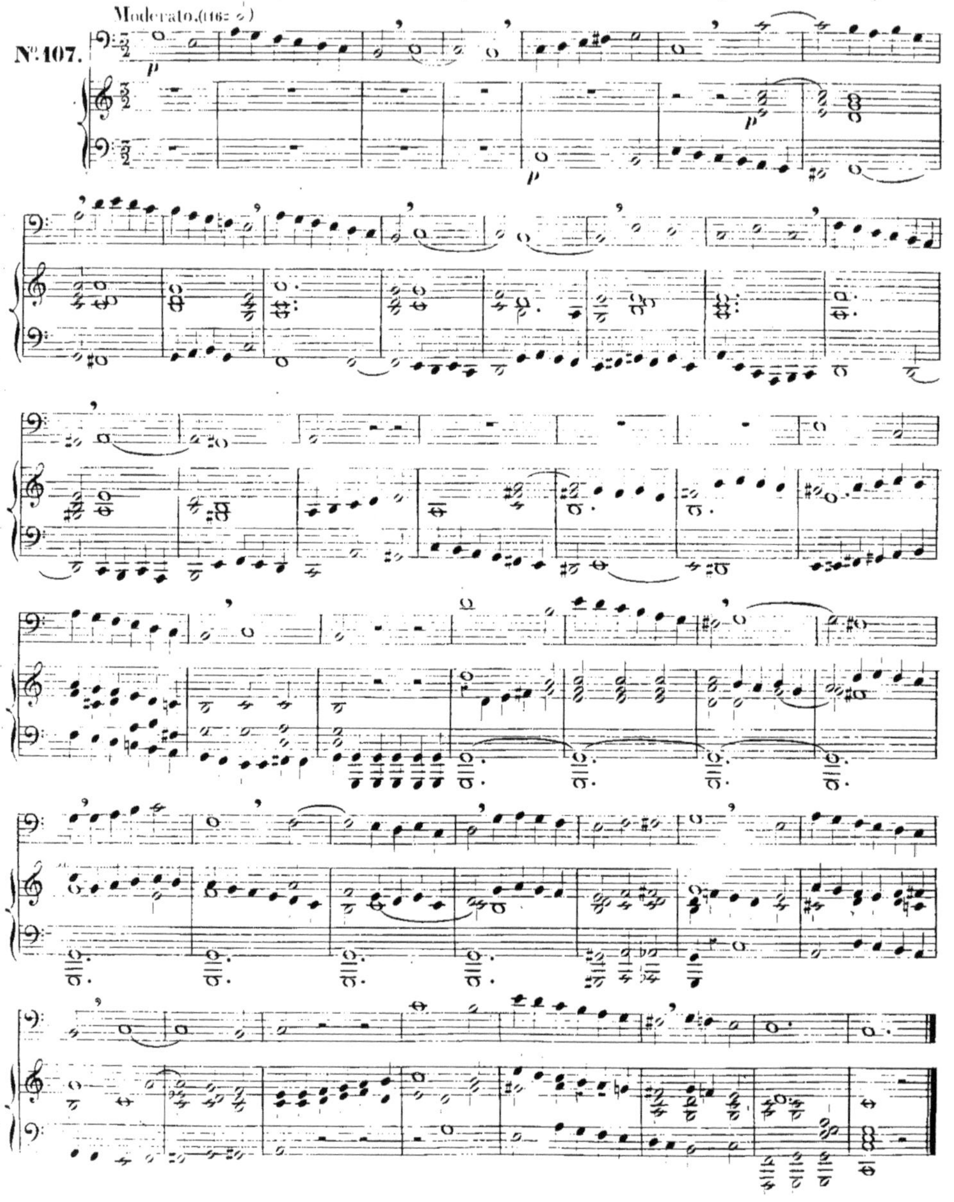

Cantilène à l'Octave.

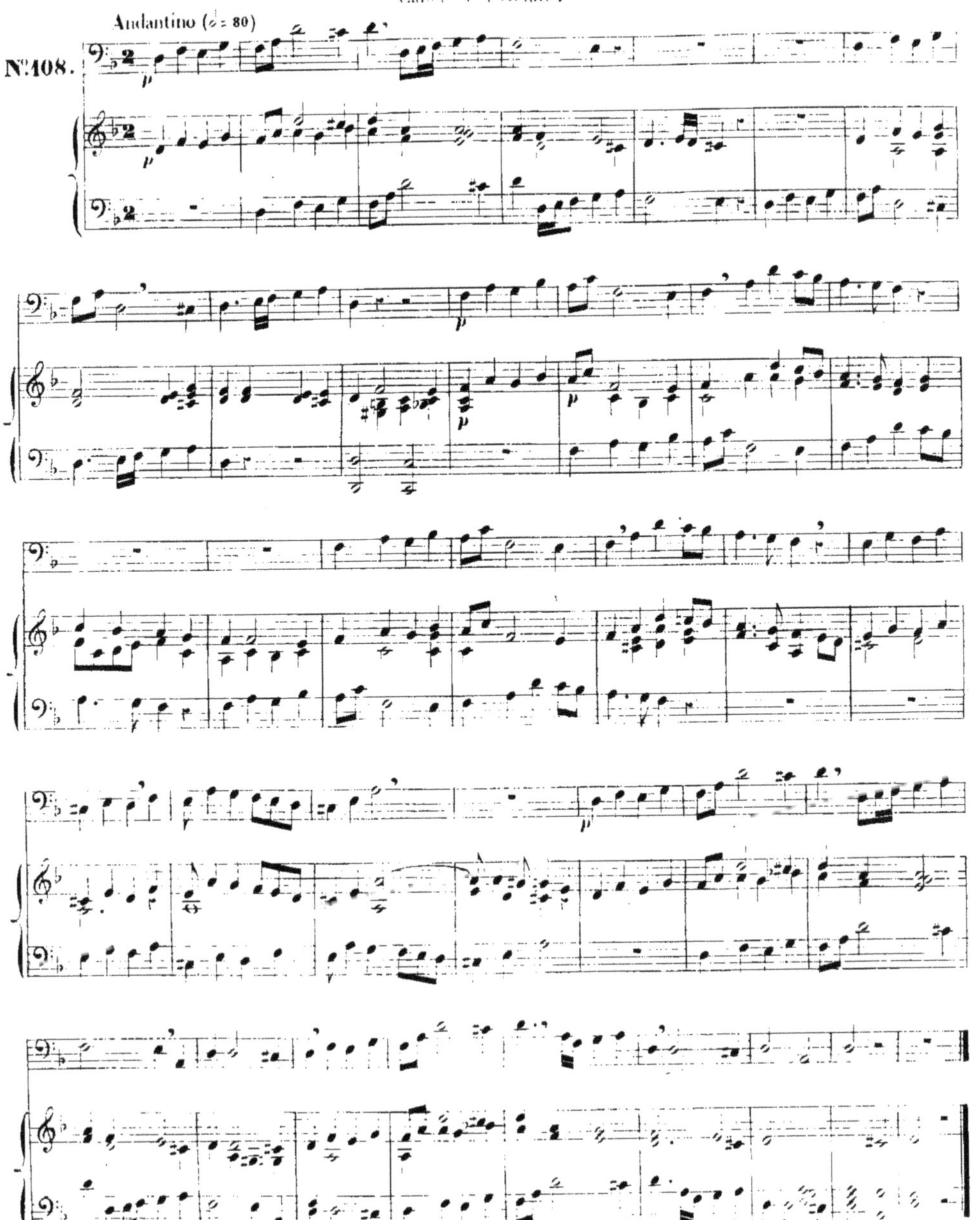

GAMME en La Majeur et Variations.

Allegretto. (♩ = 111)

N.º 109.

N.º 110.

Moderato. (♩ = 111)

VARIATIONS.

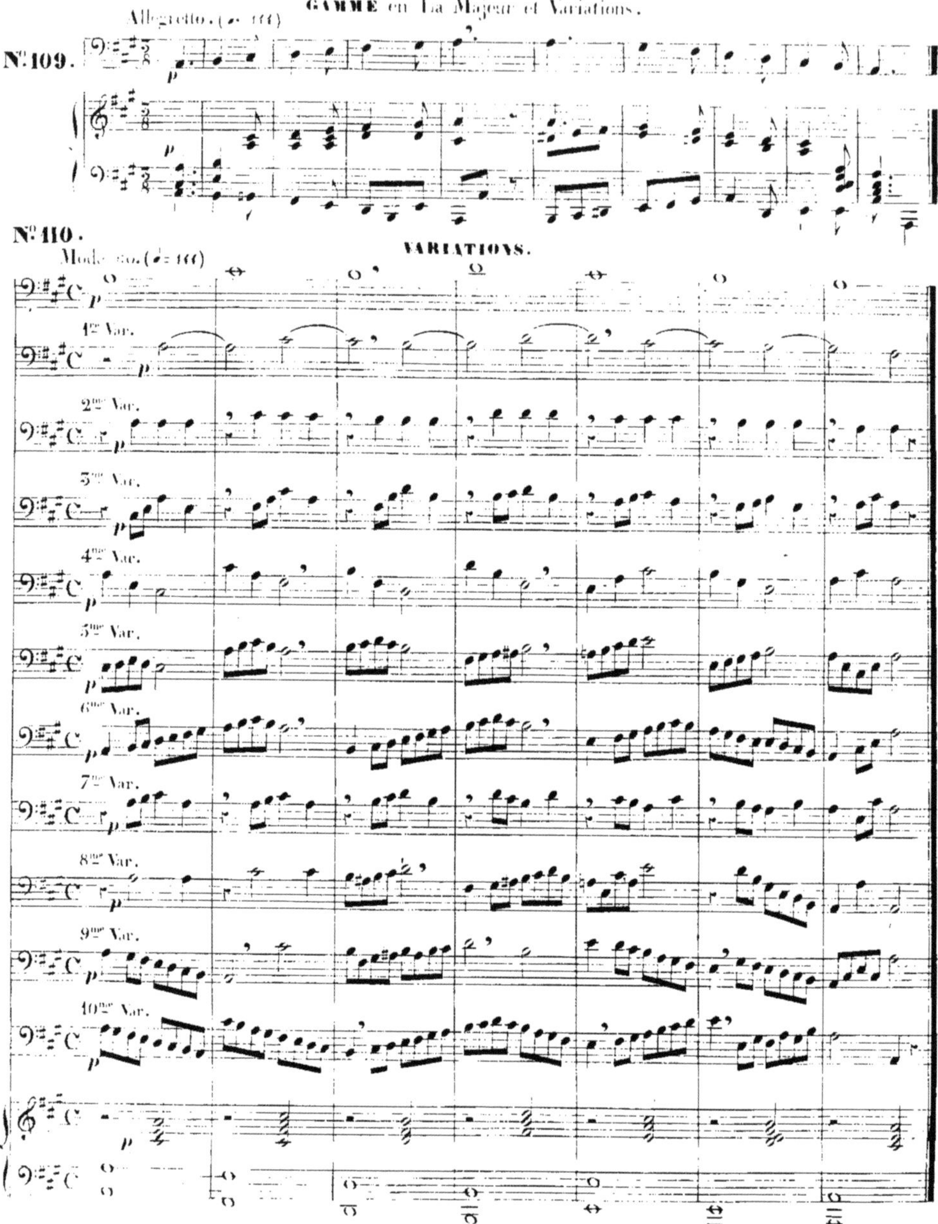

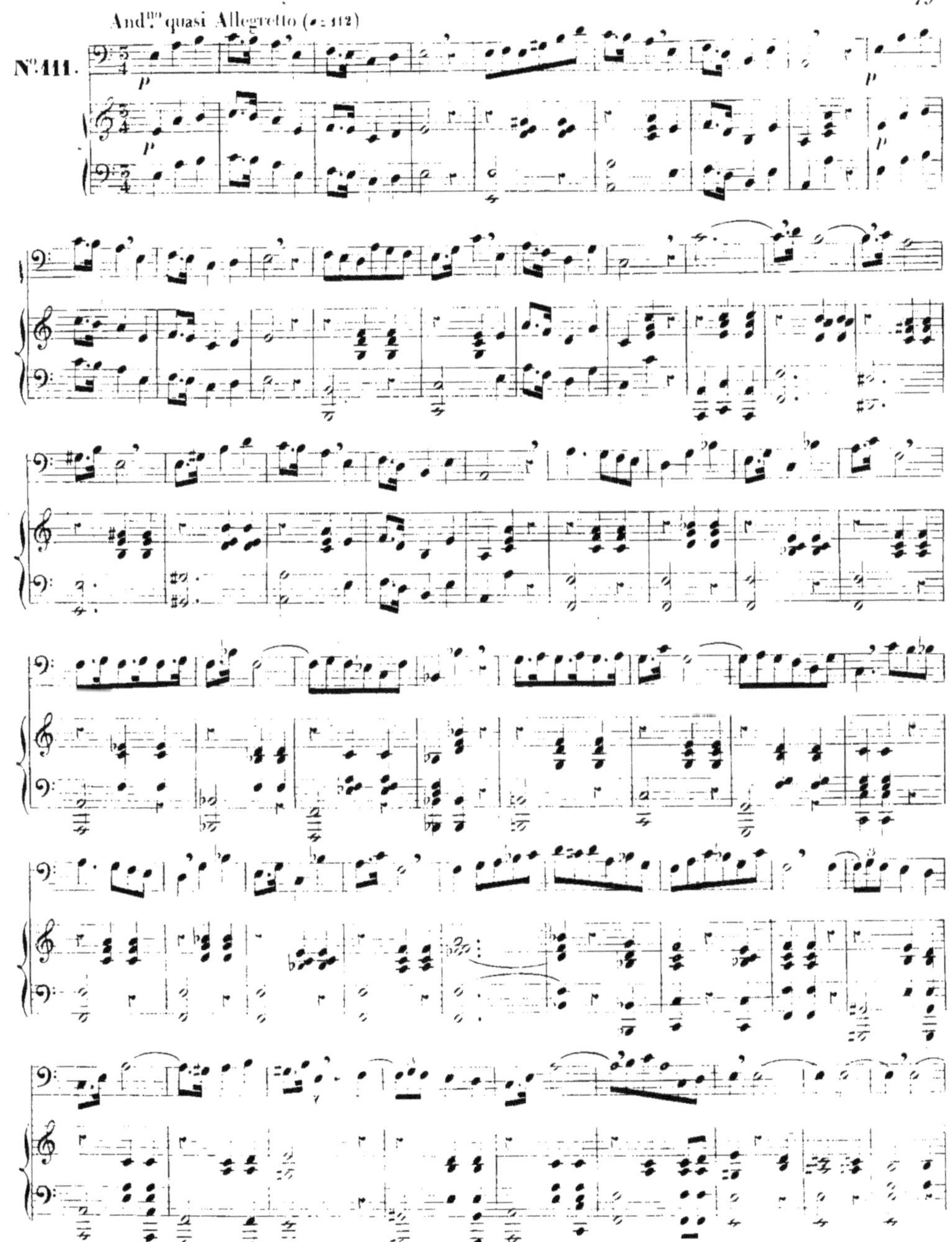
And.tino quasi Allegretto (♩= 112)
Nº 111.
p
p
p
p

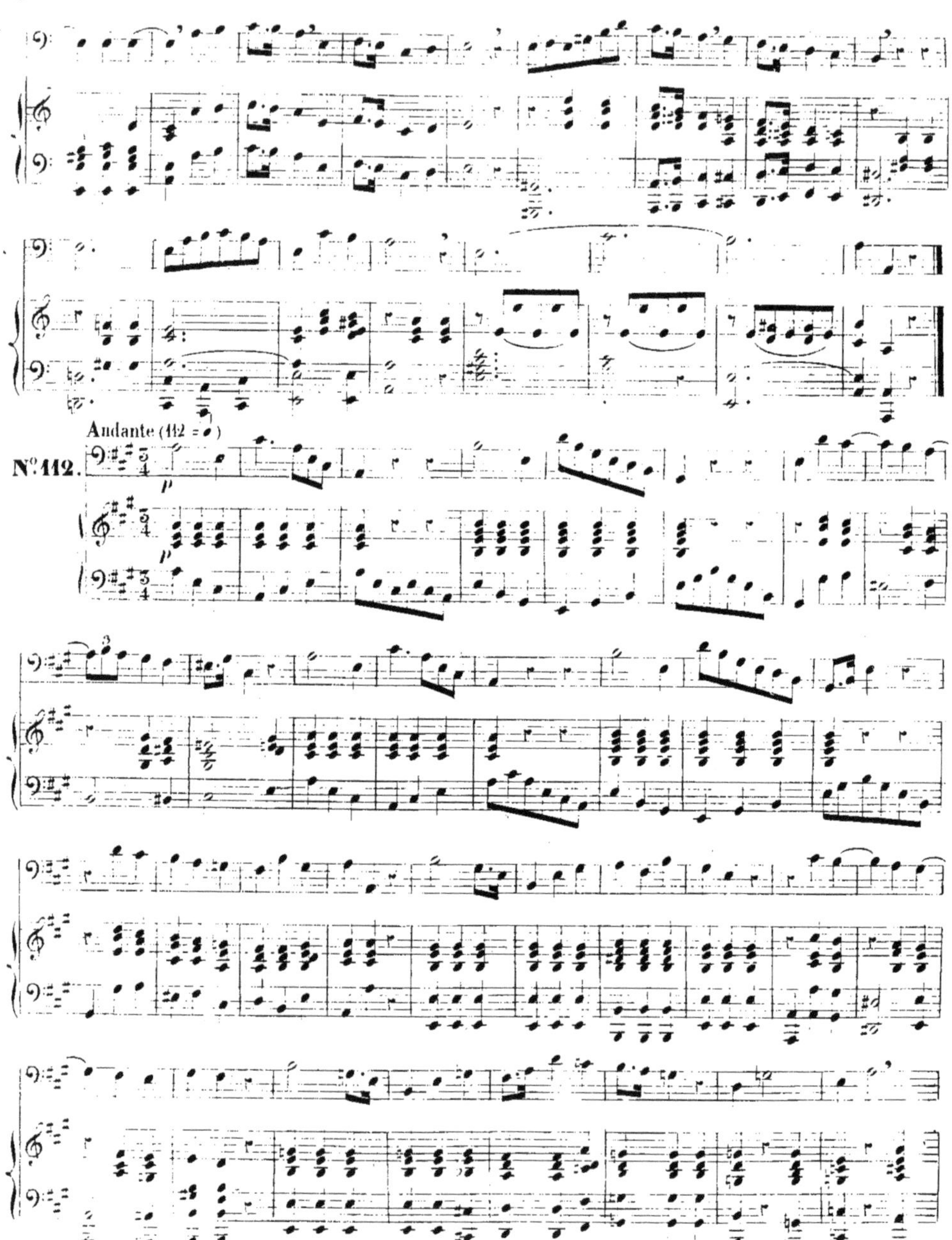

Andante (112 = ♩)
N.º 112.

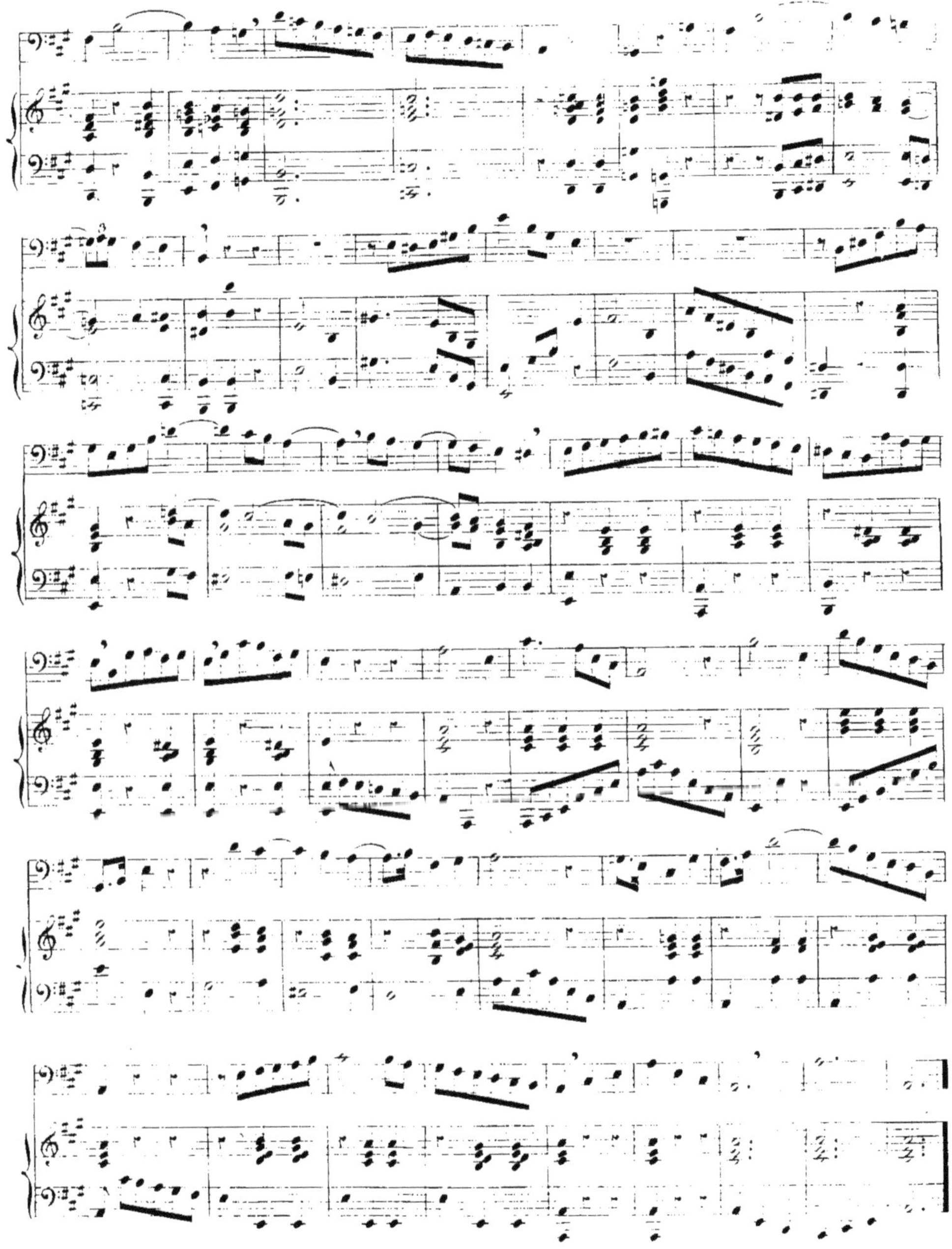

82
Allegretto
N.º 113.
p
p
p

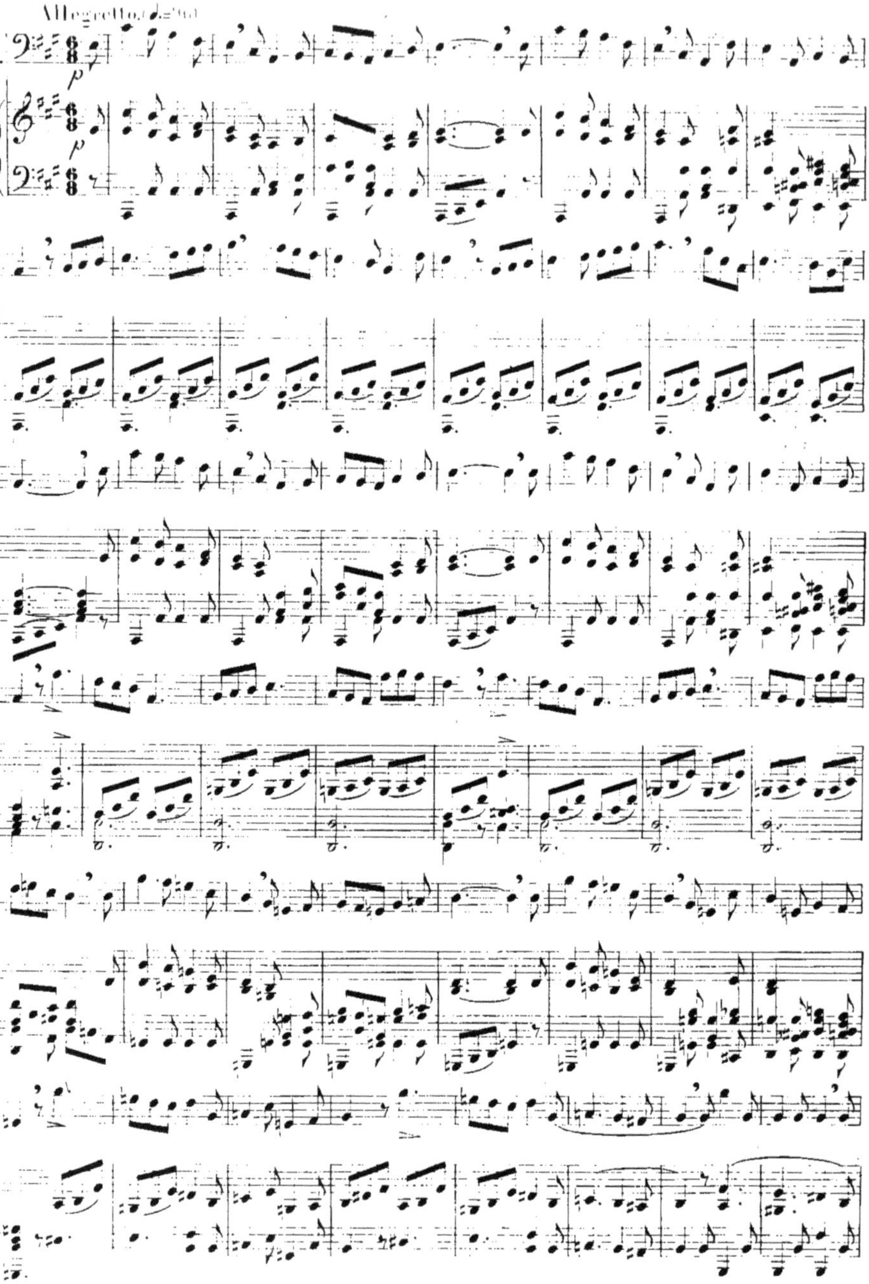

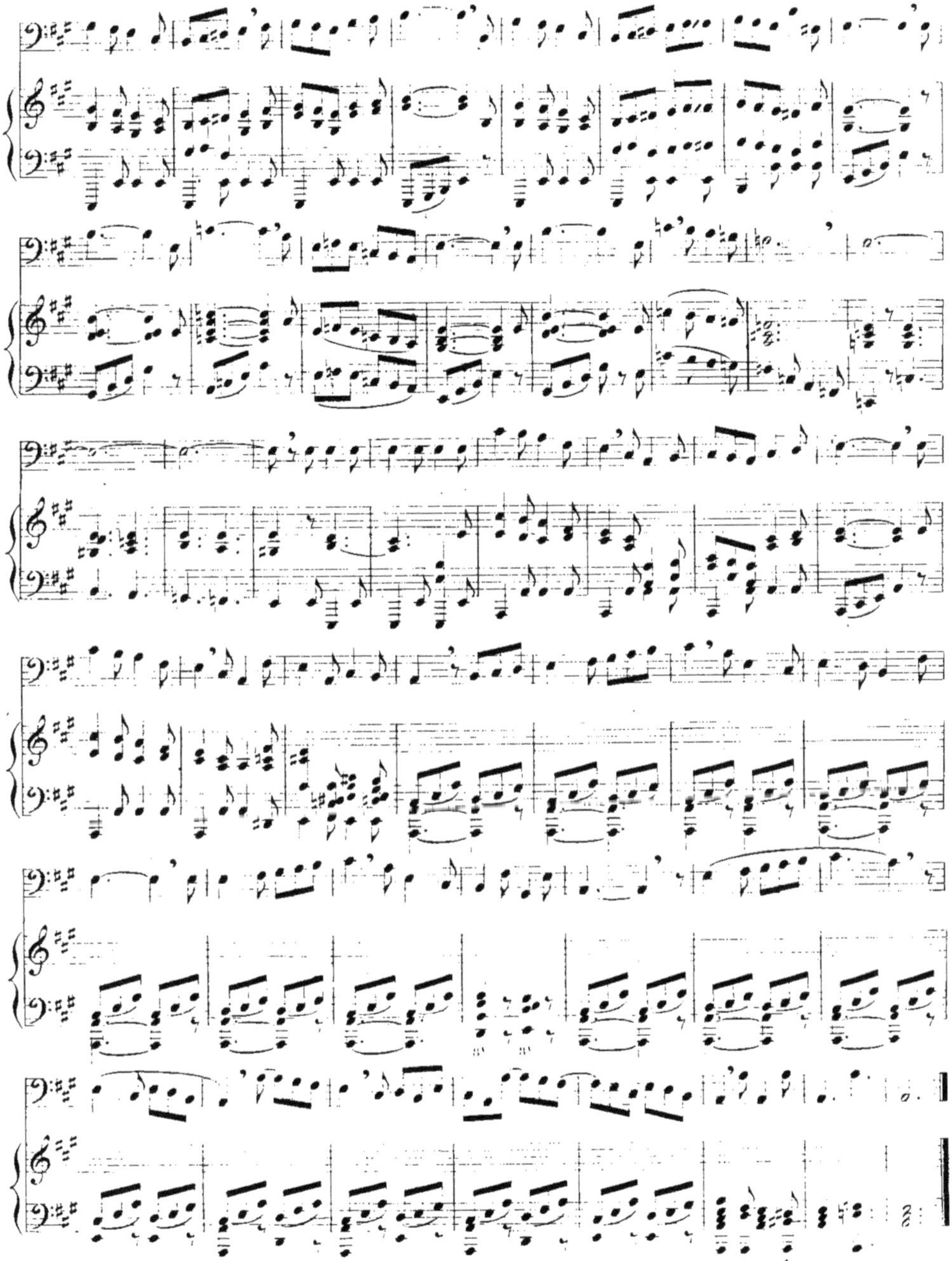

Allo non troppo ($\bullet$ = 108)

THÈME VARIÉ.

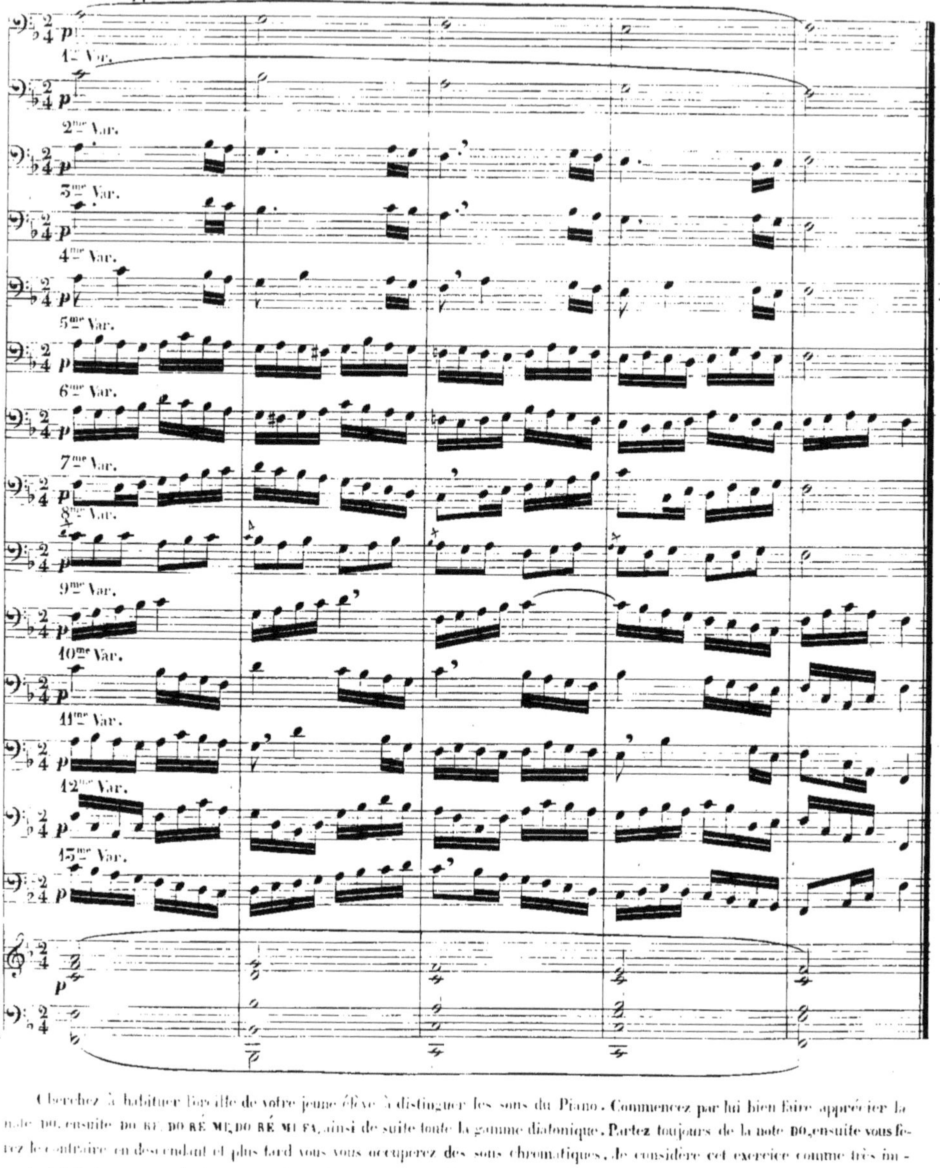

1re Var.

2me Var.

3me Var.

4me Var.

5me Var.

6me Var.

7me Var.

8me Var.

9me Var.

10me Var.

11me Var.

12me Var.

13me Var.

Cherchez à habituer l'oreille de votre jeune élève à distinguer les sons du Piano. Commencez par lui bien faire apprécier la note DO, ensuite DO RE, DO RÉ MI, DO RÉ MI FA, ainsi de suite toute la gamme diatonique. Partez toujours de la note DO, ensuite vous ferez le contraire en descendant et plus tard vous vous occuperez des sons chromatiques. Je considère cet exercice comme très important il faut pour cette étude une grande patience et une grande constance.

Lorsque vous aurez bien fait reconnaître les sons du Piano, vous les ferez avec la voix.

THÈME VARIÉ.

Allᵒ non troppo. (♩ = 108)

N.º 115.

1ʳᵉ Var.
2ᵐᵉ Var.
3ᵐᵉ Var.
4ᵐᵉ Var.
5ᵐᵉ Var.
6ᵐᵉ Var.
7ᵐᵉ Var.
8ᵐᵉ Var.
9ᵐᵉ Var.
10ᵐᵉ Var.
11ᵐᵉ Var.
12ᵐᵉ Var.
13ᵐᵉ Var.

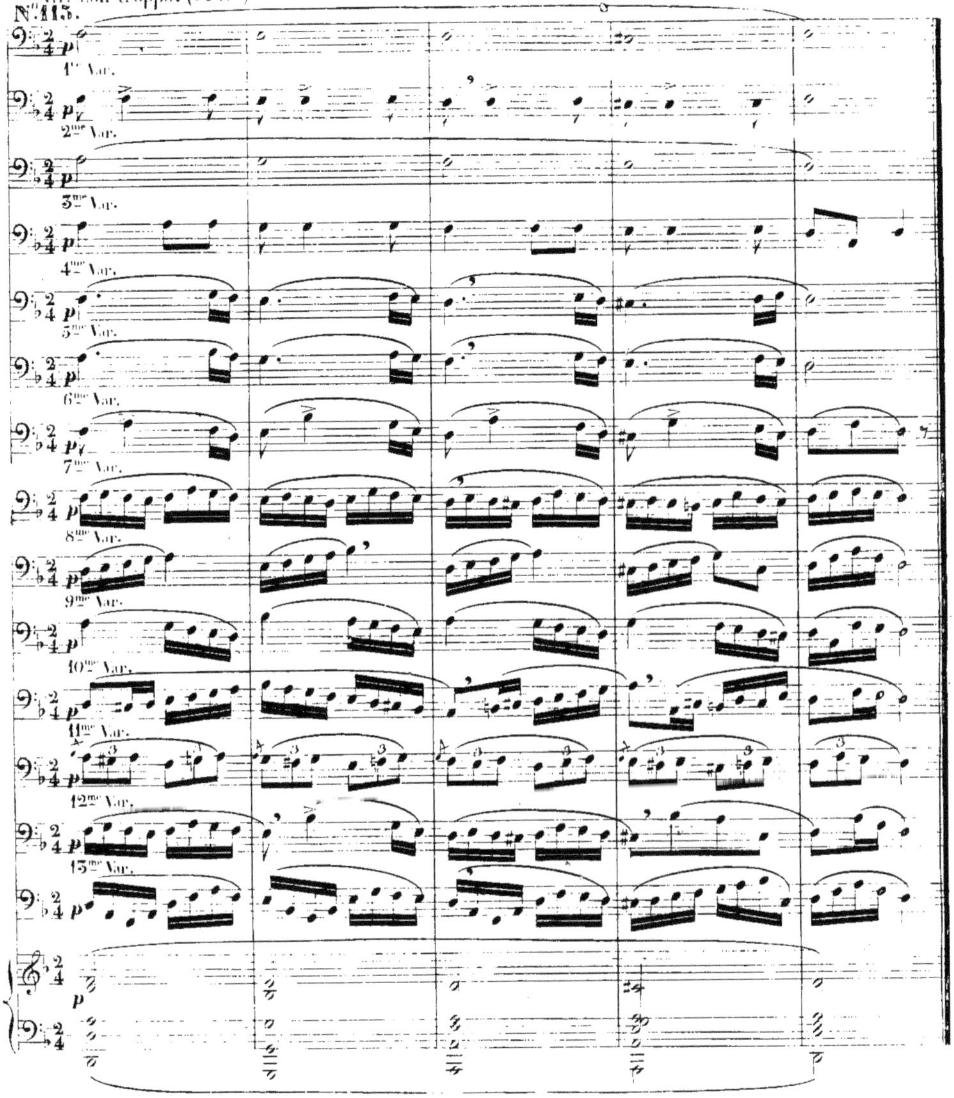

Quelquefois on se sert du double dièse et il se marque ainsi: × ou ⋕ il hausse la note diésée d'un second demi-ton. Le double bé-mol s'emploie comme le double dièse et fait la même action en sens contraire, c'est à dire qu'il baisse la note bémolisée d'un se-cond demi-ton; on le marque ainsi ♭♭. Lorsque l'on veut retirer ce double accident voici comment on se sert de ce qui est ordi-nairement le signe qui remet la note dans le ton naturel ♮ ou bien ♯.

Leçon pour étudier le triolet et le demi-soupir.

N°.116.

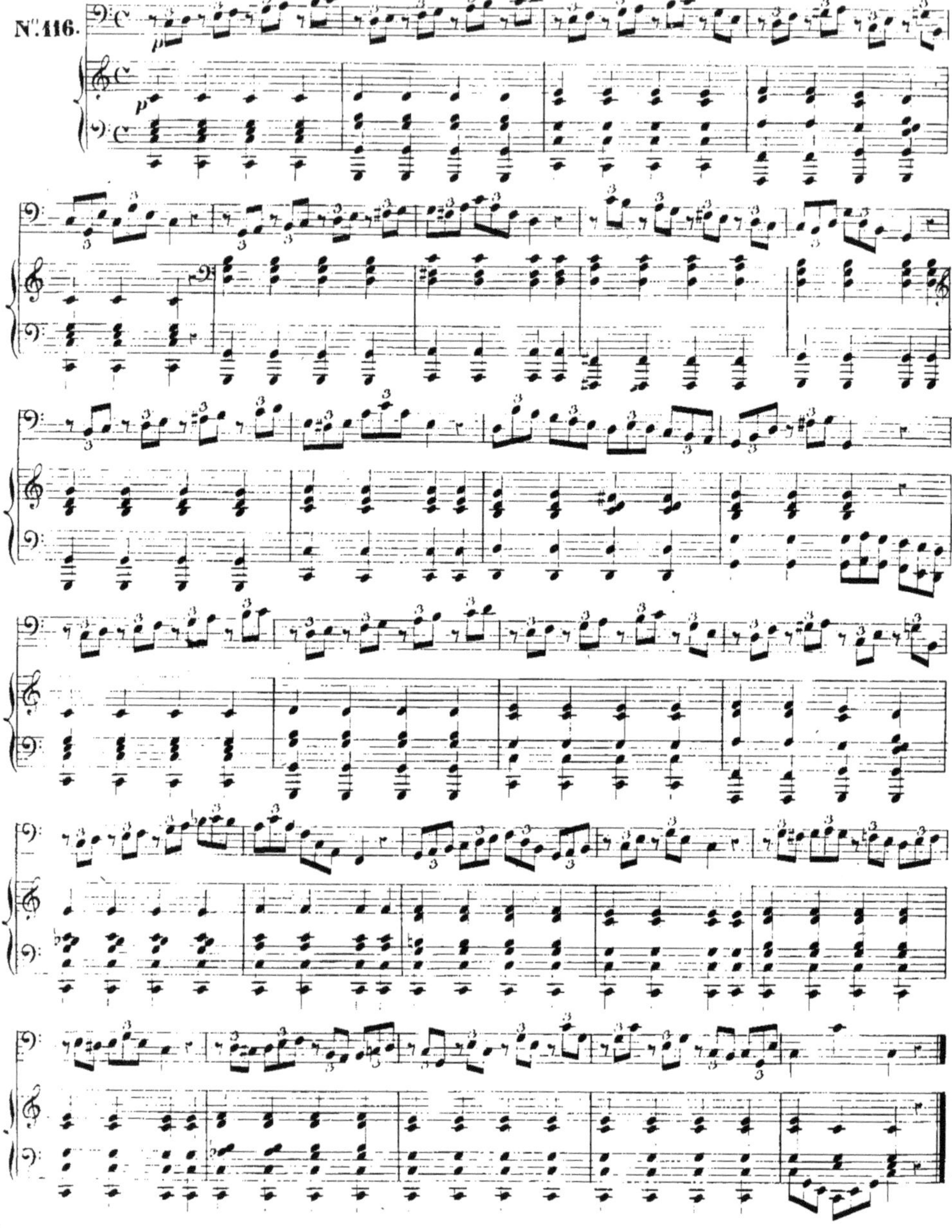

DES GENRES

Il y a trois Genres:
Le Diatonique, le Chromatique et l'Enharmonique.
Le genre Diatonique est le plus usité.

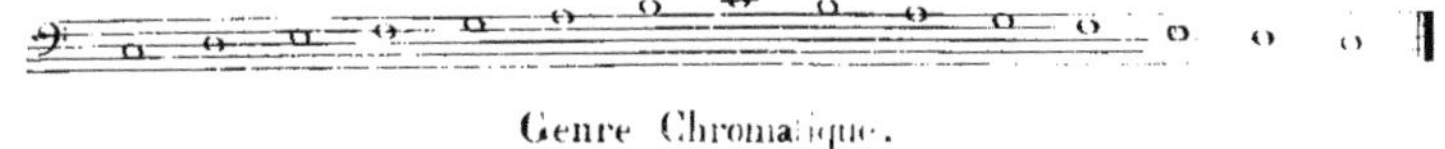

Genre Chromatique.

Genre Enharmonique.

On peut considérer l'enharmonie comme un Synonyme de Sons.

Faites comprendre à la vue du Piano que ces deux notes sont les mêmes; mais selon le cas de la tonalité de la gamme elles changent.

Leçon pour étudier la Gamme Chromatique.

Voyez l'Article du Chromatique, et appréciez bien la différence des deux espèces de demi-ton.

Lento.

Nᵒ 117.

Attachez vous à la justesse.

Lento.

Nᵒ 118.

Chantez Piano pour bien apprécier l'Intonation.

Lento. (72 = o) Leçon pour apprendre le Genre enharmonique.

N.º 119.

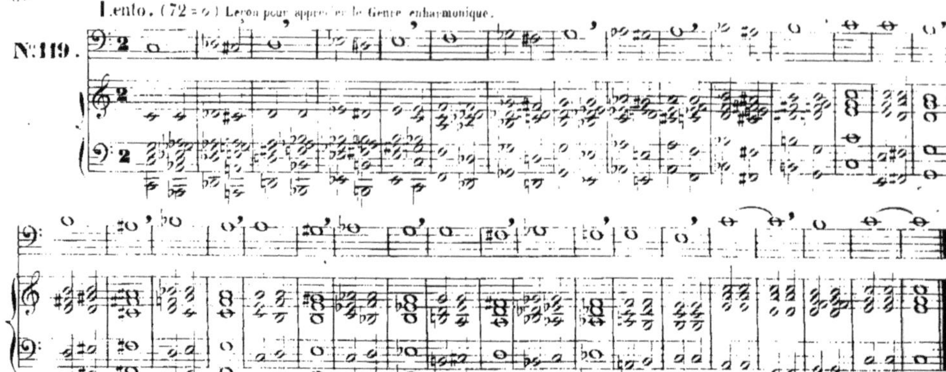

Pour prouver mathématiquement la différence qui existe entre Ré Bémol et Ut Dièse placés sur la même touche, il faudrait parler d'acoustique; au Solfège on peut s'en passer; plus tard en classe d'harmonie, l'élève fera bien de s'en rendre compte. La différence est ce que l'on nomme Gamme.

Moderato. (o = 92)

N.º 120

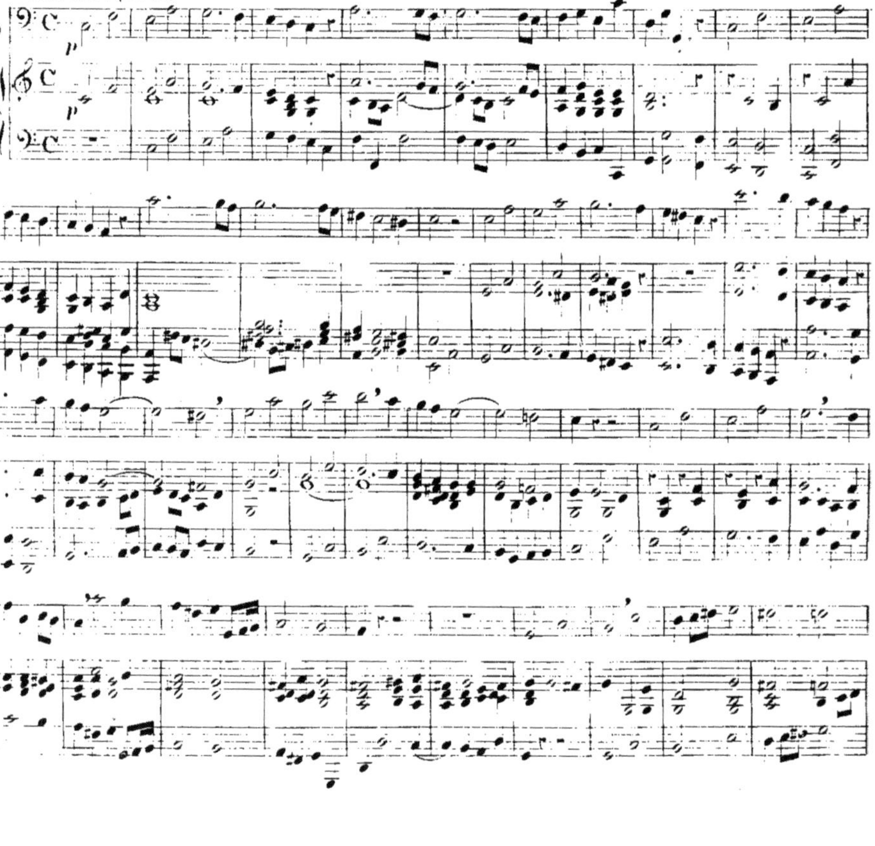

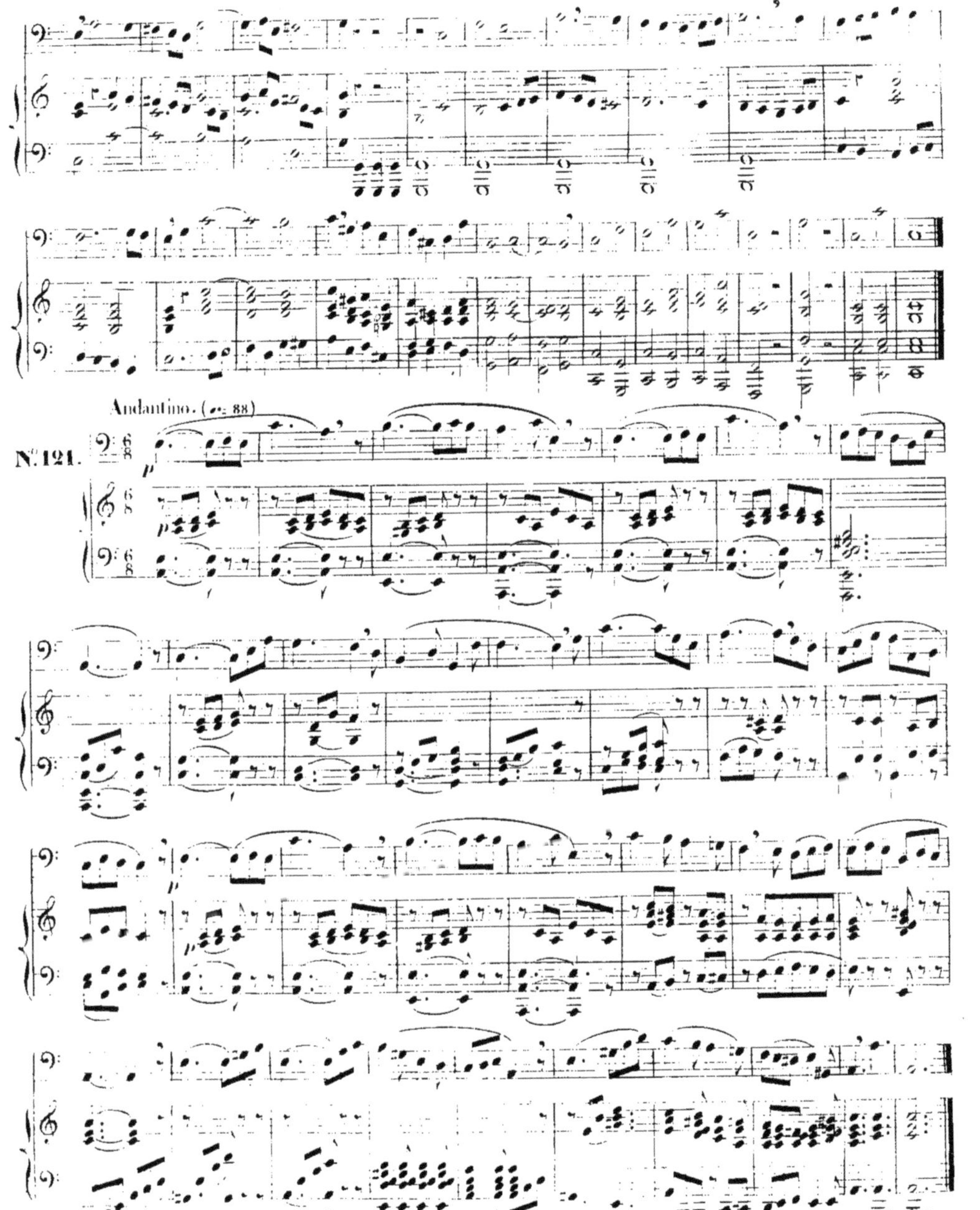
Andantino. (♩.= 88)
N.º 121.
p

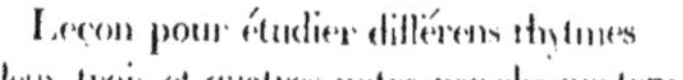

Moderato. ($88=$♩)

Nº 122.

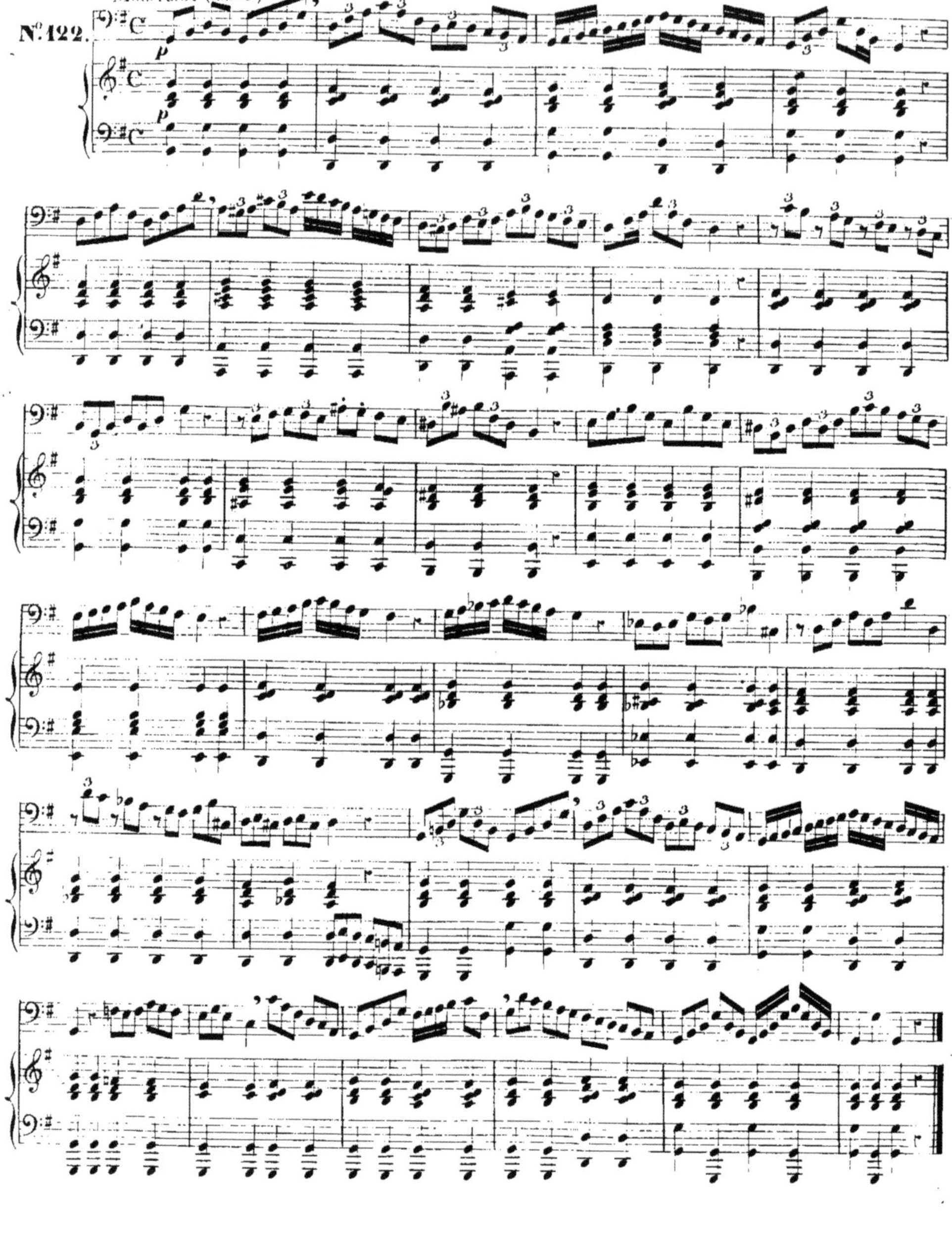

Andante.
Appliquez vous à lier les sons dans la vocalisation.
N.º 125.
bien lié.

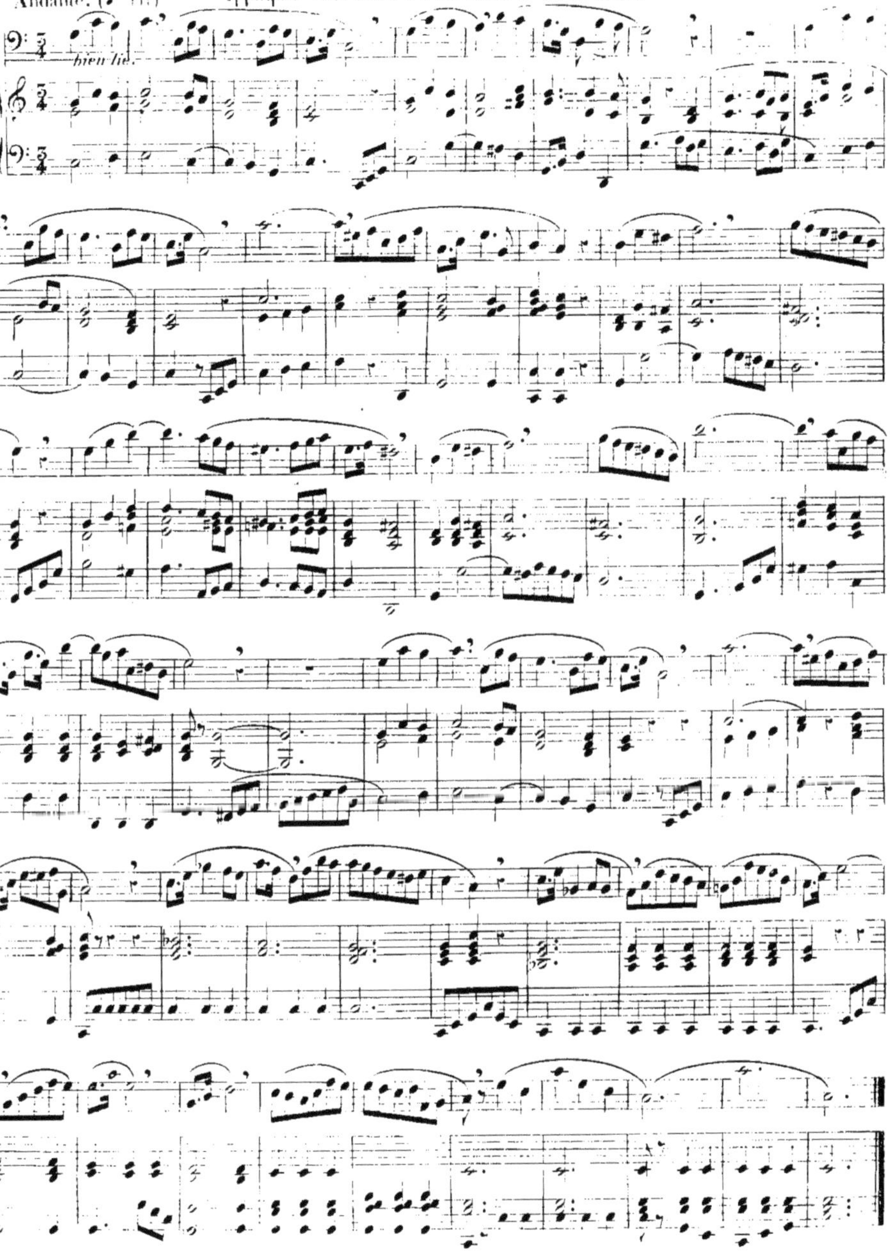

Allegretto. ($\flat$ = 112)

Solfiez cette leçon avec légèreté.

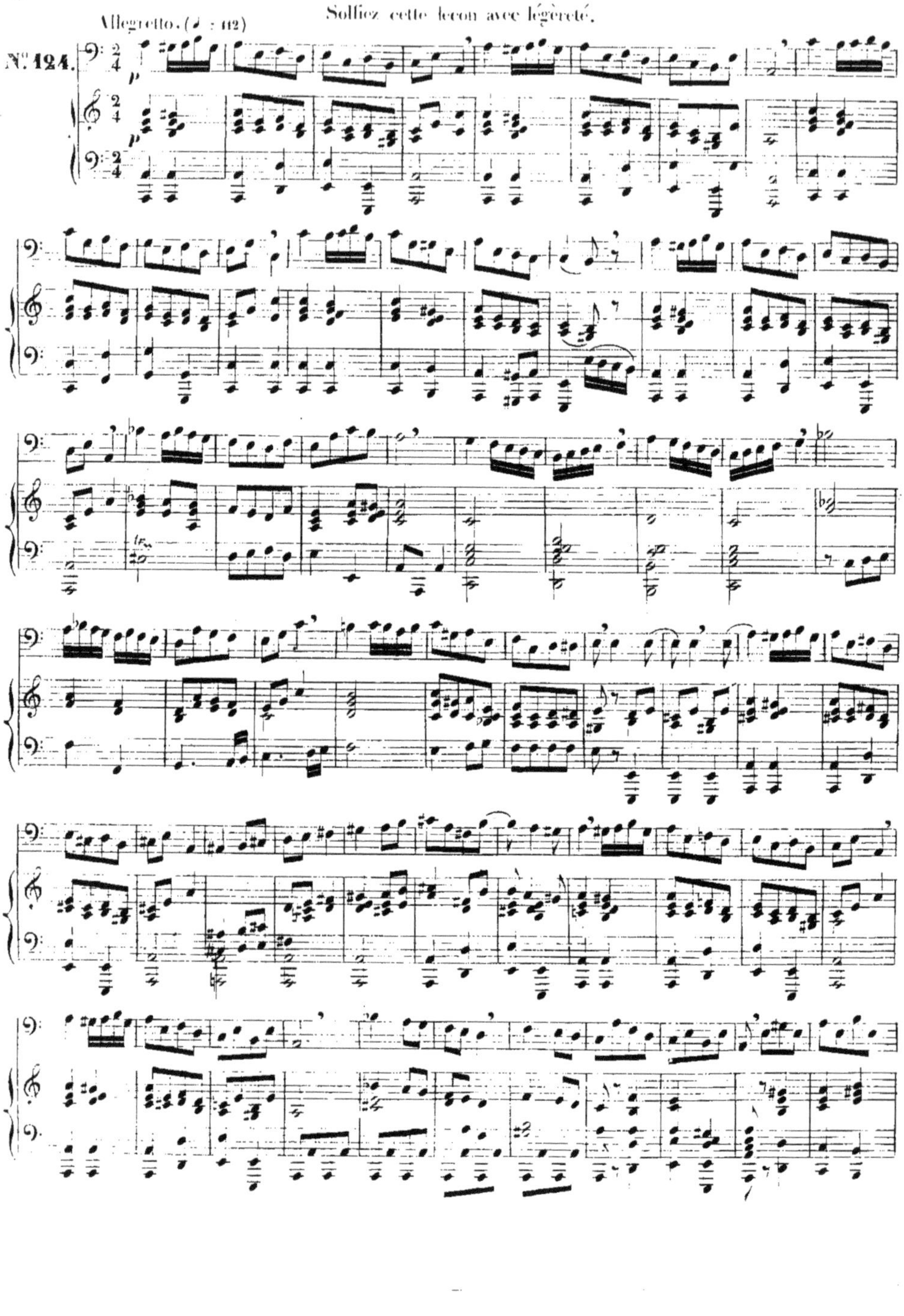

N.º 124.

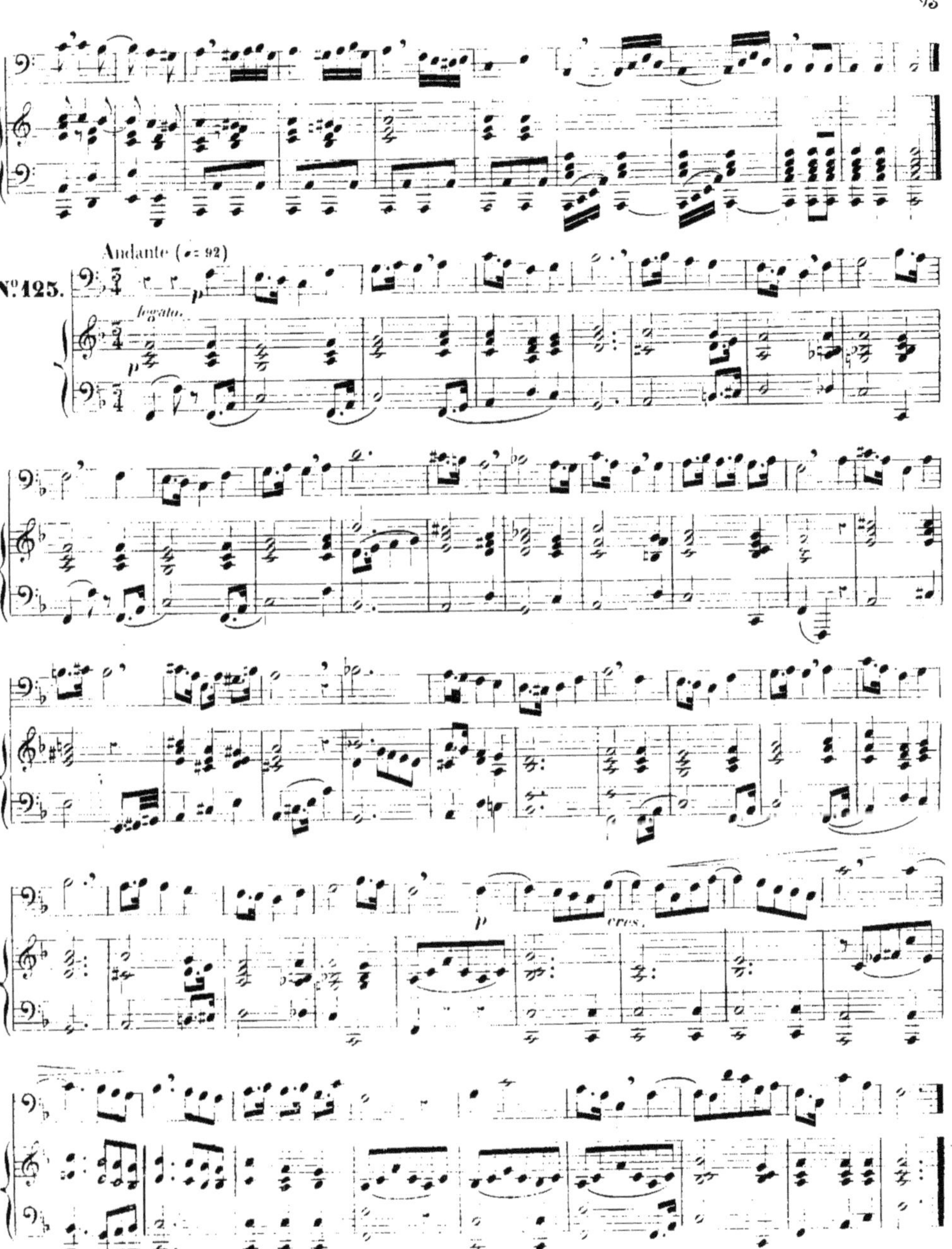

Andante (♩= 92)
N°125.
legato.
p
p
cres.
Fin de la 1re Partie.

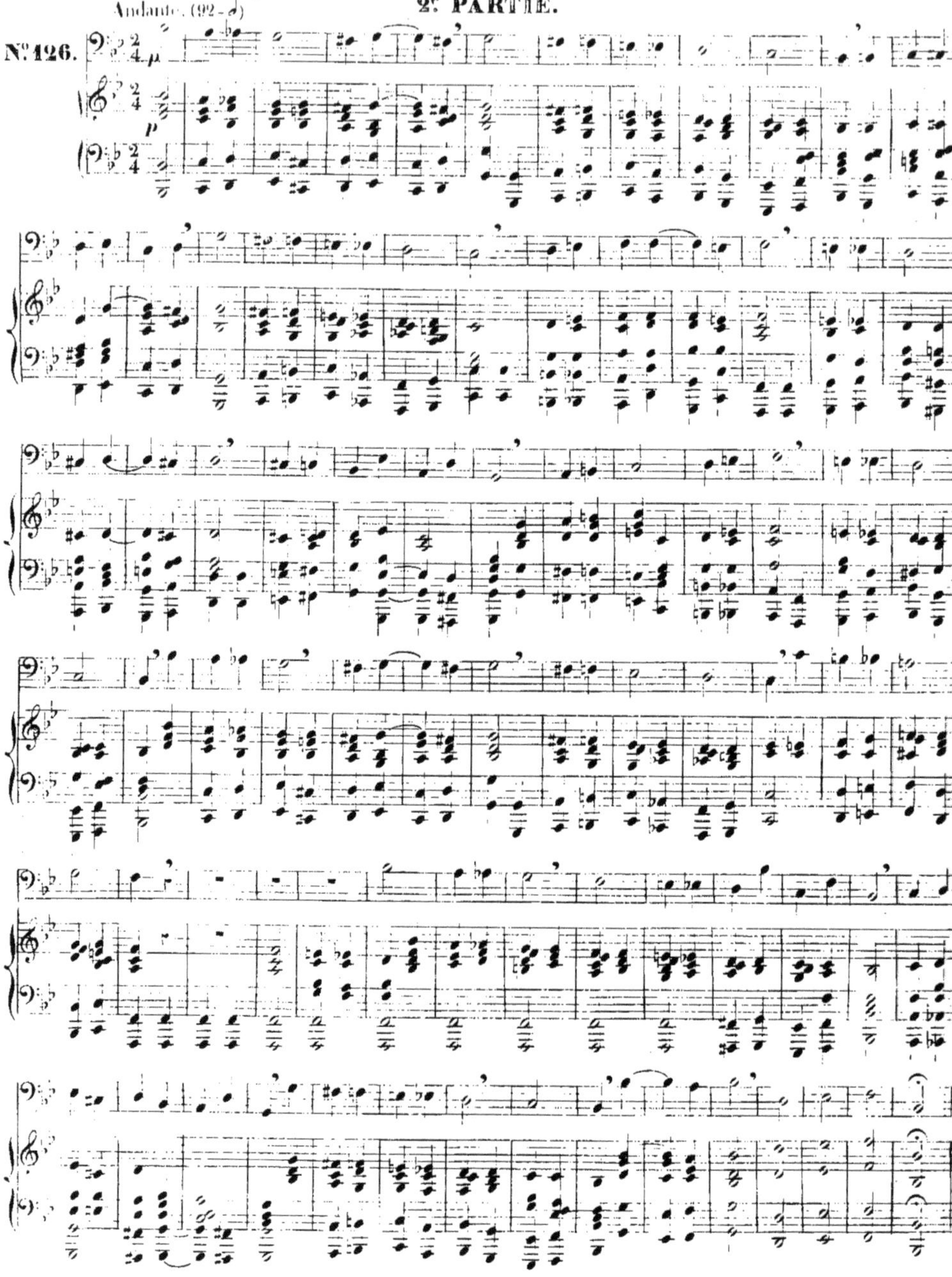
Andante. (92 = ♩)
2ᵉ PARTIE.
Nᵒ 126.

Leçon à $\frac{9}{4}$ mesure composée de la mesure à $\frac{3}{2}$

Pour composer une mesure simple, il faut tripler le premier chiffre et doubler le second.

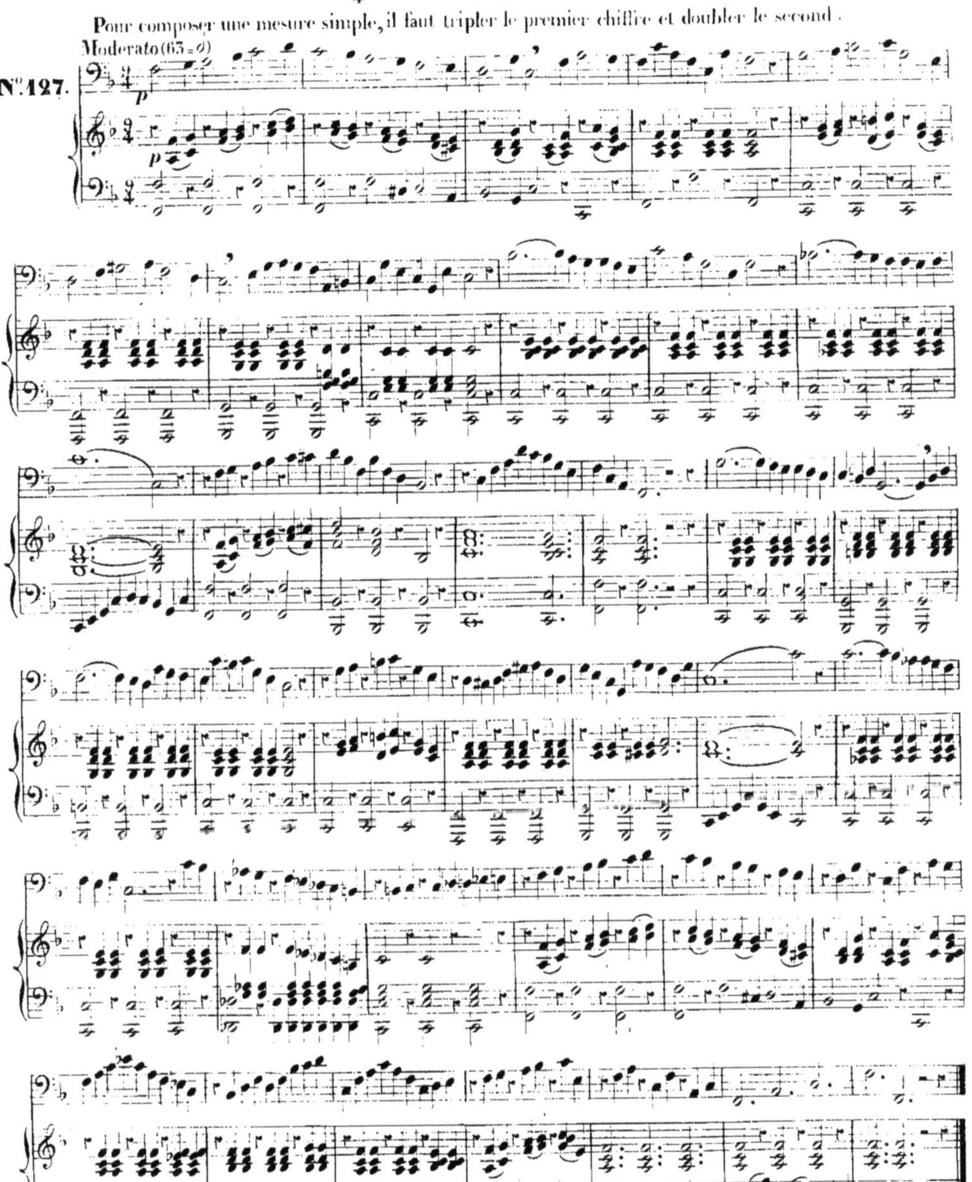

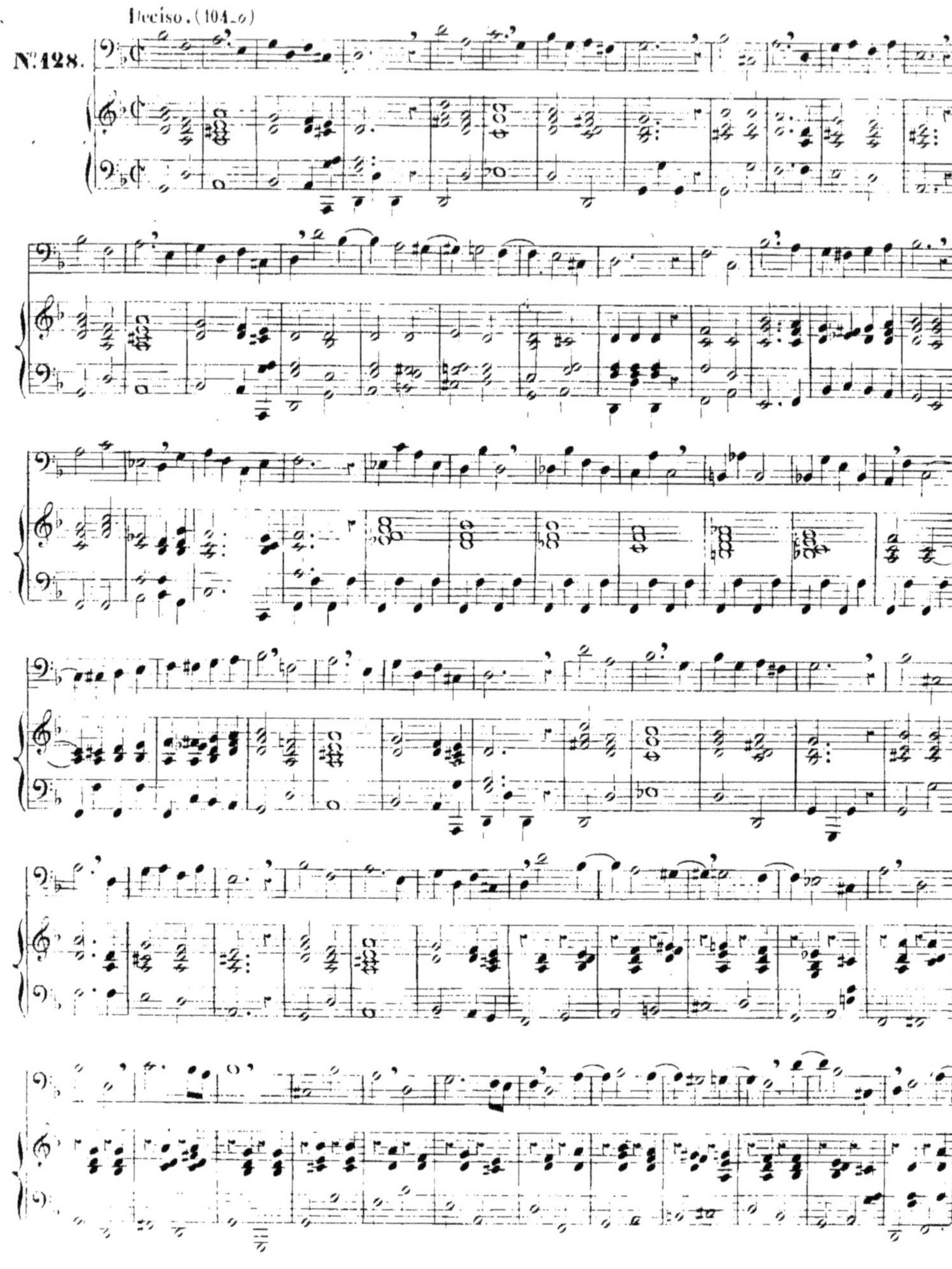
Deciso. (104_o)
N.º 128.

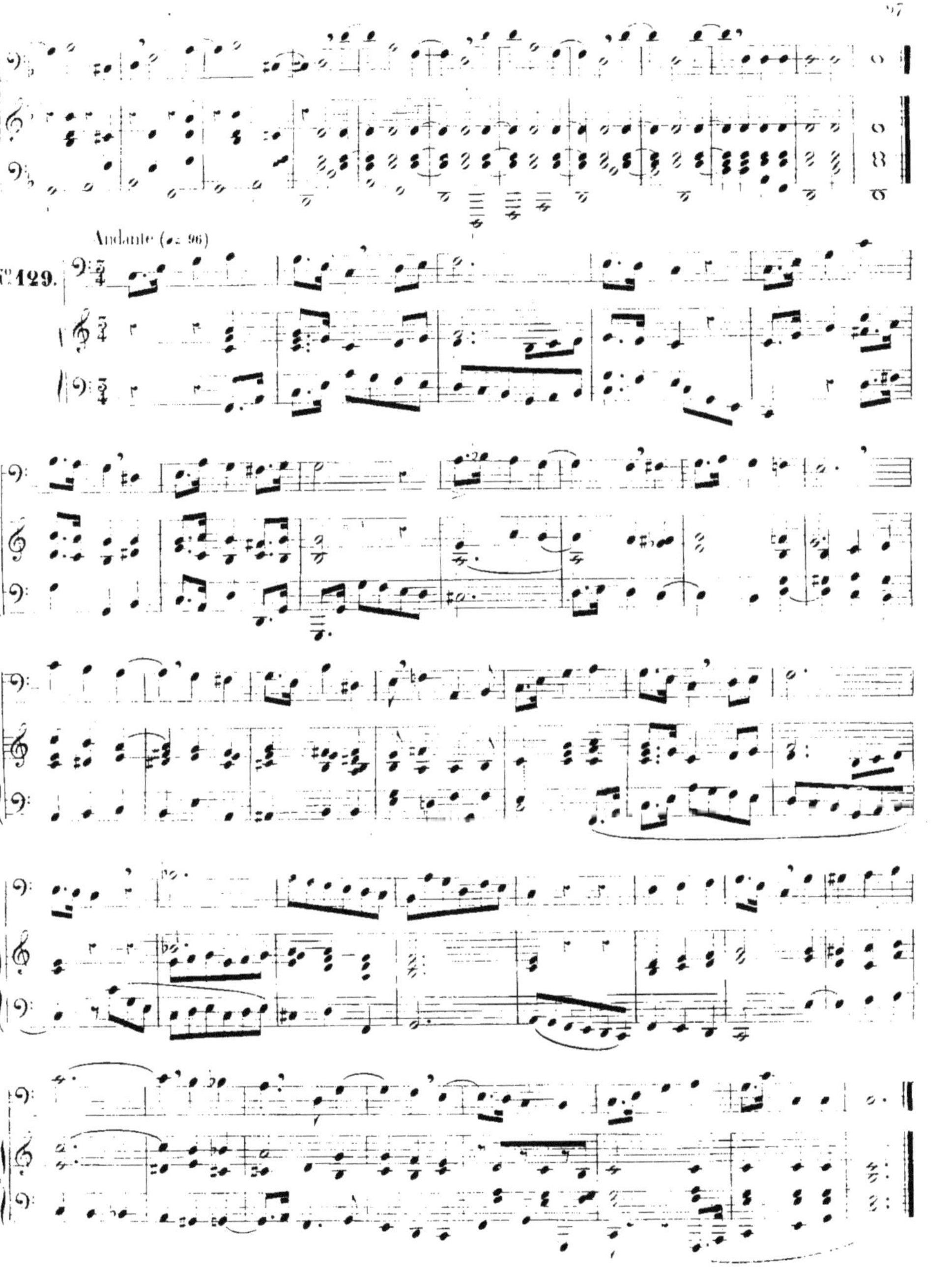

Andante (♩= 96)
N.º 129.

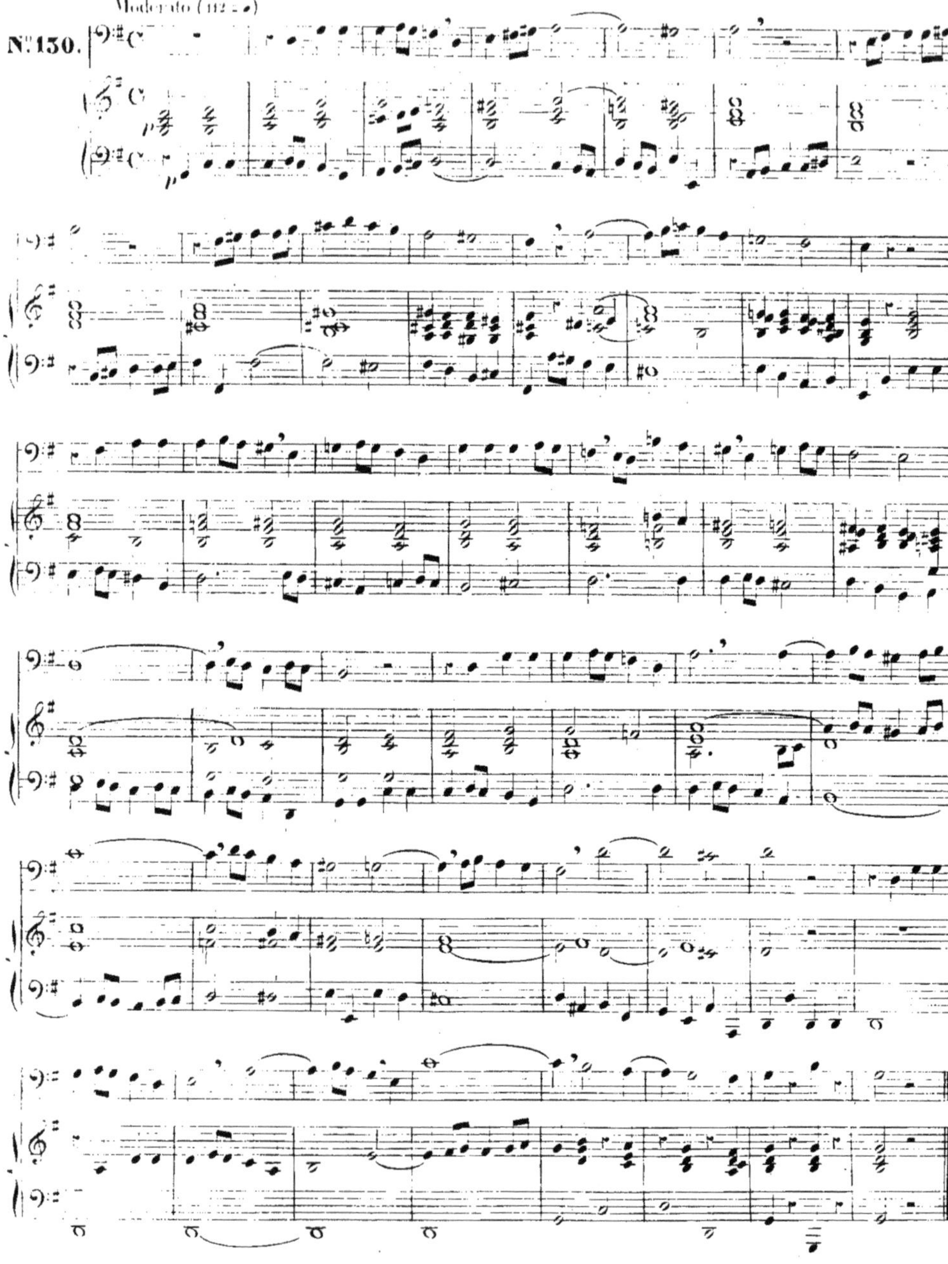
Moderato (112 = ♩)
N.º 130.

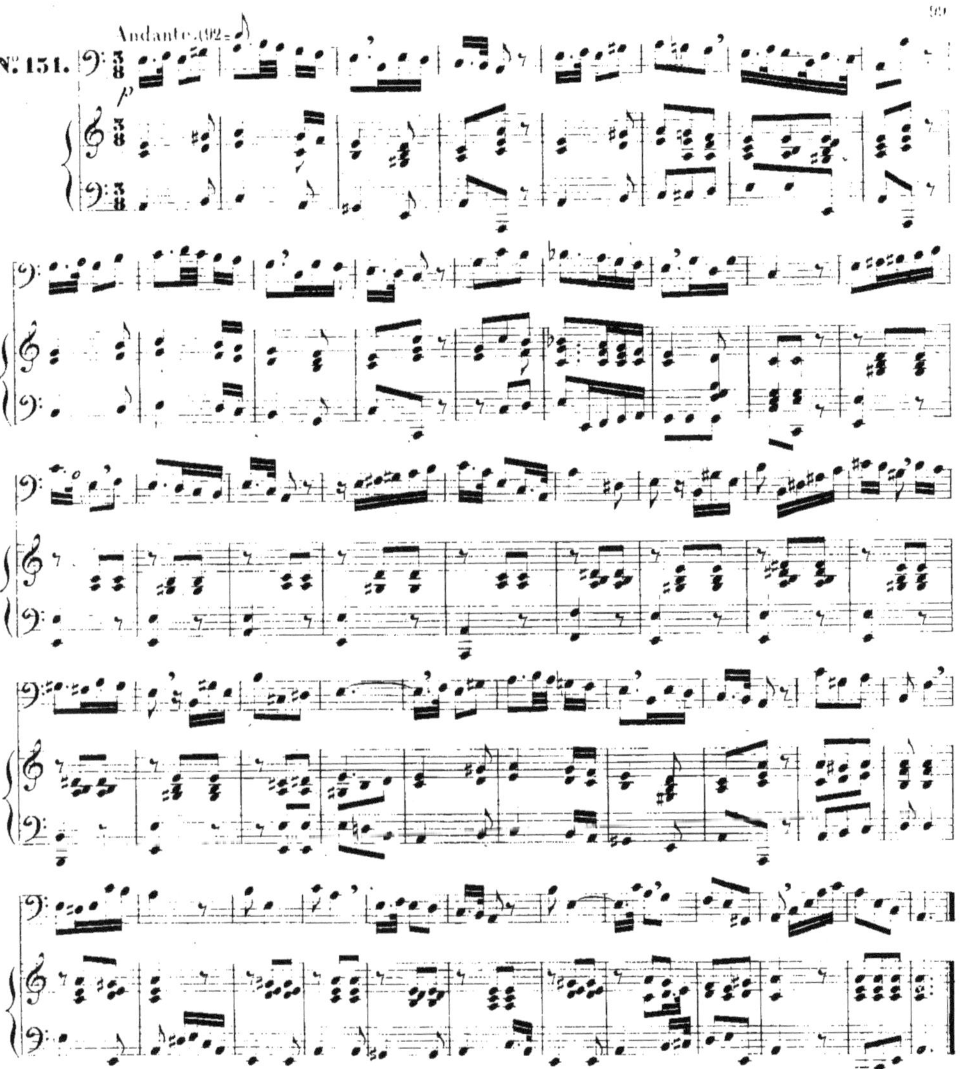

Lorsque l'élève aura bien étudié ce solfège, s'il se destine au chant, je l'engagerai à travailler ma méthode de chant pour basse taille ou baryton; il trouvera dans la 1ᵉ partie toutes les gammes et les exercices possibles, dans tous les tons propres à assouplir la voix et dans la 2ᵈᵉ 42 vocalises parcourant toutes les difficultés ainsi que tous les styles de la musique moderne.

DES NOTES D'AGRÉMENT.

Les notes d'agrément ou les petites notes ne comptent pas dans la mesure.

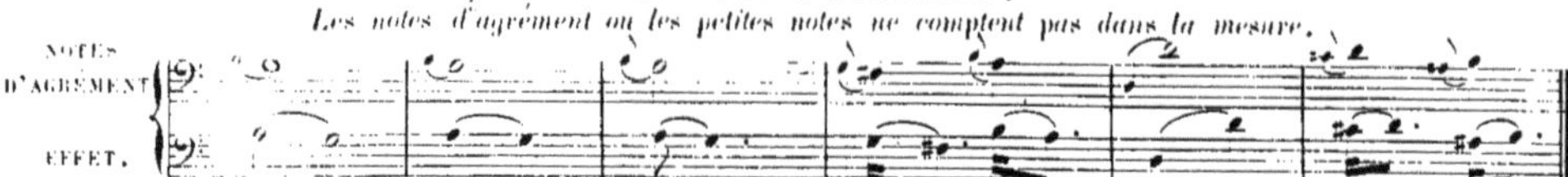

Ce système de petites notes est ancien, et comme il prêtait à diverses interprétations, les compositeurs modernes l'ont abandonné.

La petite note vaut la moitié ou le quart de la grosse, selon le goût et le style de l'exécutant.

Lorsque les petites notes sont barrées, elles sont brèves.

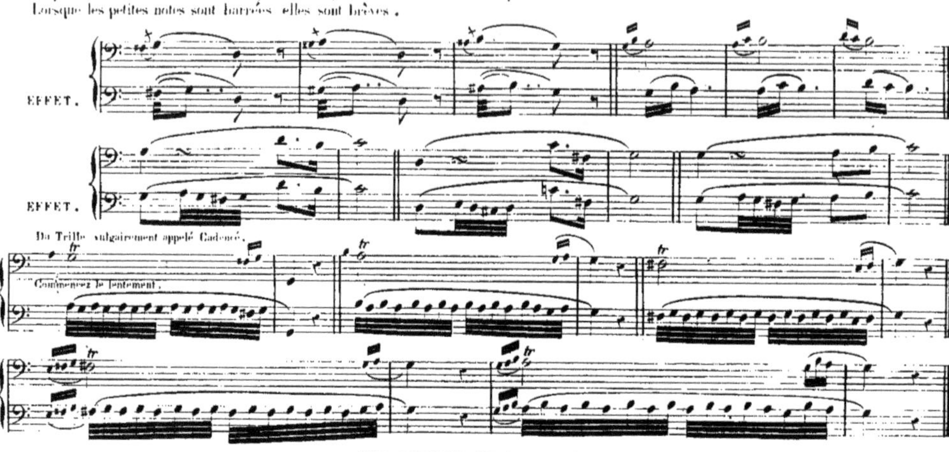

DES NUANCES ET DES ACCENS.

Il y a plusieurs espèces d'accens: le *Crescendo*, le *Decrescendo*, le *Diminuendo*, le *Lié*, le *Piqué*, le *Détaché*, le *Forte*, le *Piano*, le *Rallentando*, et l'*Accelerando*.

Ce signe A sert pour accentuer la note; celui-ci ⟨⟩ pour augmenter le son, et celui-là ⟨⟩ pour diminuer son intensité.

Lorsqu'on veut augmenter et diminuer graduellement la force du son sur une seule note ou sur un passage, on réunit les deux signes.

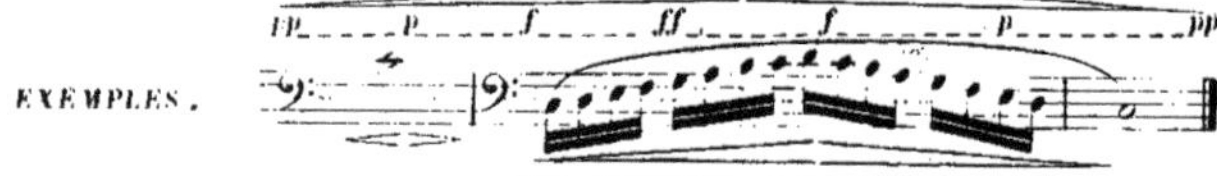

DES VALEURS ARBITRAIRES.

Dans les notes de goût, dans les points d'orgue et dans les passages à volonté, on emploie quelquefois des valeurs arbitraires, telles que cinq doubles croches, ou 7 ou 9 ou 11 &.

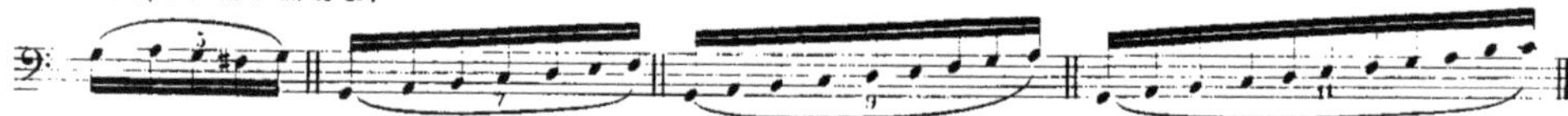

Dans ce cas, les cinq doivent se faire dans l'espace de quatre, et l'on met un 5 au dessus ou au dessous des notes; plus ordinairement les notes arbitraires sont en plus ainsi, 5 pour 4, 7 pour 6, 9 pour 8, &.

Le triolet n'est pas toujours composé de trois notes, il est quelquefois composé de deux croches et d'un demi-soupir au milieu.

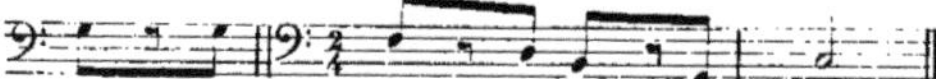

Bien que j'aie dit page 64, que la sixaine doit se diviser de deux en deux, il faut savoir que beaucoup de compositeurs ont négligé cette règle, et que souvent ils la divisent par trois; toutes mes compositions ne sont pas à l'abri de ce reproche.

DE LA RESPIRATION.

La respiration est le résultat de deux actes des organes des poumons. Le premier qu'on nomme aspiration, consiste à y faire entrer l'air pour les dilater; le second qu'on nomme expiration ou inspiration, consiste à chasser l'air qui était aspiré.

Après avoir aspiré une suffisante quantité d'air pour la longueur présumée de la phrase ou de la note, qu'on doit exécuter sans reprendre haleine, il ne faut pas le dépenser maladroitement, mais rester toujours libre de modifier le degré de force que le son exige et sa direction. L'aspiration doit se prendre à la fin de chaque phrase; si celle-ci est trop longue, c'est à la demi-phrase; s'il faut aspirer dans un trait d'agilité d'égale valeur, il vaut mieux le faire dans un intervalle disjoint, que dans un conjoint, ou sur une note double de valeur, ou sur un silence.

Leçon à $\frac{9}{16}$ mesure composée de $\frac{3}{8}$

N'oubliez pas le principe qui dit : triplez le premier chiffre et doublez le second.

Allo non tanto. (96 = ♪.)

Nº 132.

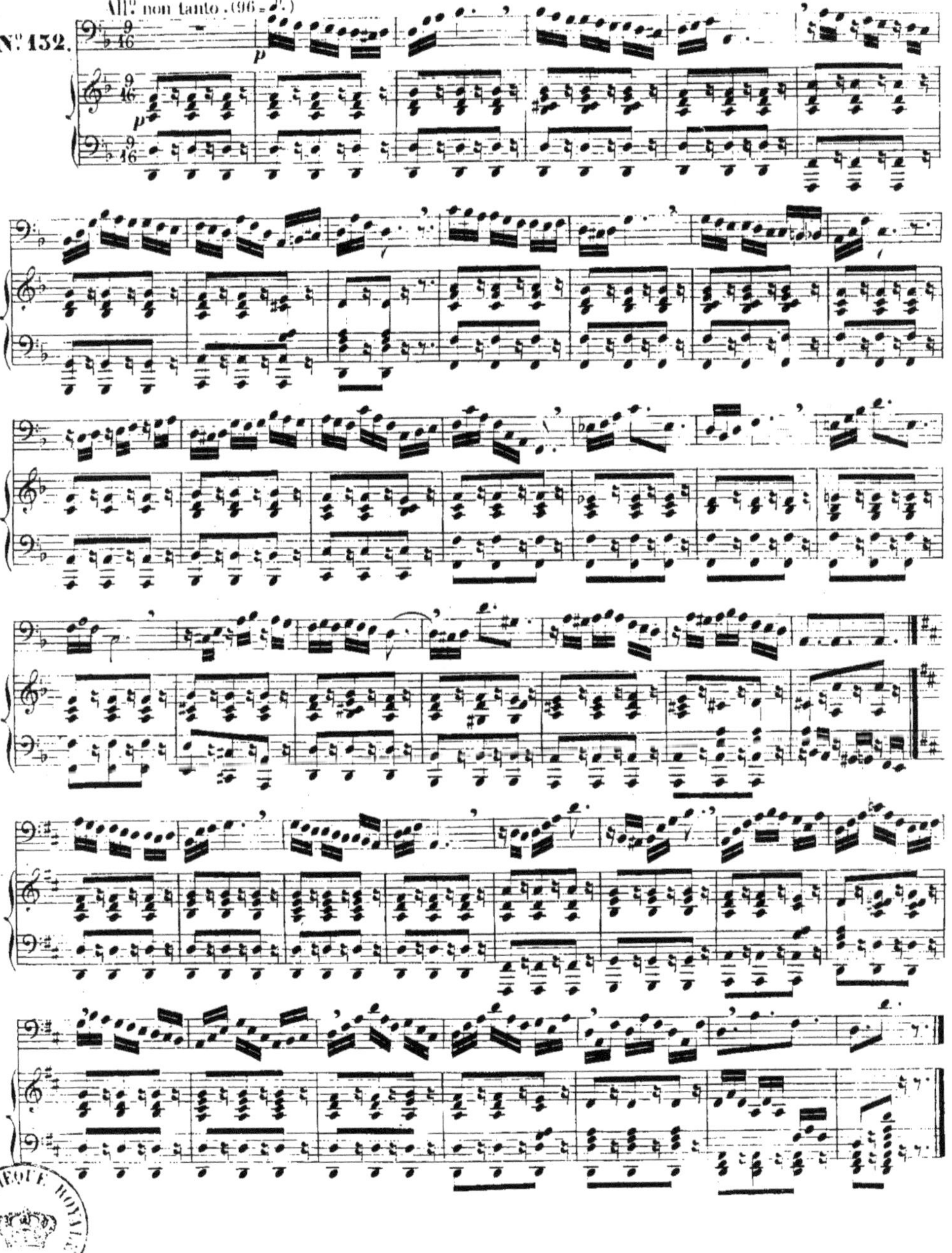

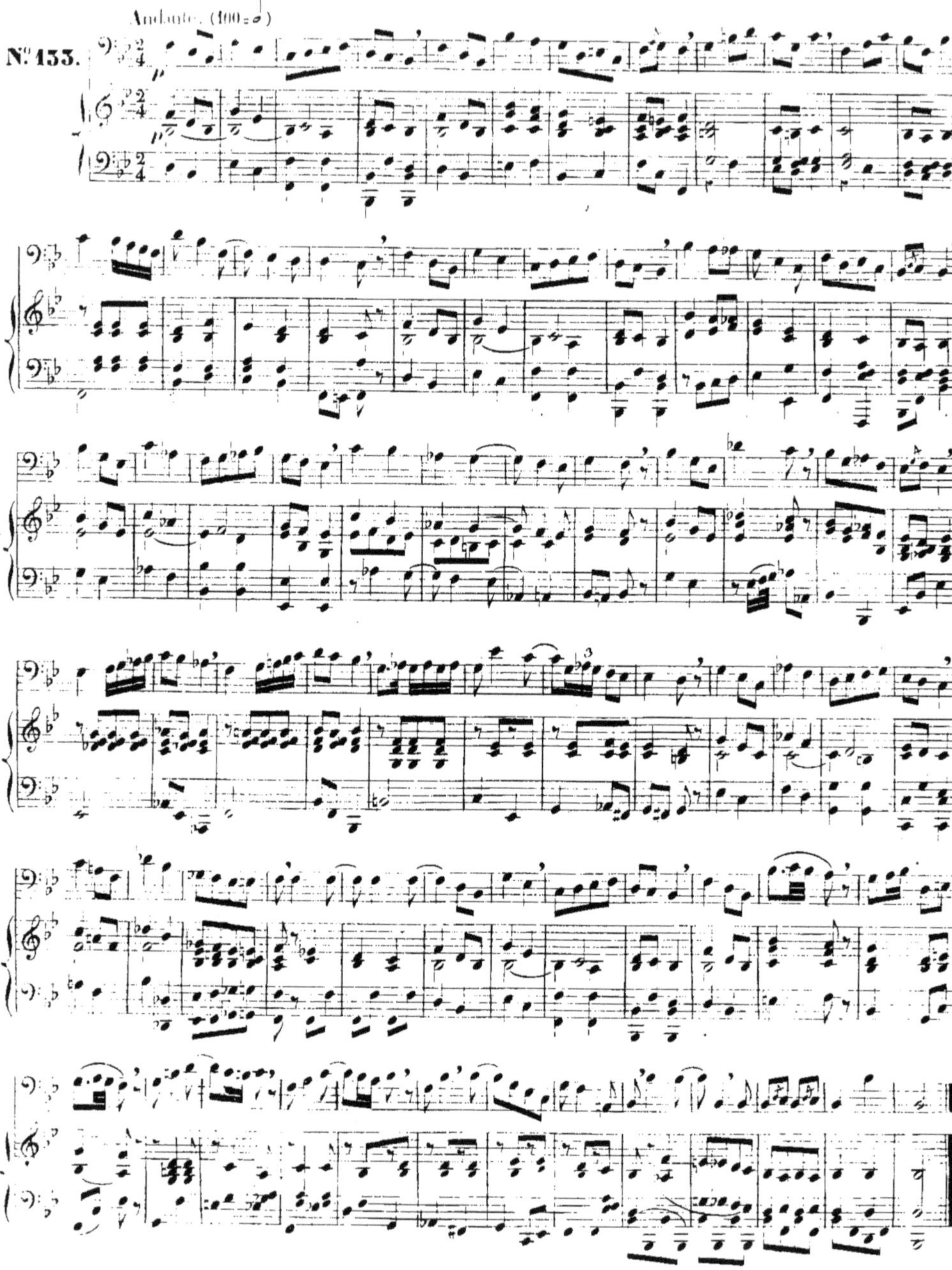

Andante. (100 = ♩)
N.º 133.

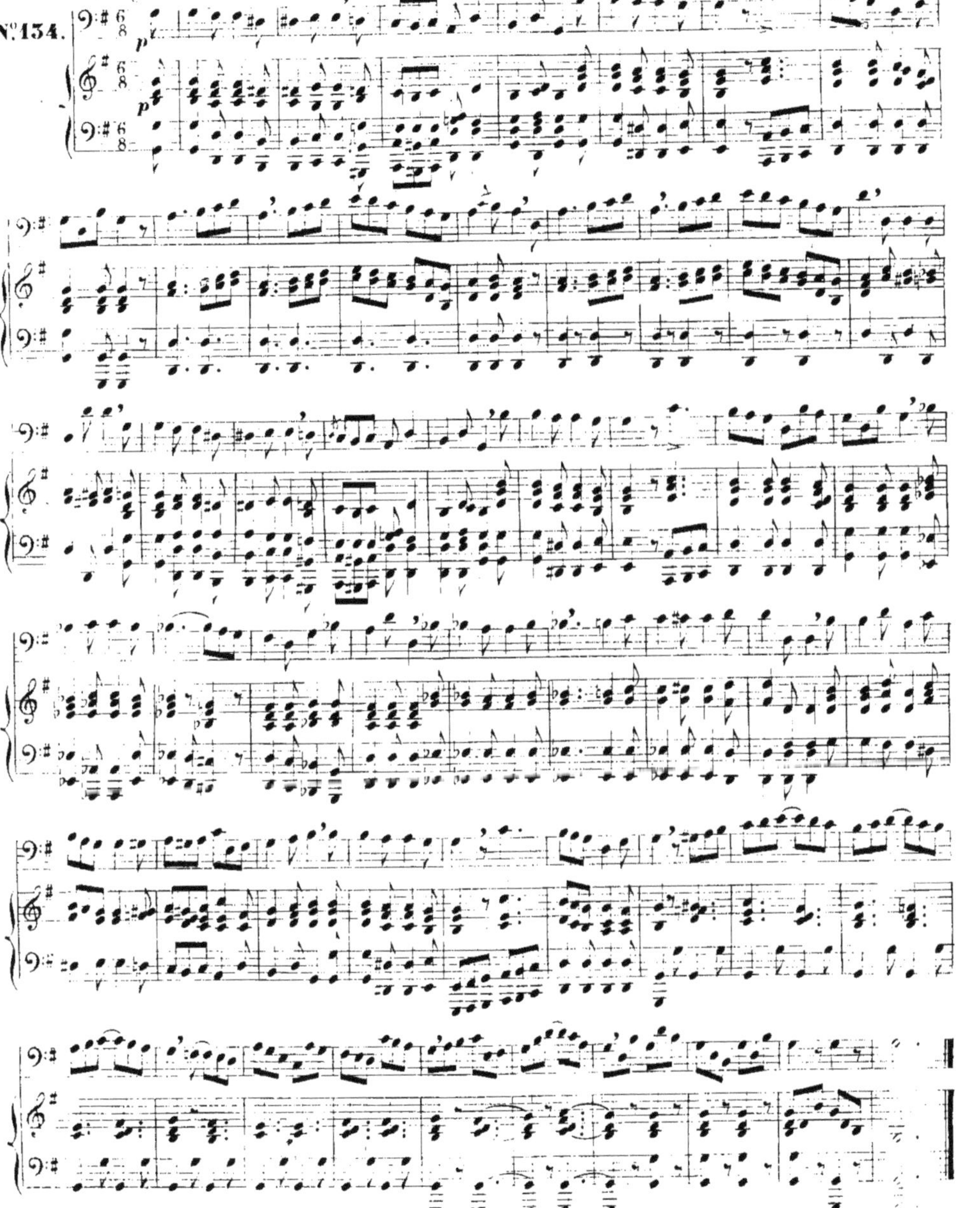
Allegretto. (152 = ♪.)
N.º 134.
p

LEÇON POUR ÉTUDIER LES SYNCOPES.

Allegretto. (♩ = 100)

N.º 155

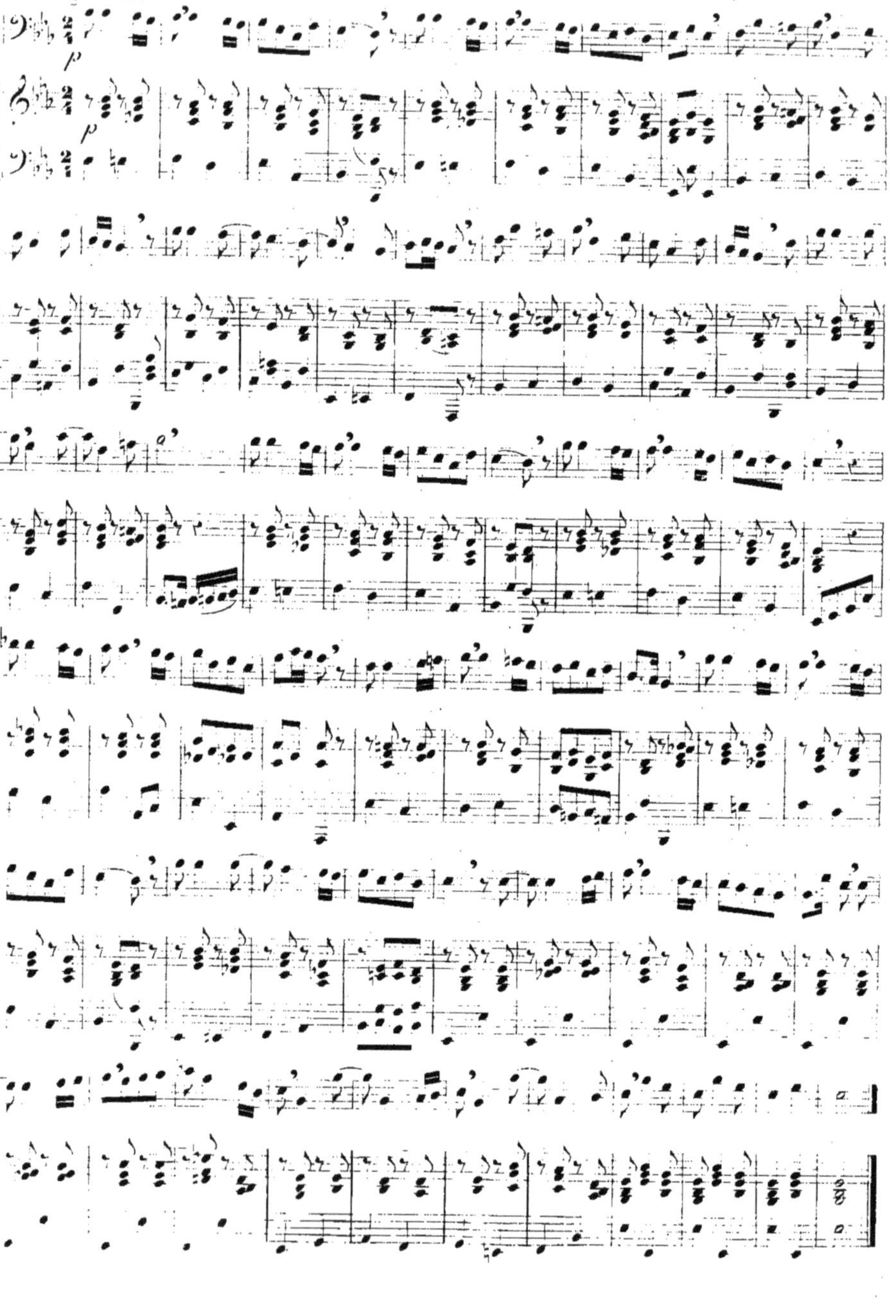

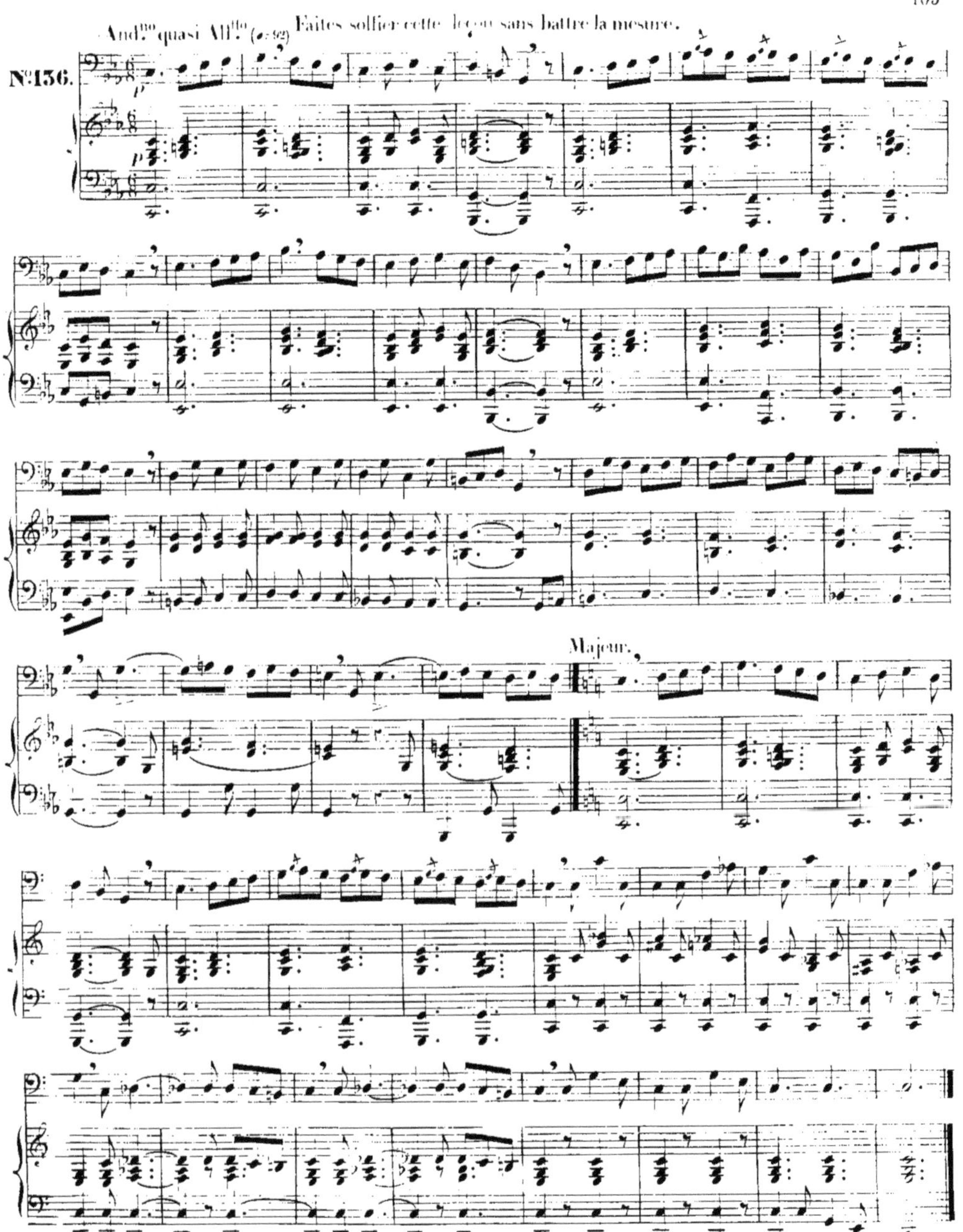

N°156.
And.te quasi All.tto
Faites solfier cette leçon sans battre la mesure.
Majeur.

N.º **157.**

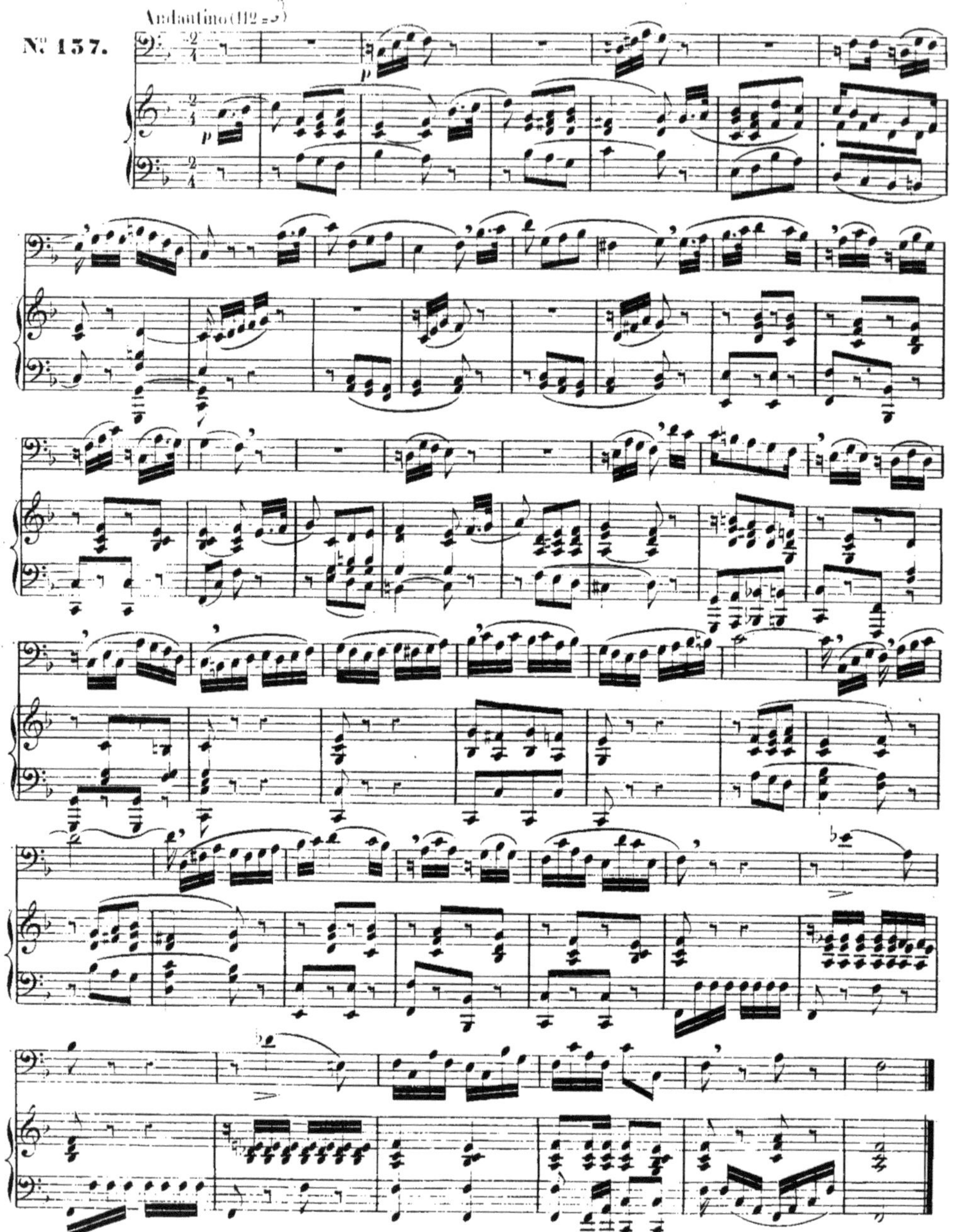

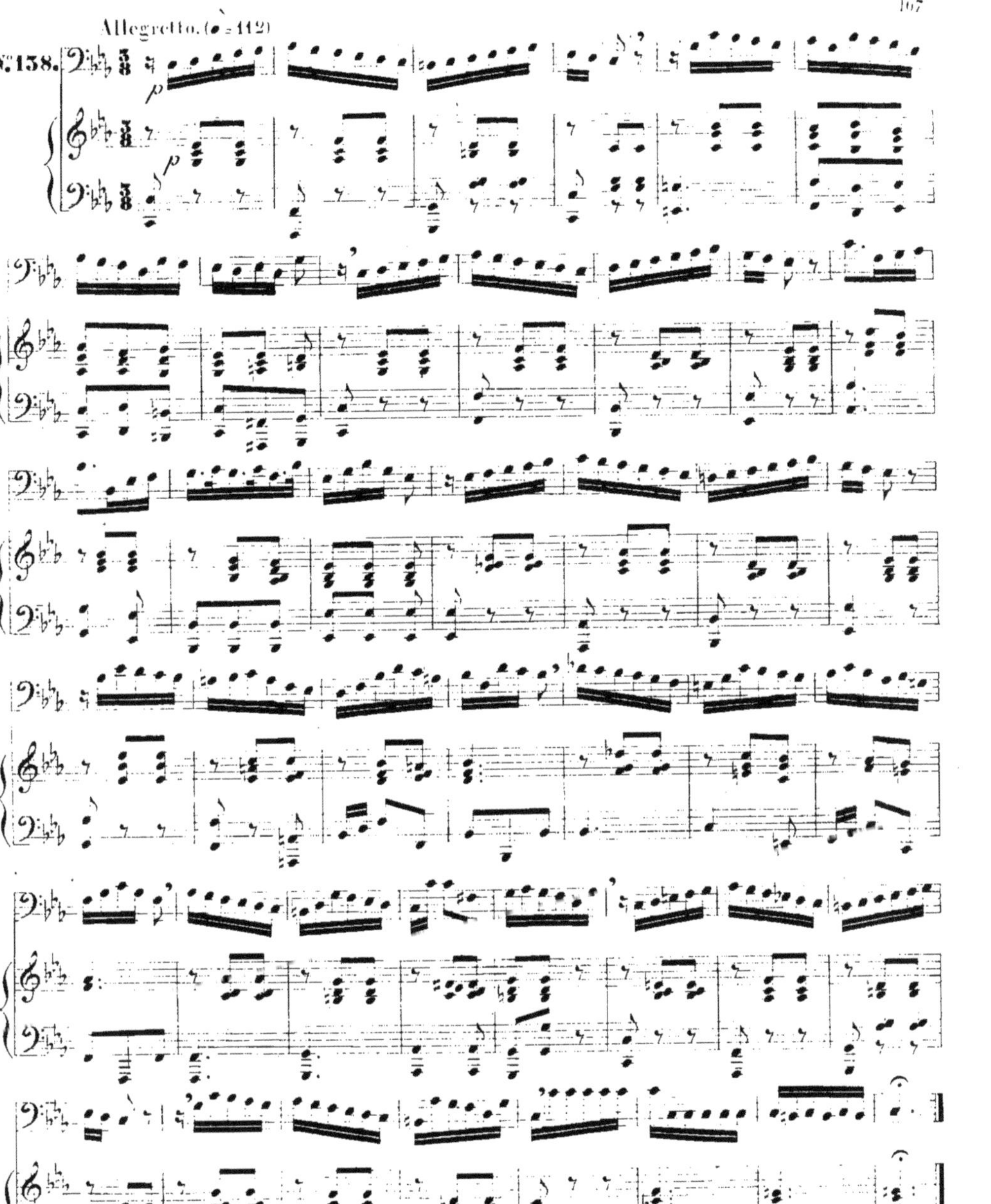
Allegretto. (♩ = 112)
N.° 138.
p

Moderato. (♩ = 152)
N. 153.

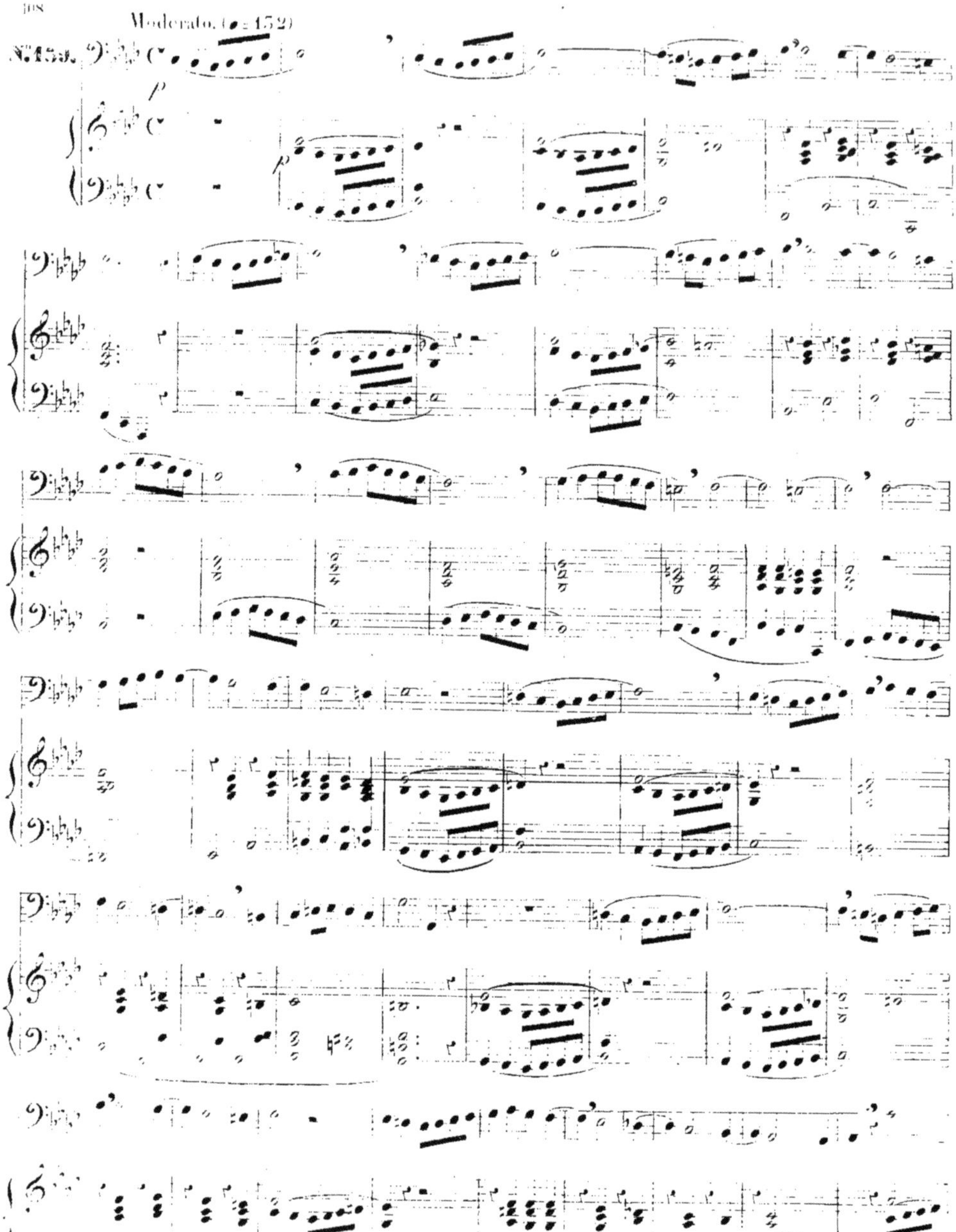

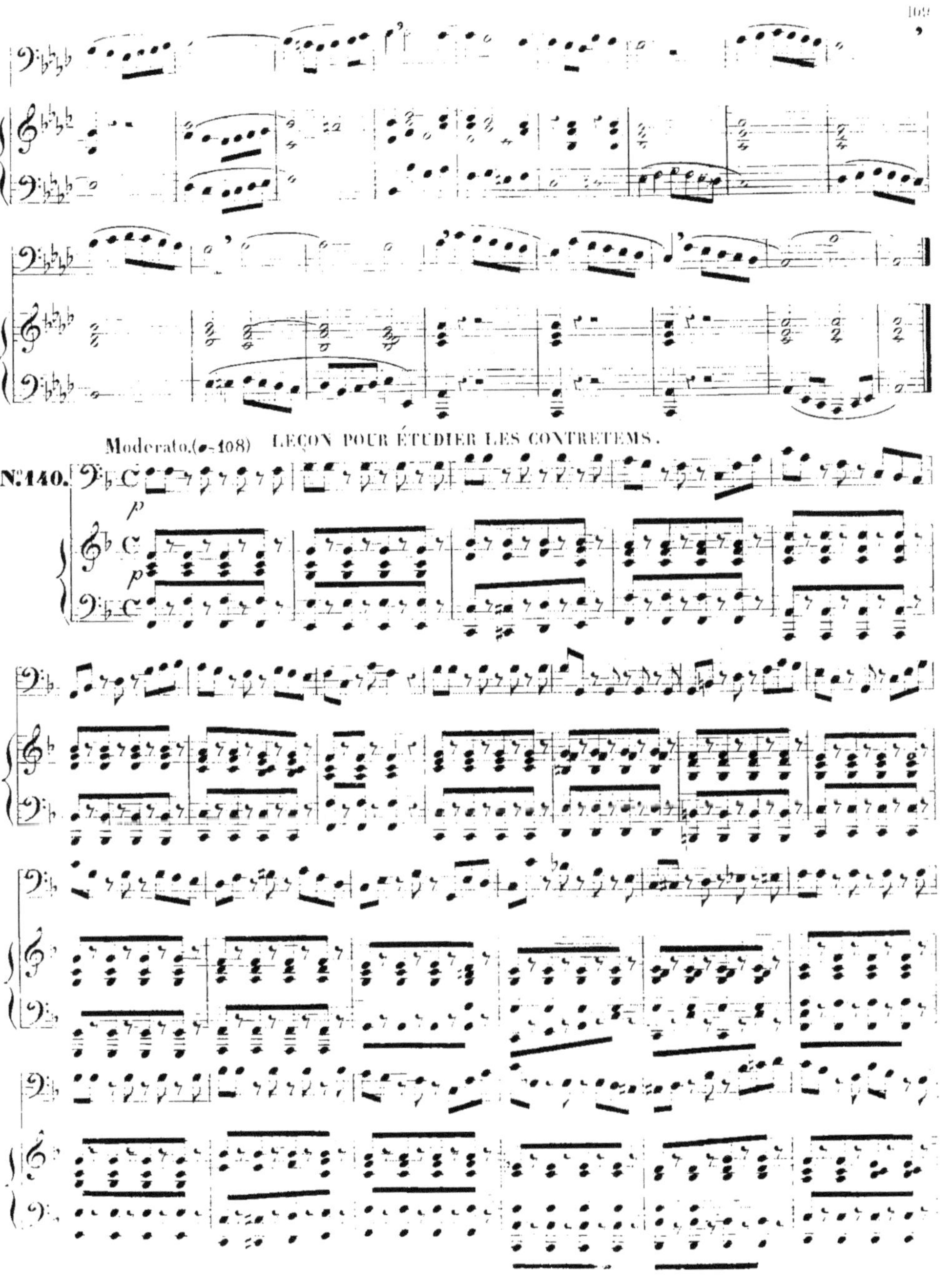

Moderato.(♩=108)   LEÇON POUR ÉTUDIER LES CONTRETEMS.
N.º140.

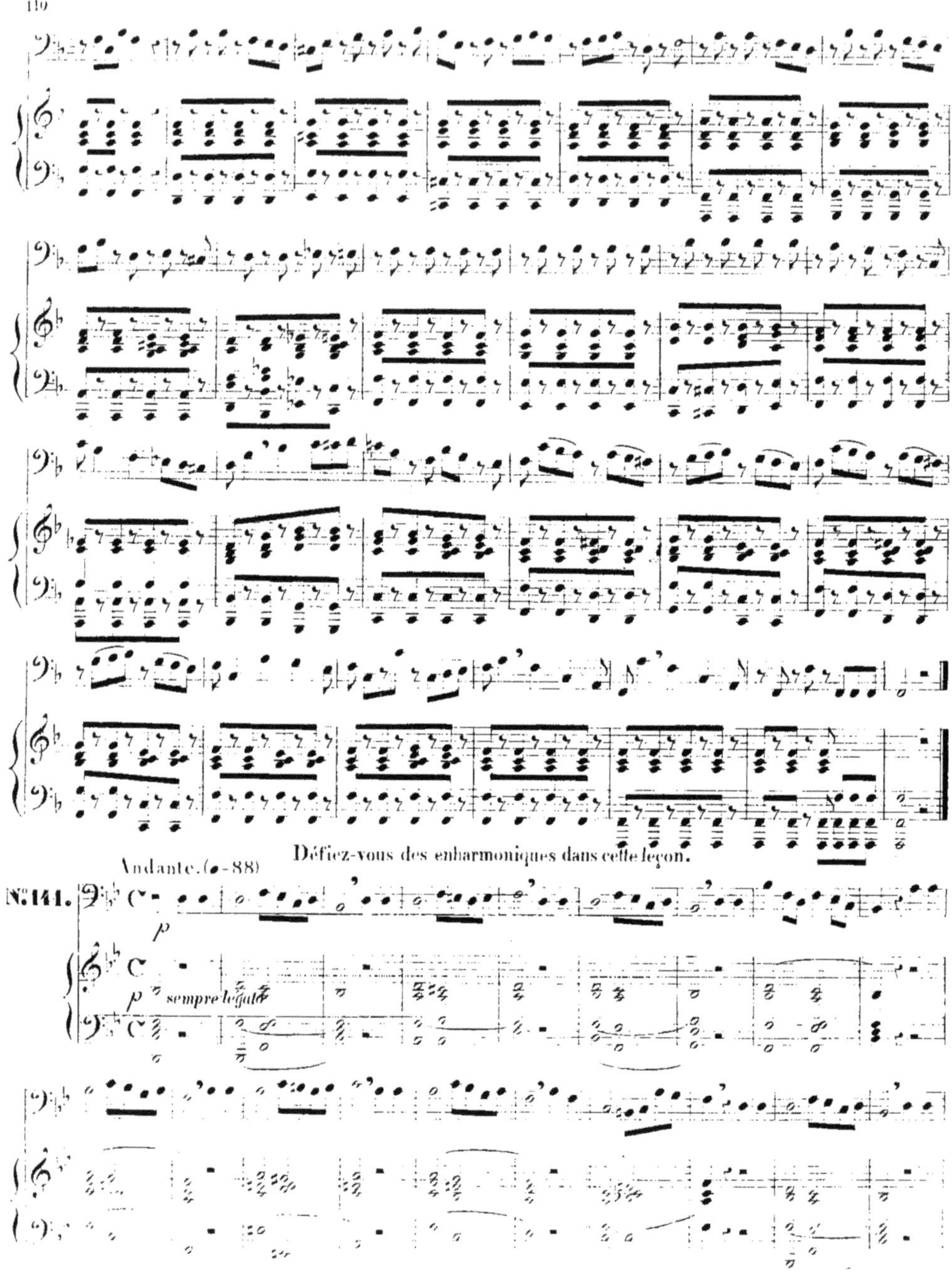

Défiez-vous des enharmoniques dans cette leçon.
Andante. (♩=88)
Nº 141.
p
p sempre legato

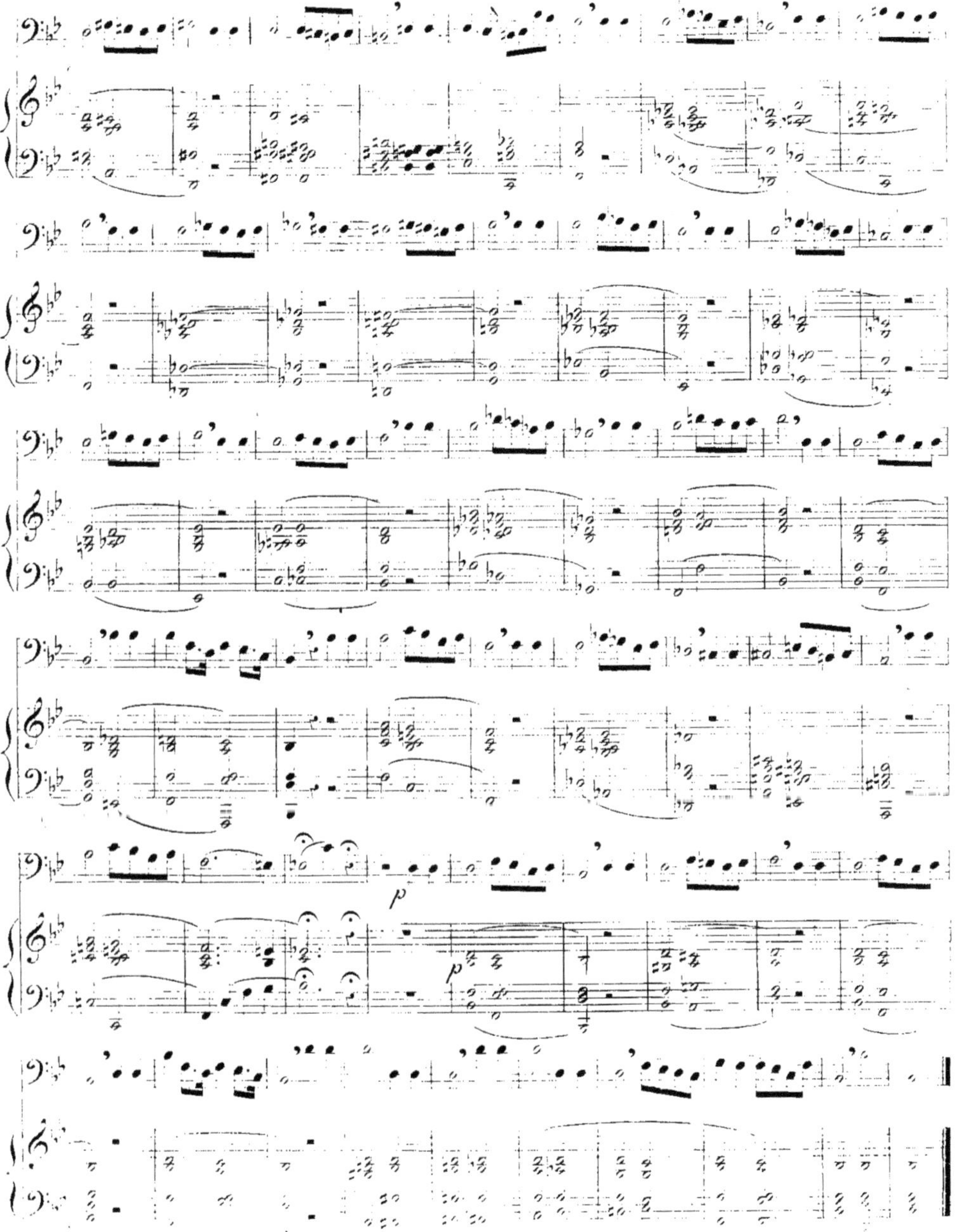

112
N° 112
Andantino ♩ = 60

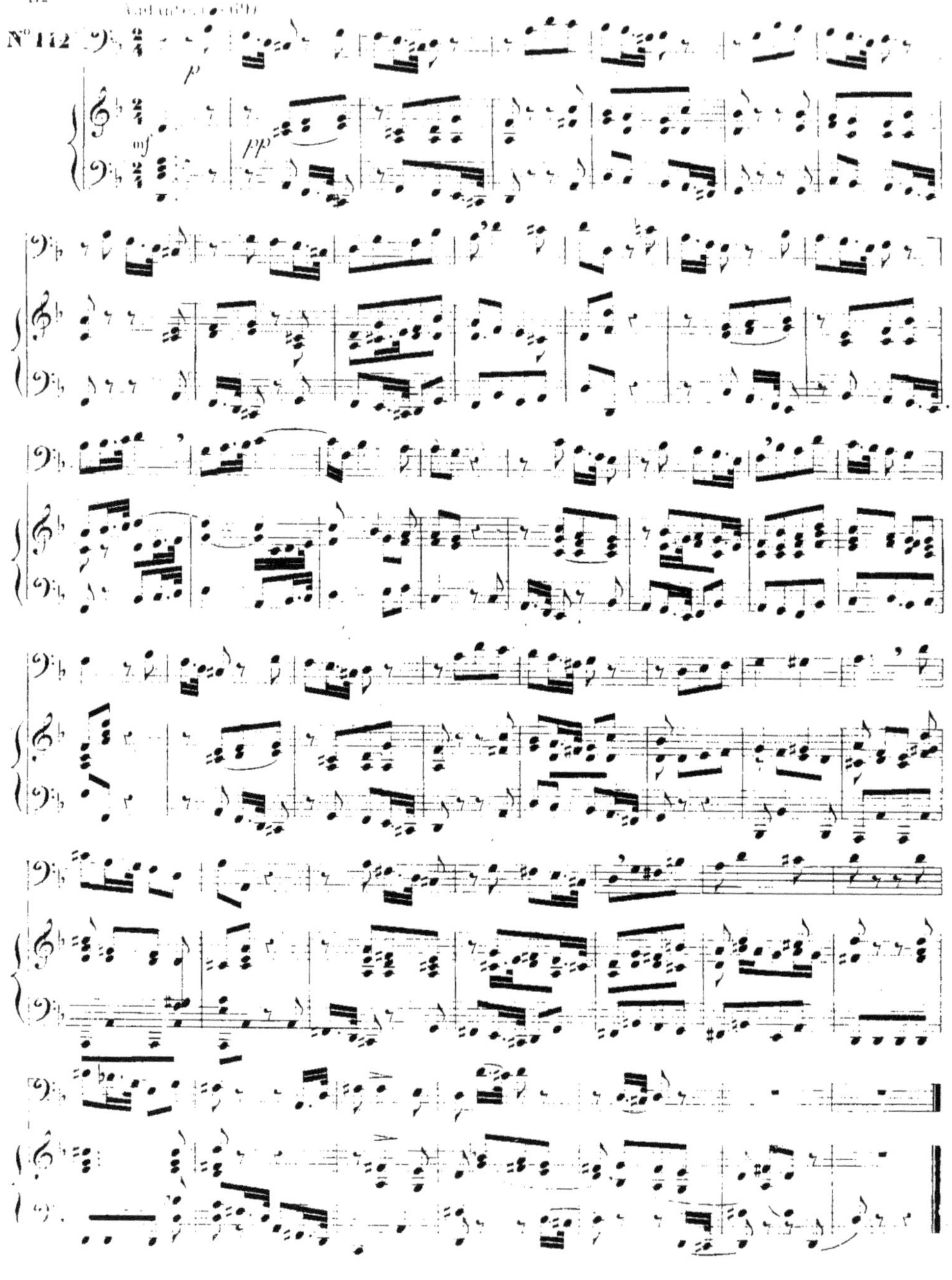

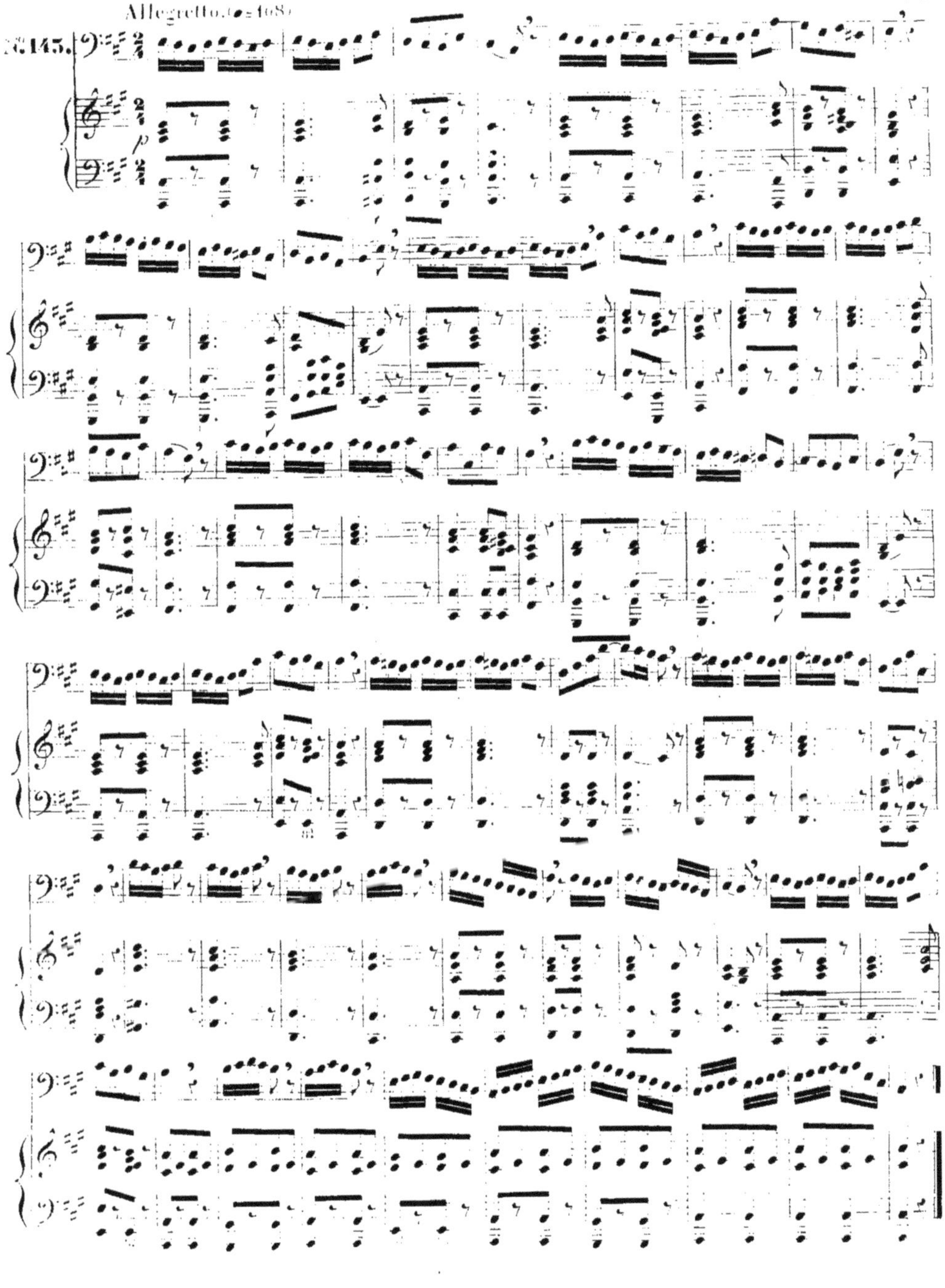

Allegretto. ♩=108.
N°145.
p

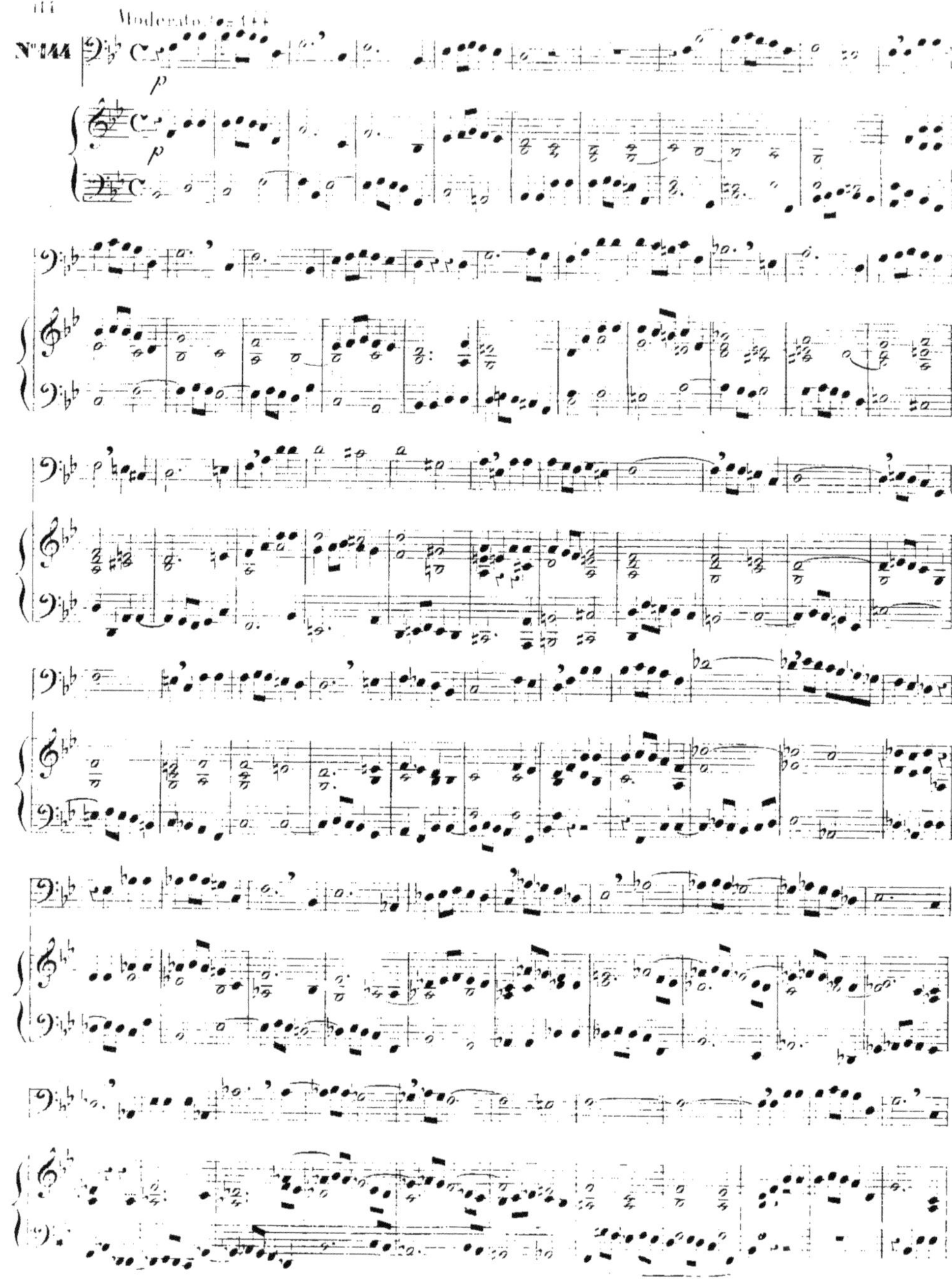

N° 144
Moderato
p

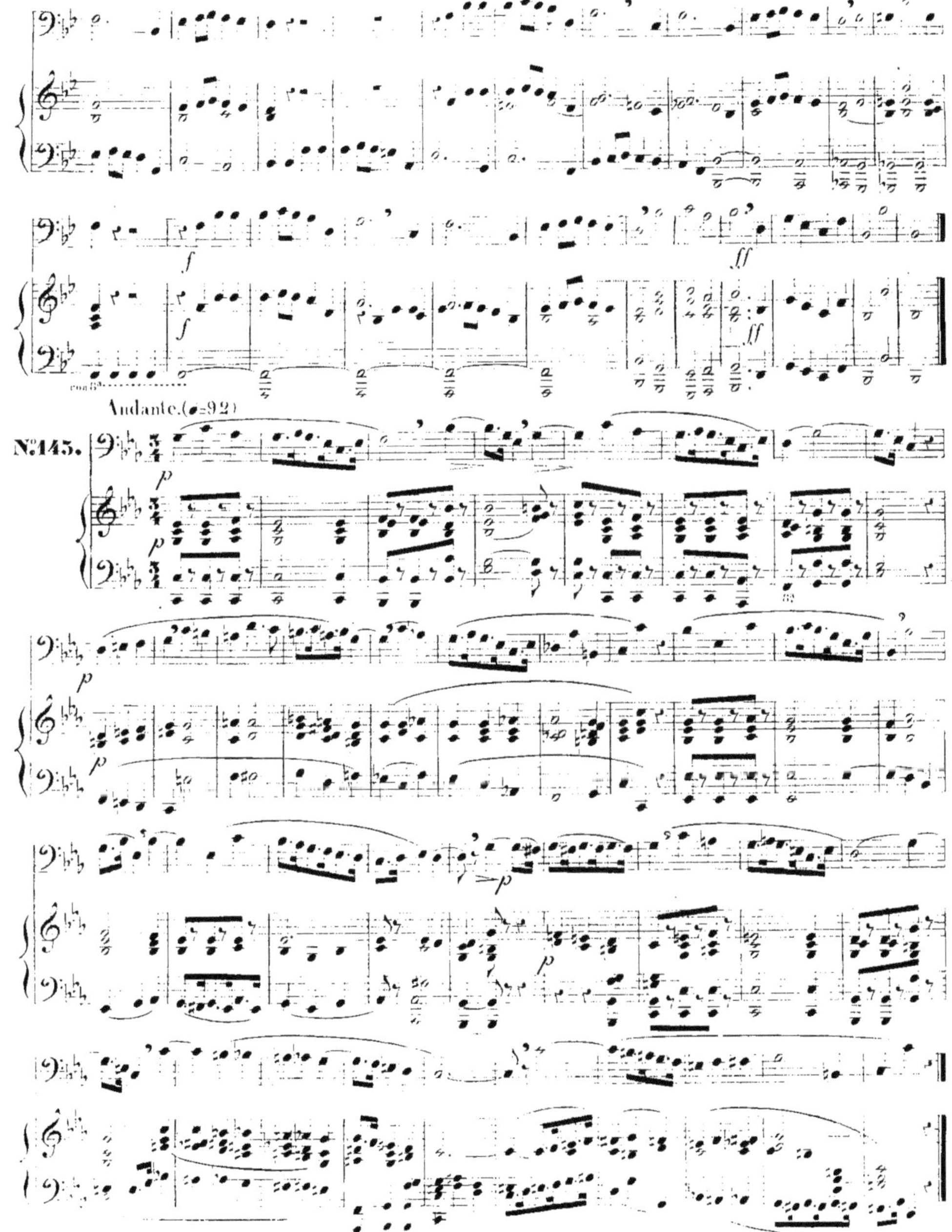
Andante.(♩=92)
N°145.
p
f
ff
con 8va

Moderato. (♩ = ♪)
N.º 146.
Même mouv.ᵗ
Même mouv.ᵗ
Même mouv.ᵗ

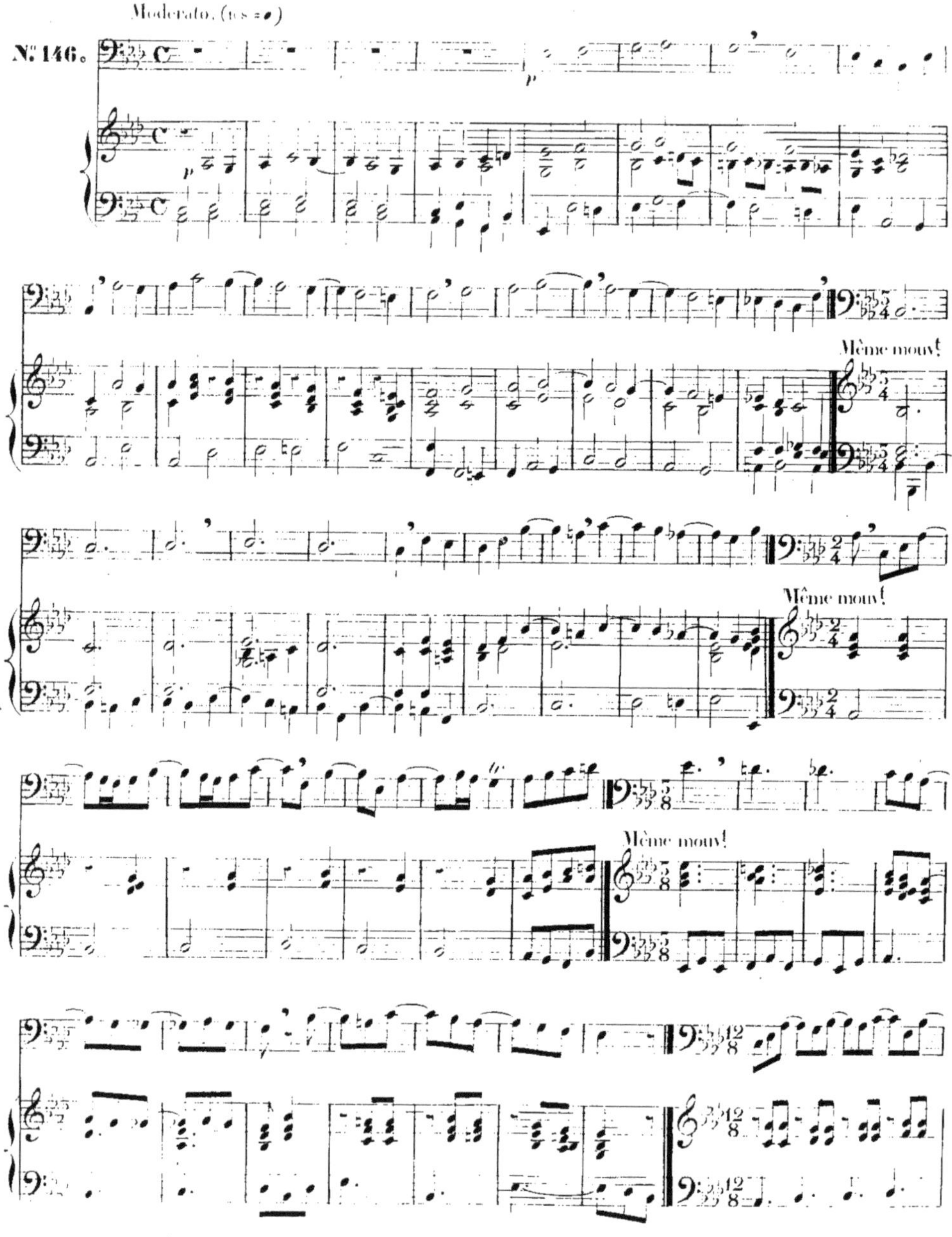

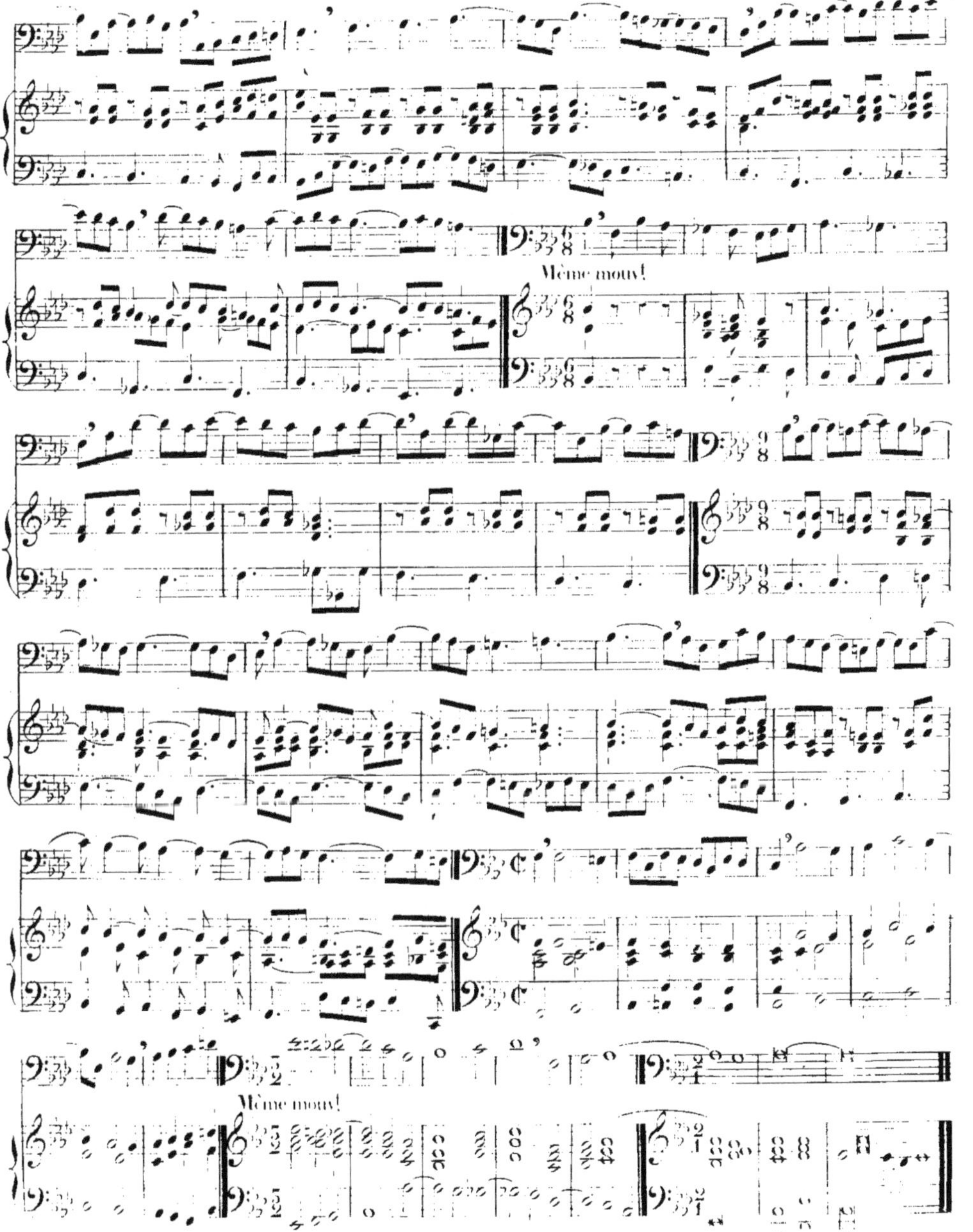
Même mouv!
Même mouv!

Andante. (112 = ♩)
N.º 117.
p
118. Larghetto. (76 = ♩.)
p bien lié
p

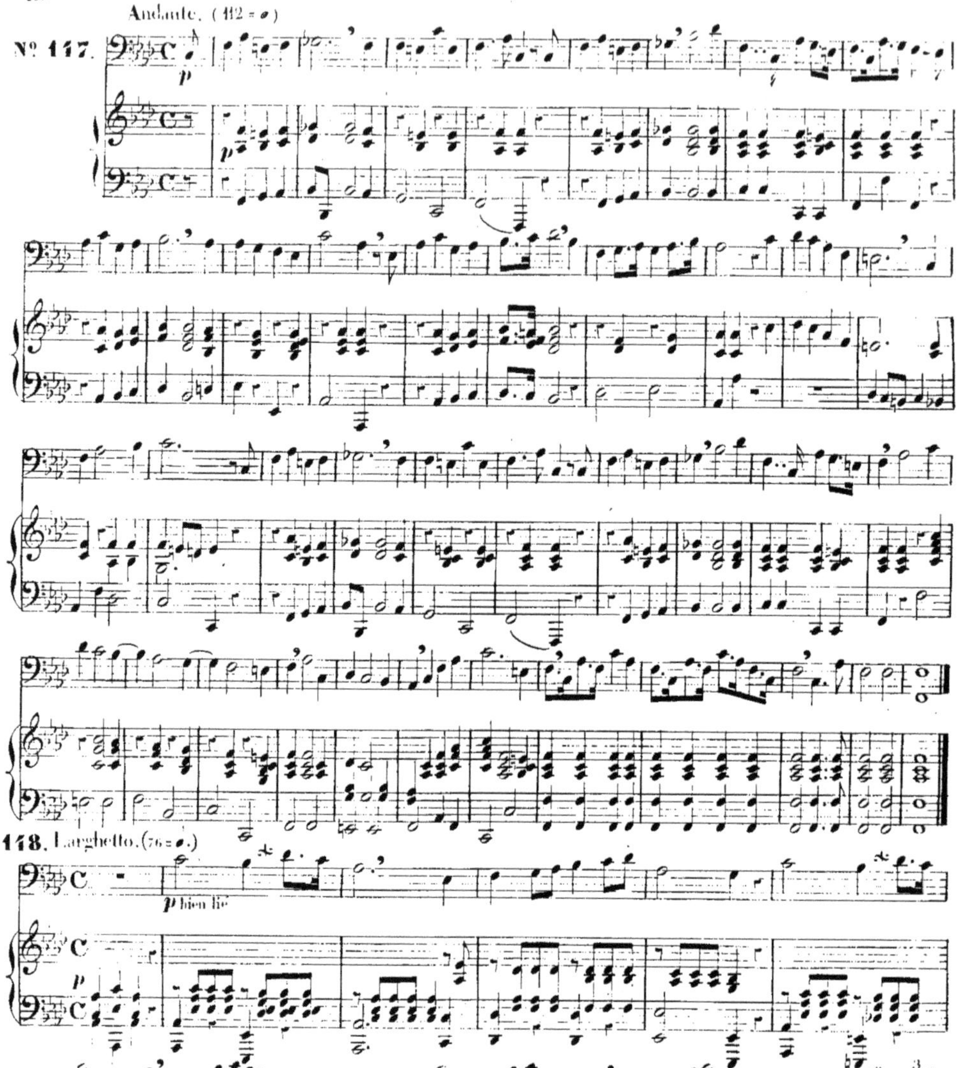

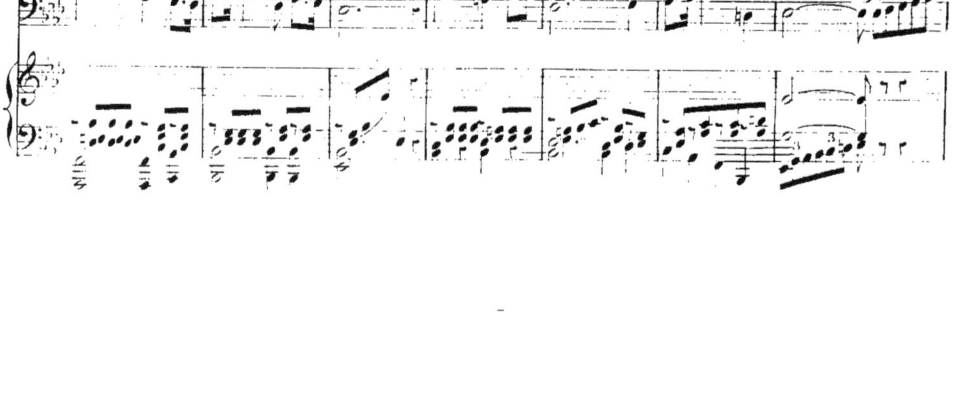

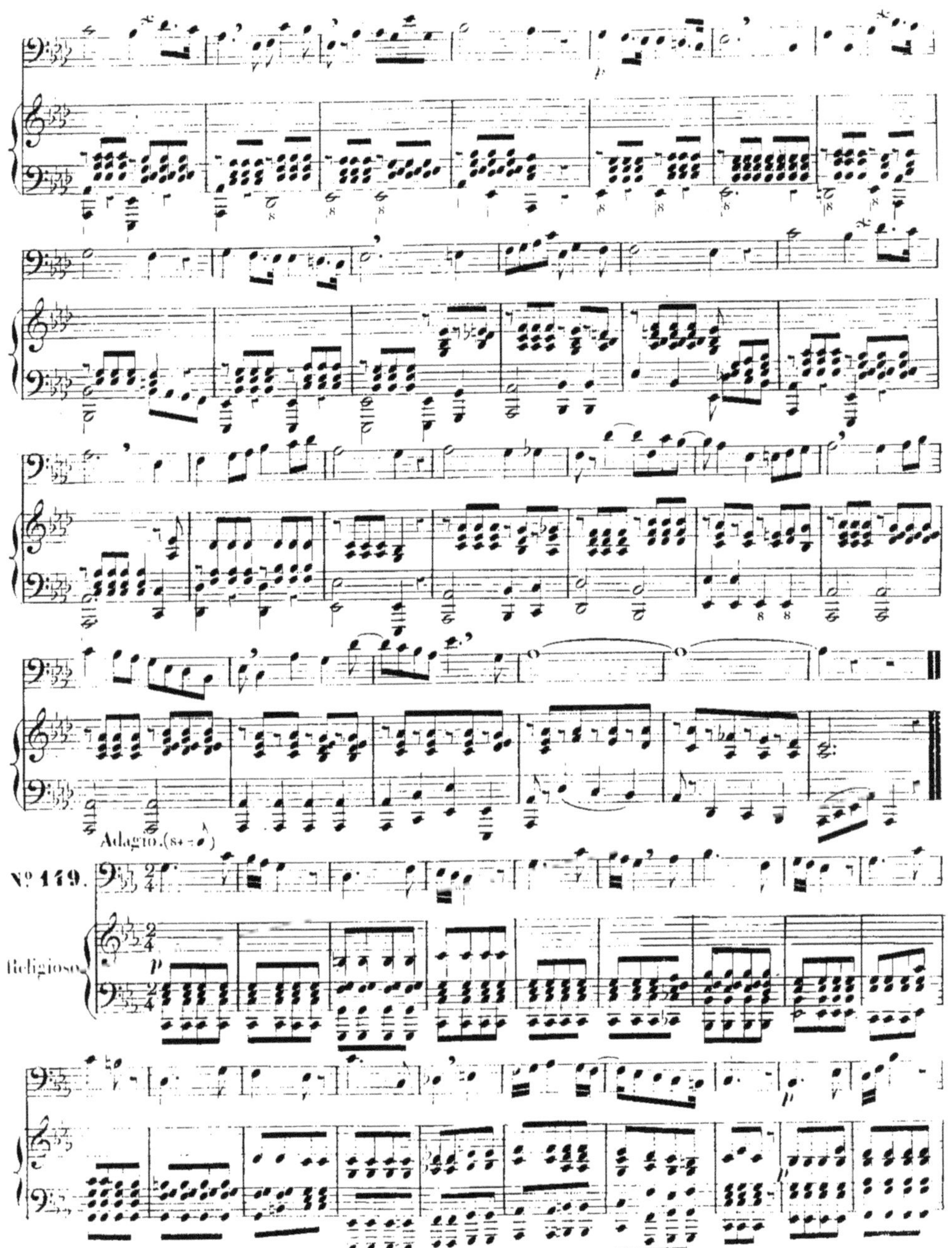
Adagio.(8+=♪)
N° 119.
Religioso

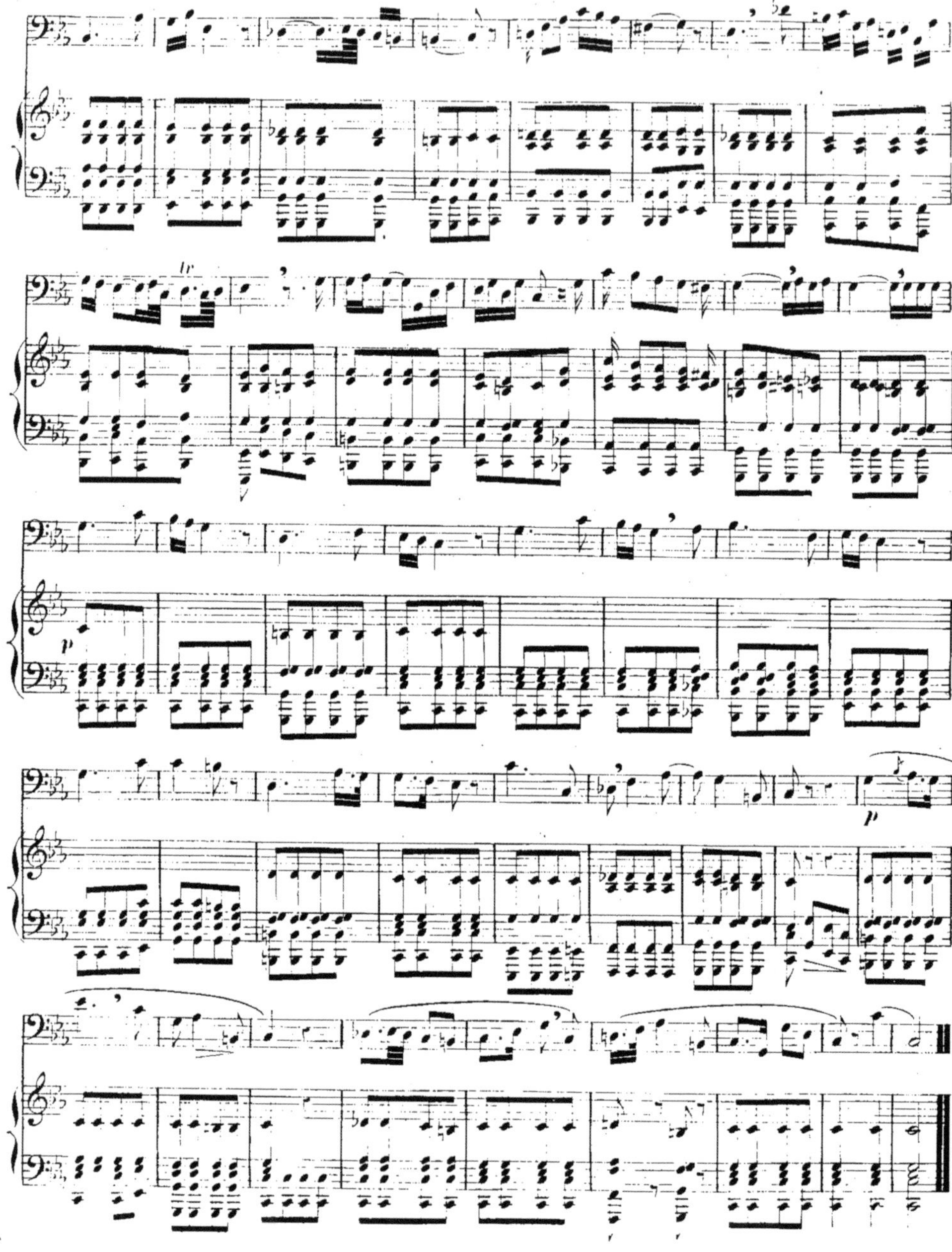

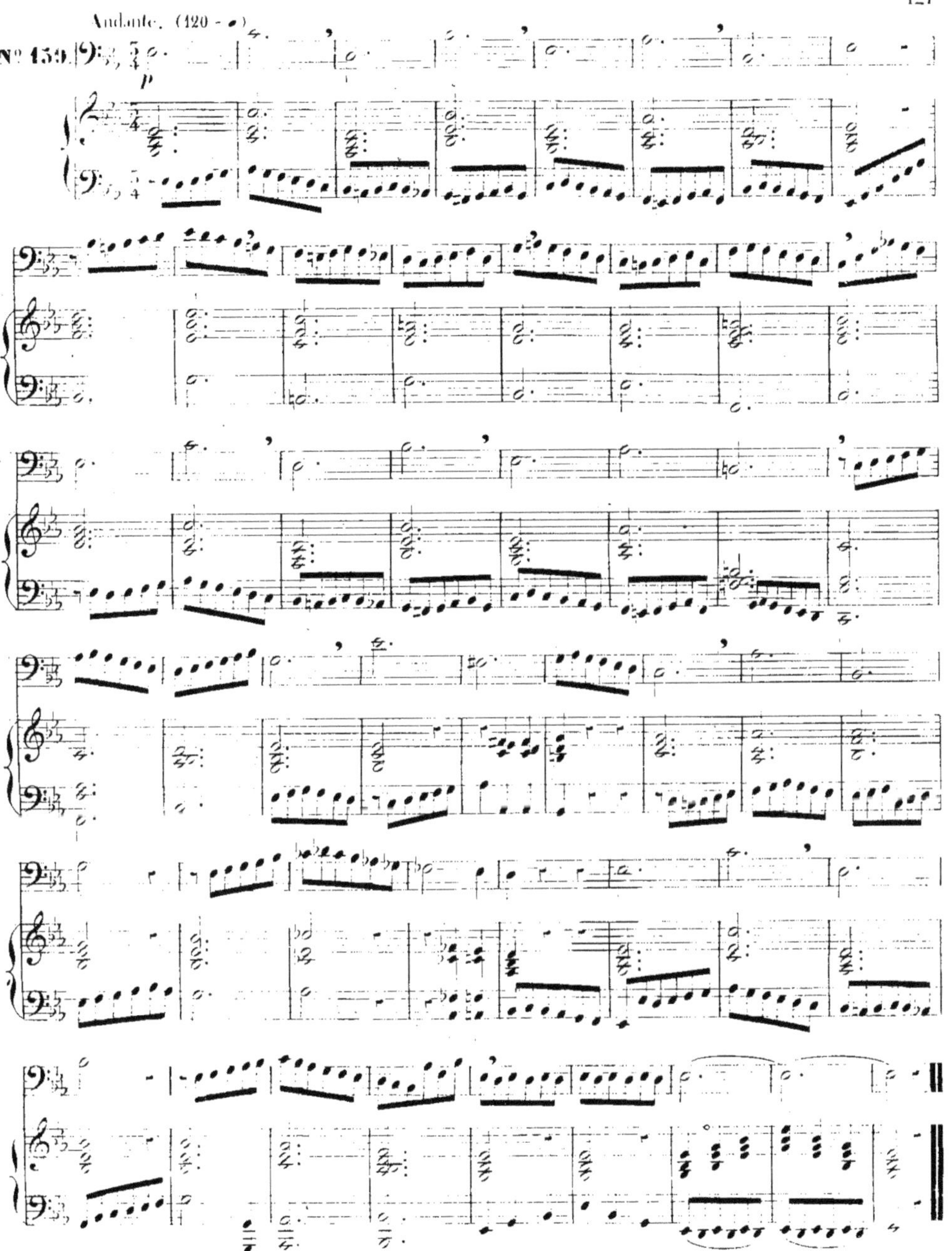
Andante. (120 = ♩)
N° 133.
p

Allegretto.
N.º 151.
p
mf

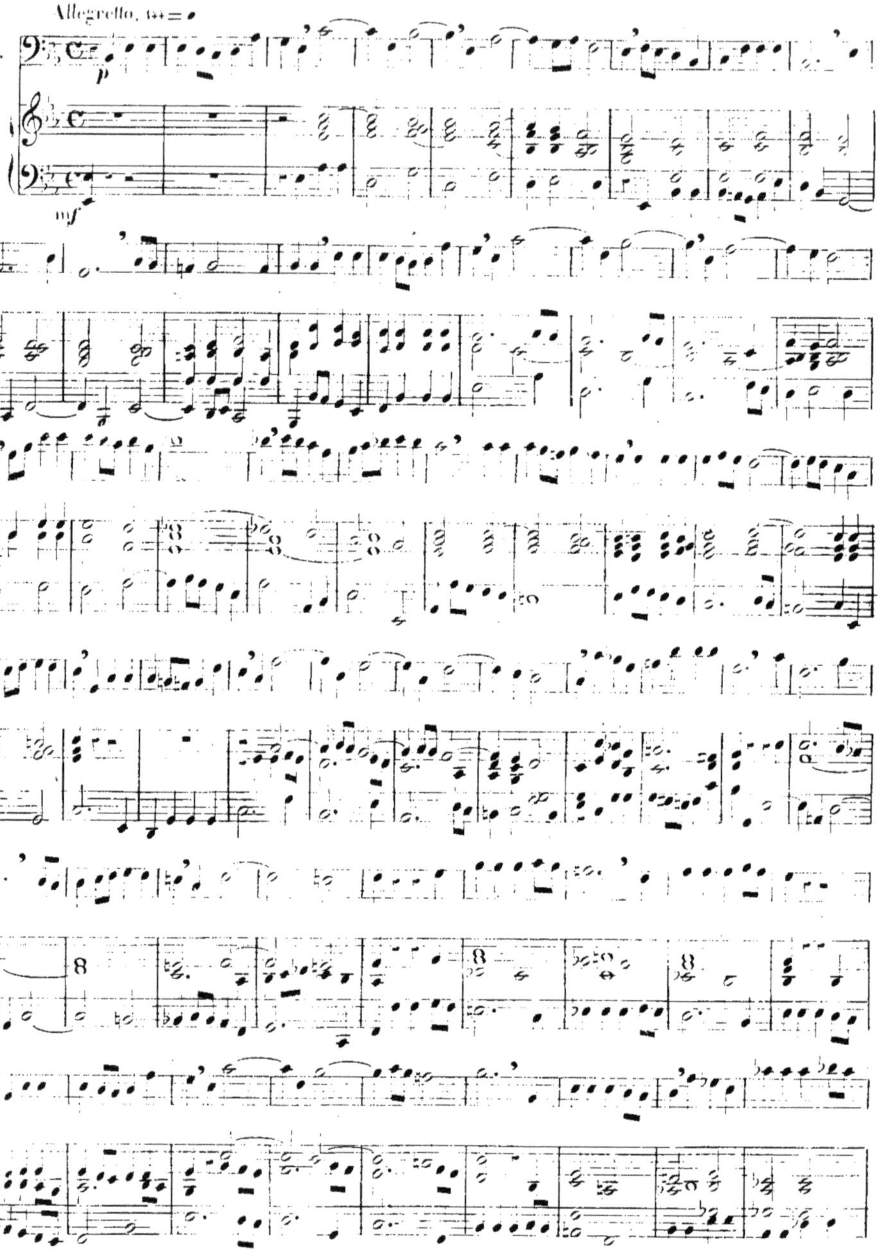

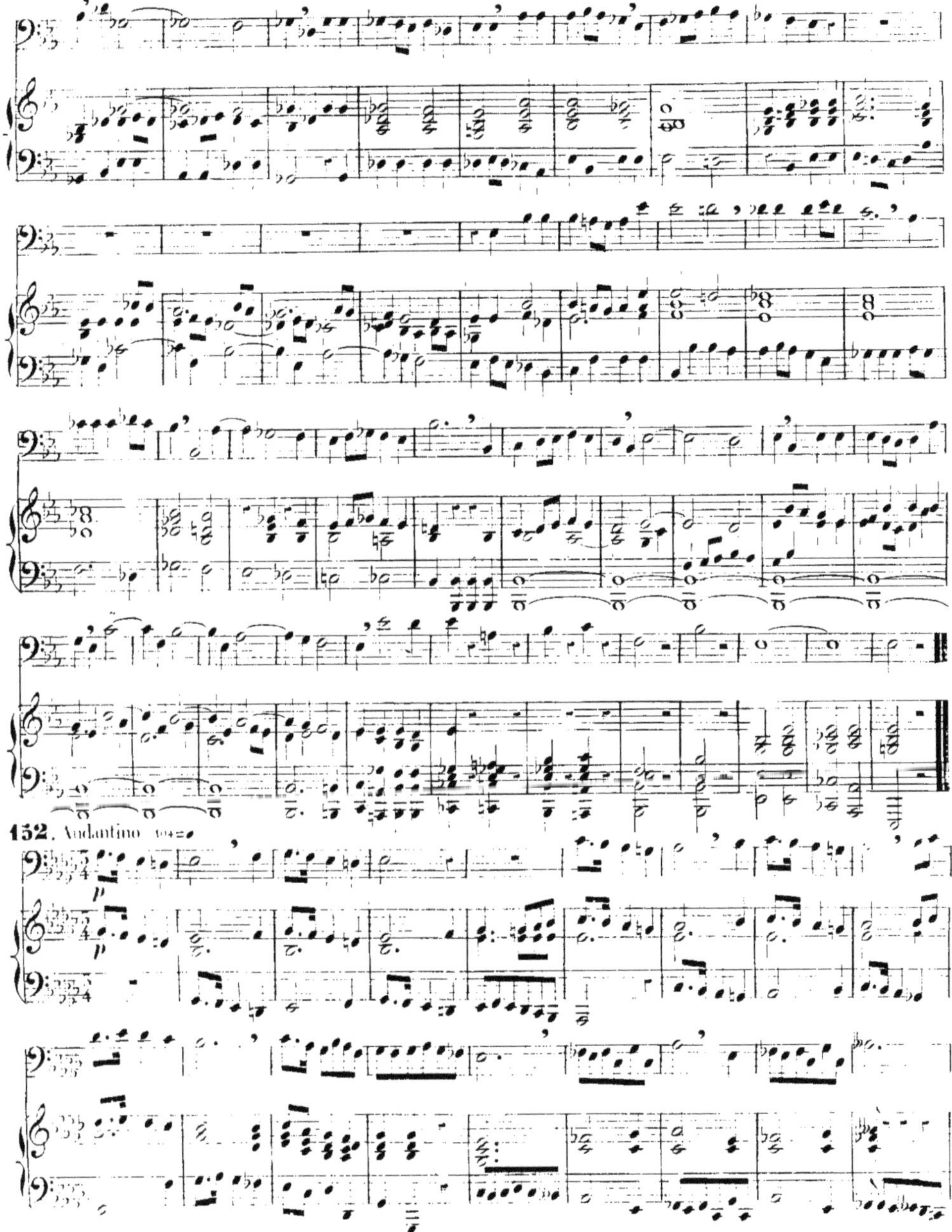
152. Andantino

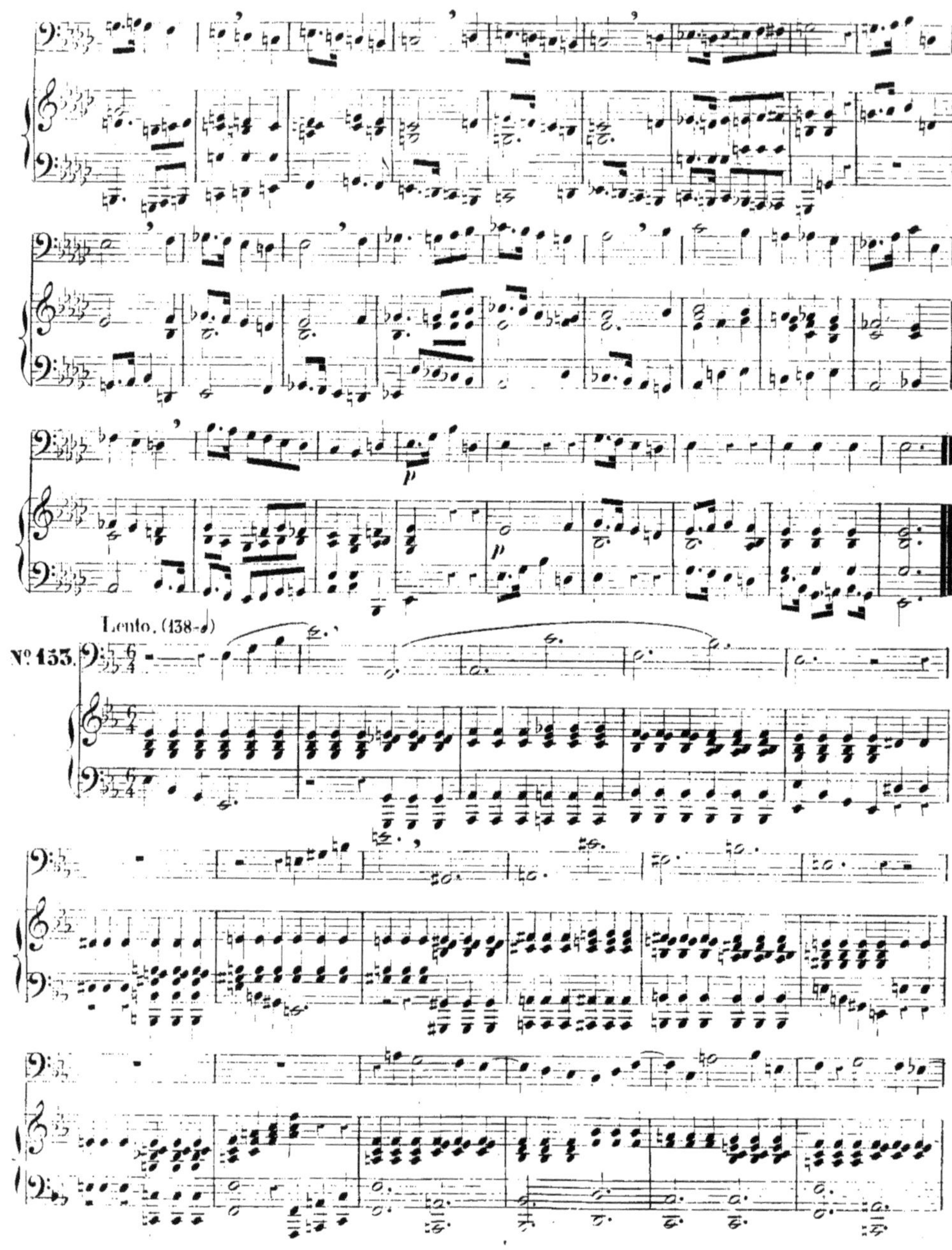
Lento. (138 = ♩)
Nº 153.

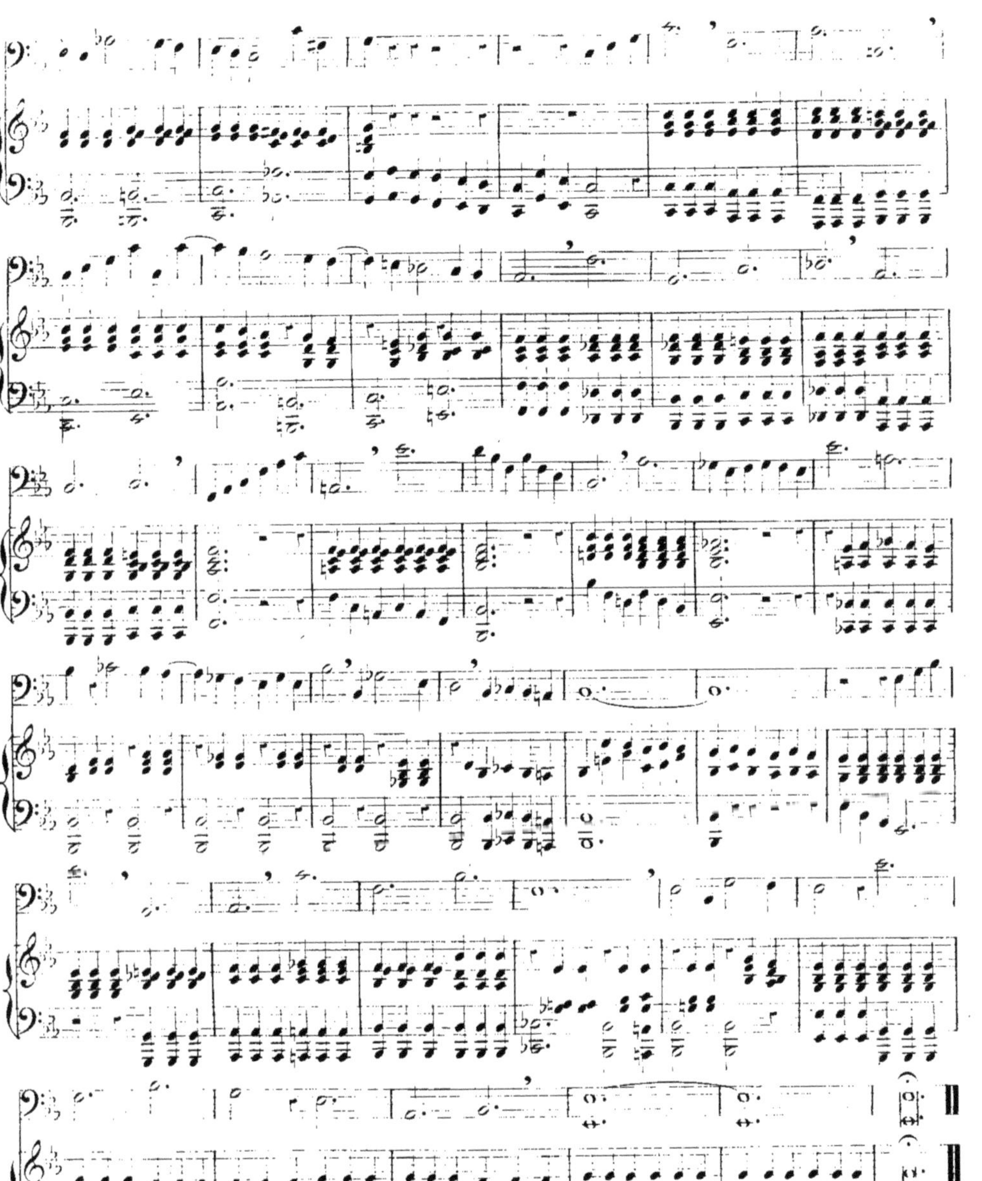

Leçon à $\frac{6}{4}$ dérivée de la mesure à $\frac{2}{2}$ ou ¢.

N'oubliez pas que pour retrouver la mesure simple il faut détripler le premier chiffre et dédoubler le second.

Allegro 76 = ♩.

N.º 154.

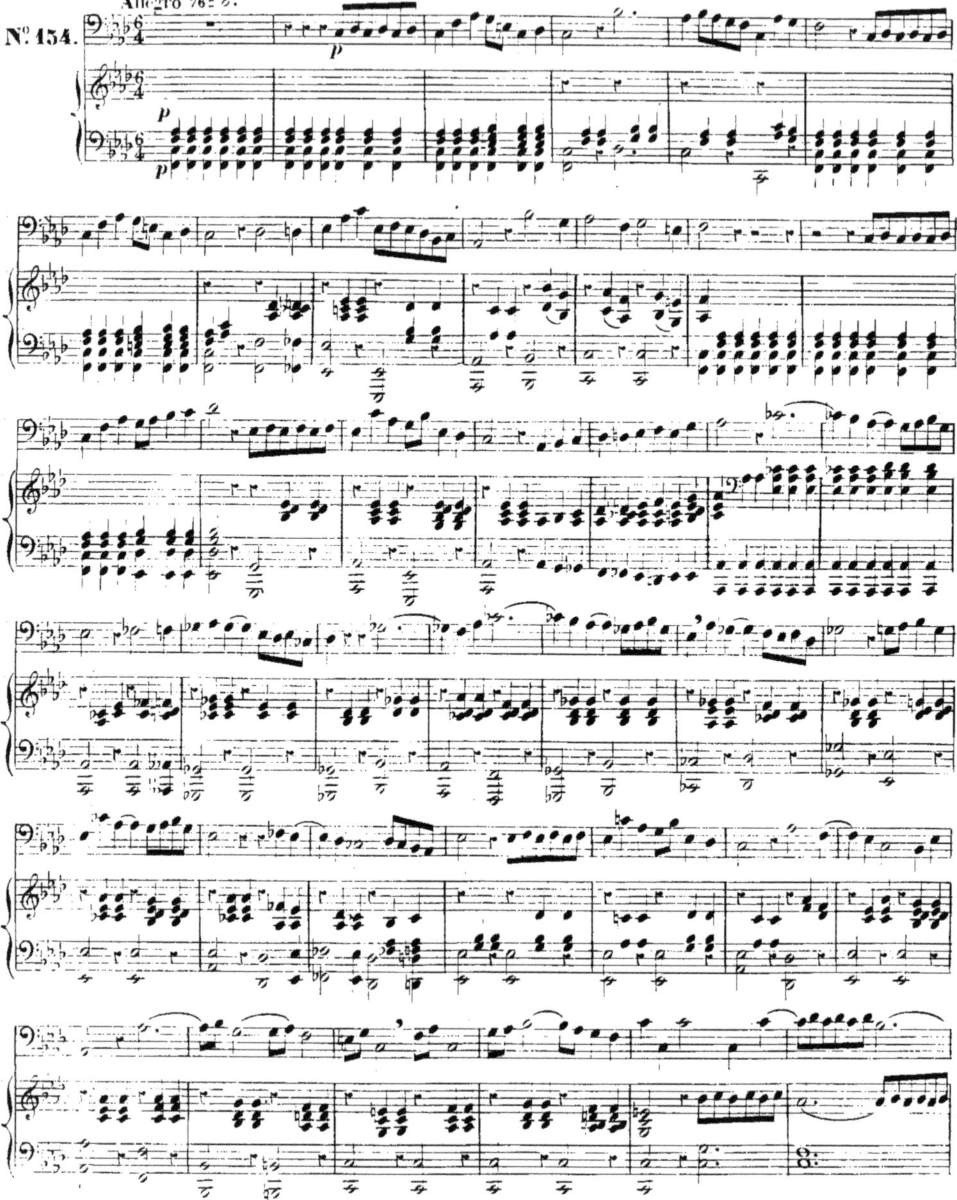

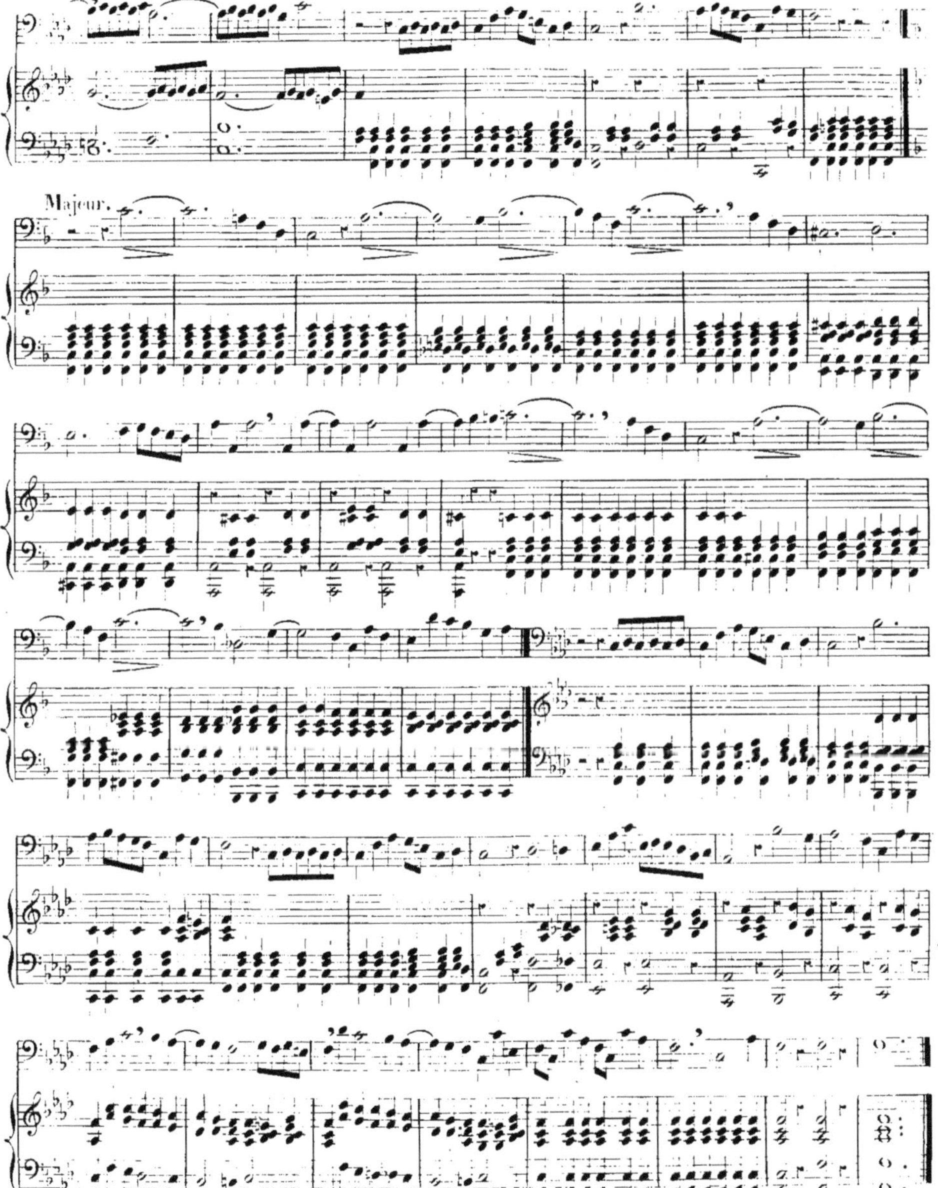
Majeur.

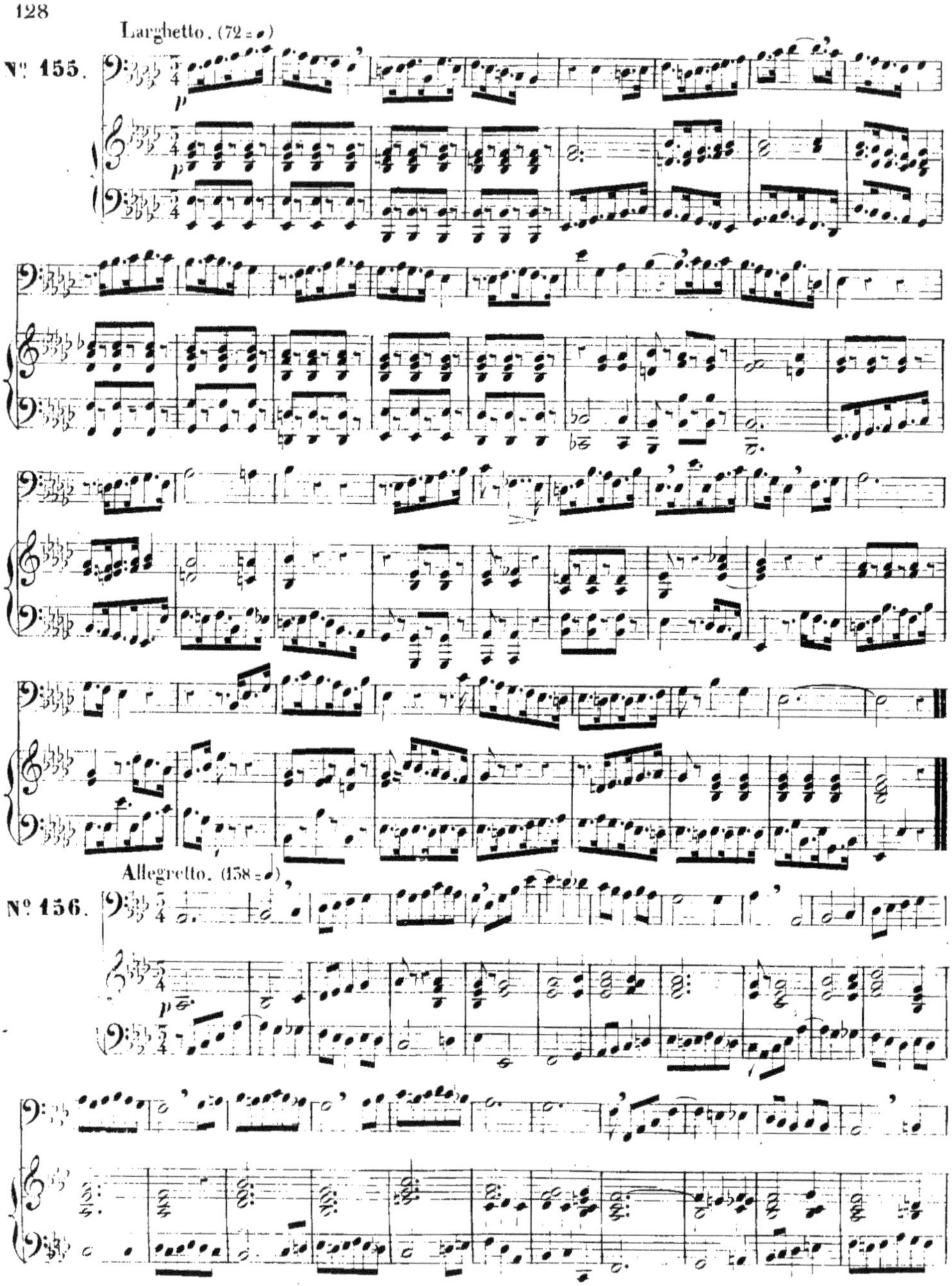

Larghetto. (72 = ♩)

N° 155.

p

Allegretto. (138 = ♩)

N° 156.

p

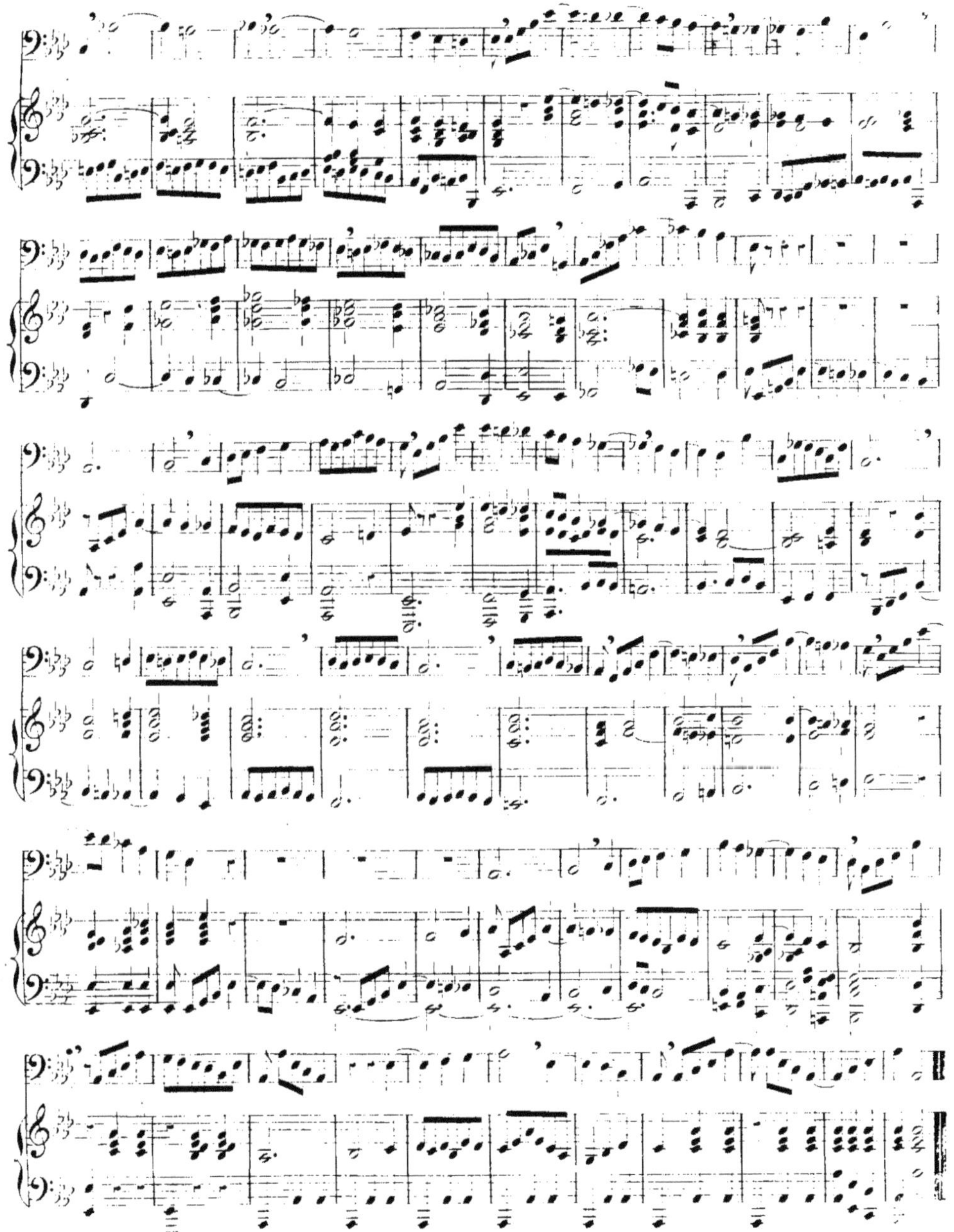

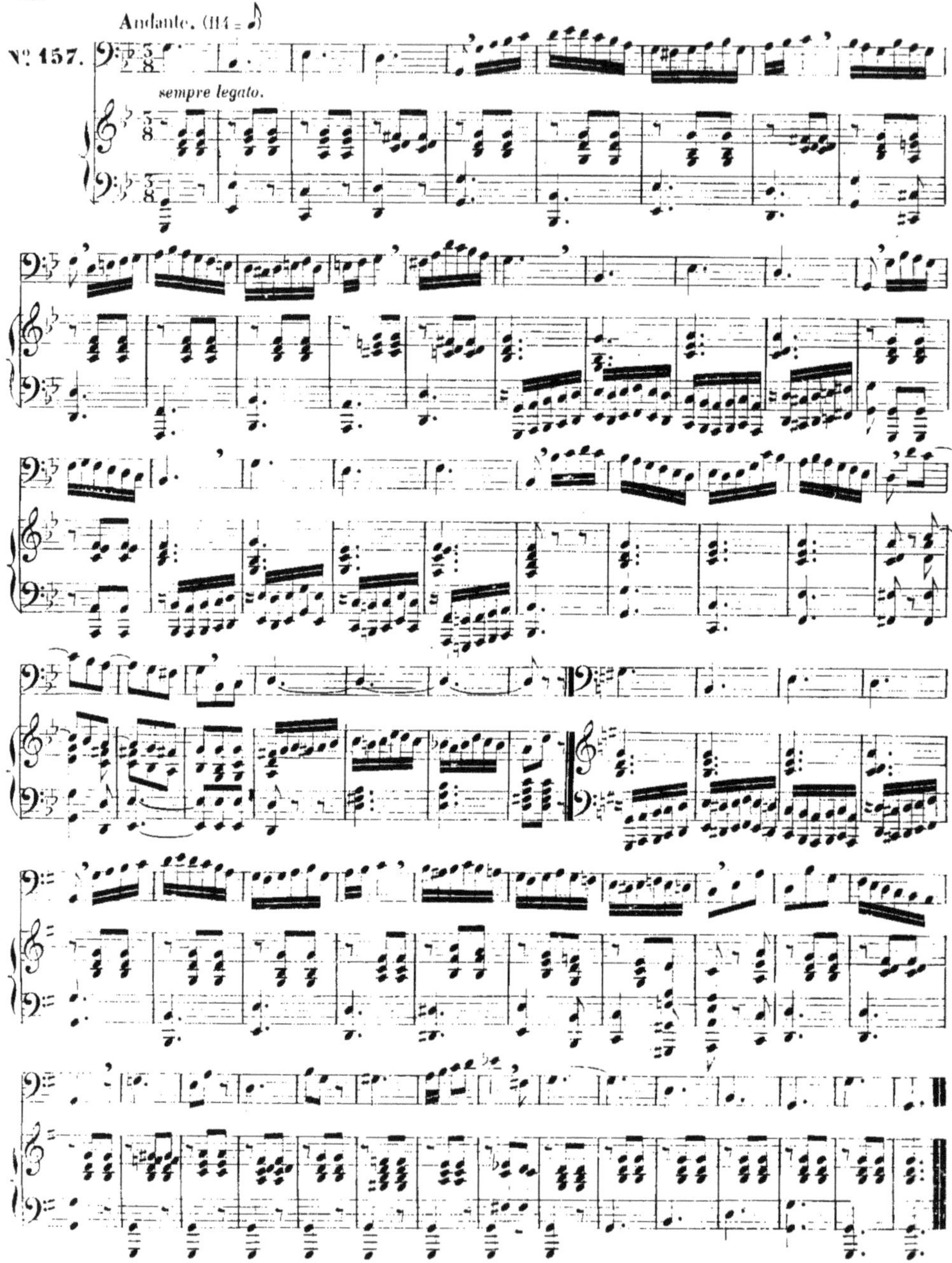
Andante. (114 = ♪)
Nº 157.
sempre legato.

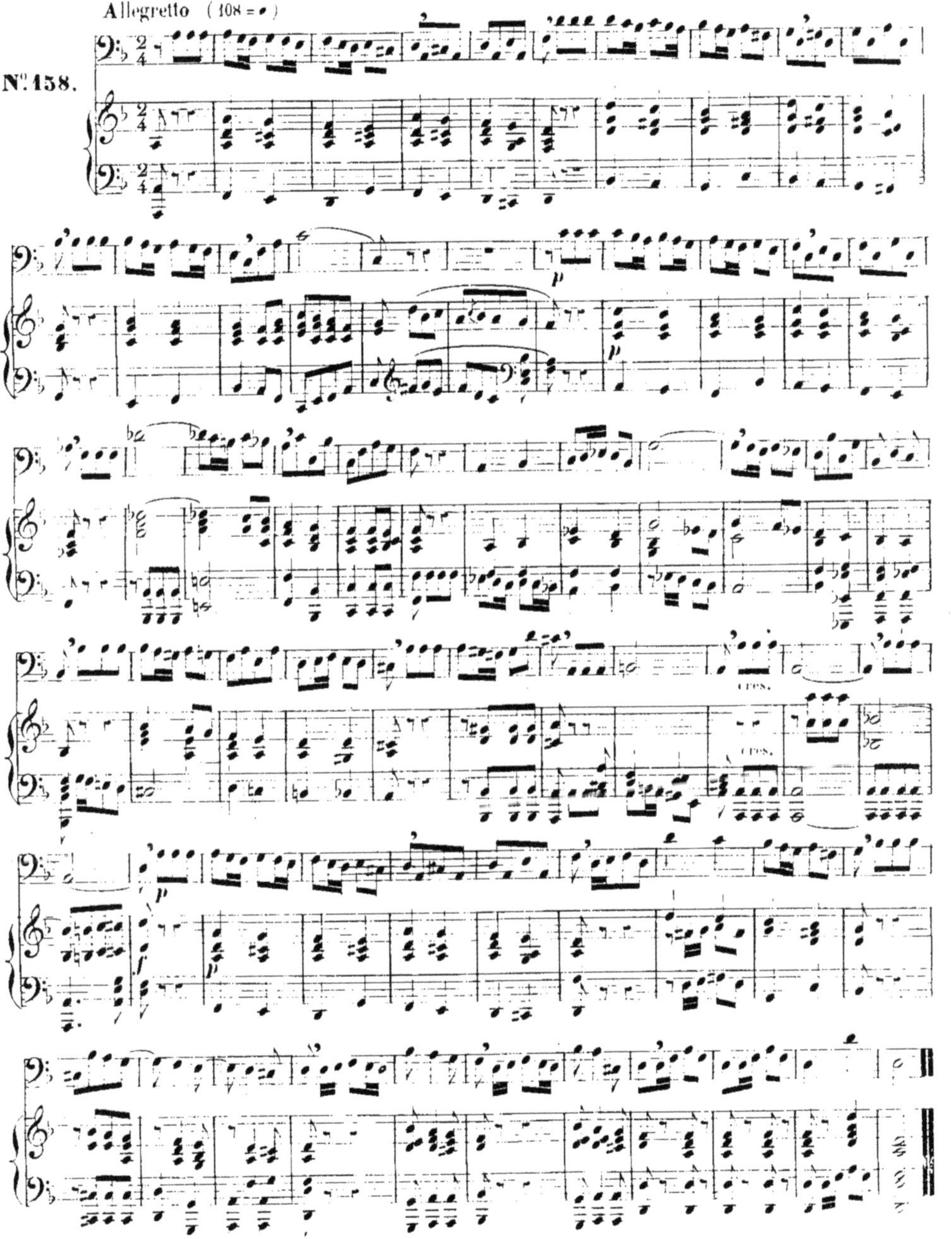

Allegretto (108 = ♩)
N°. 158.
p
p
cres.
cres.

N.º 159.

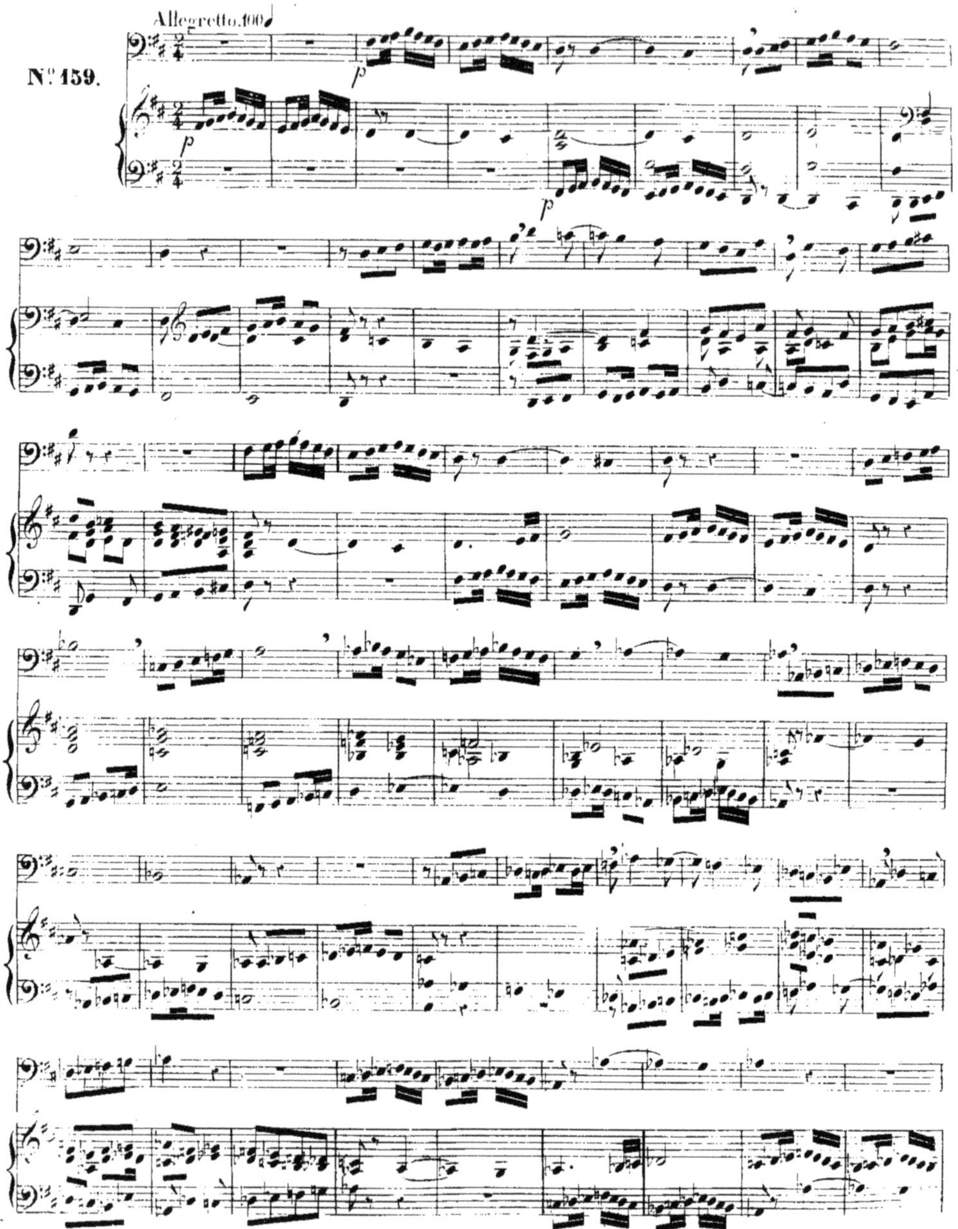

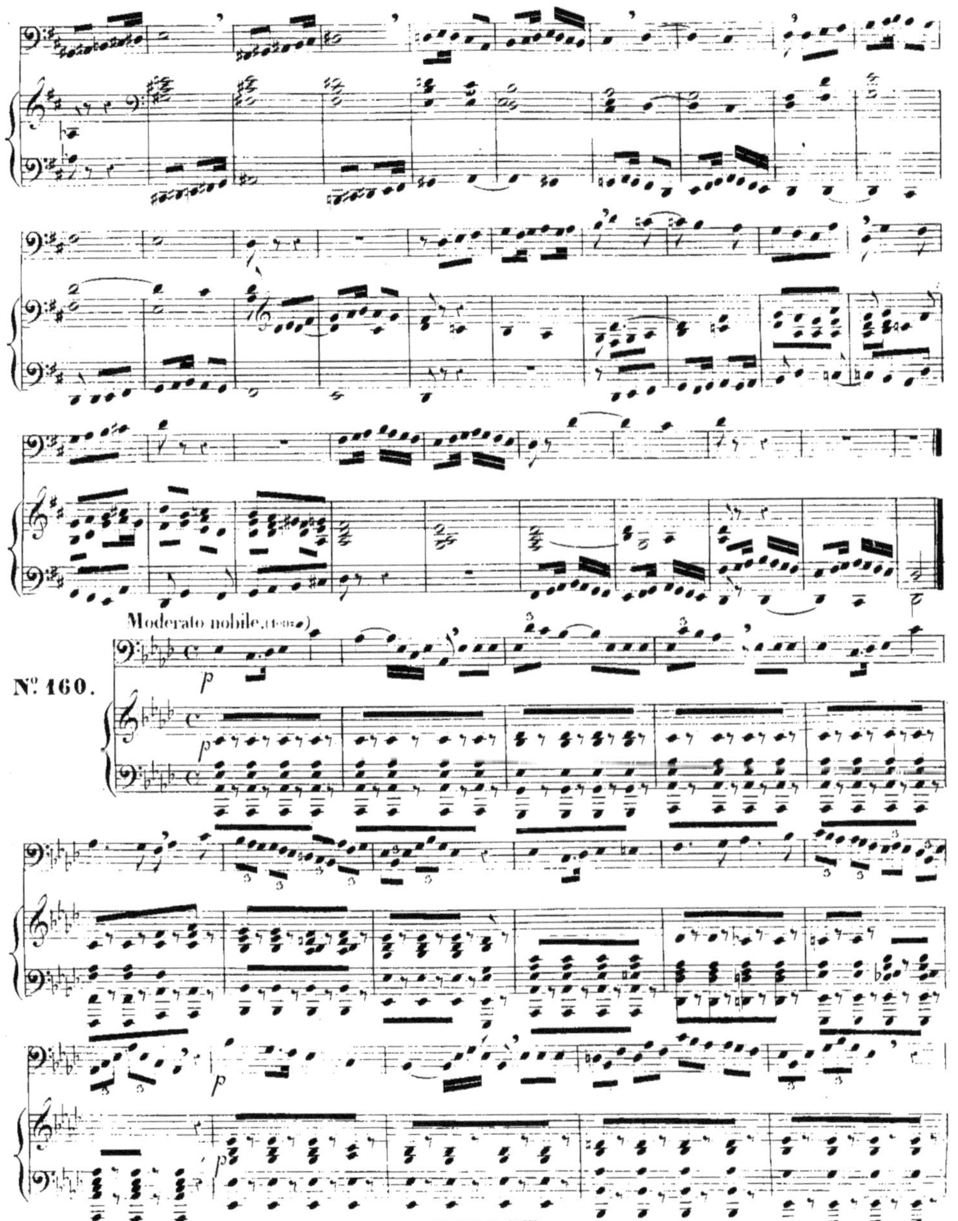
145
Moderato nobile. (♩=100)
N.° 160.
p
p
p

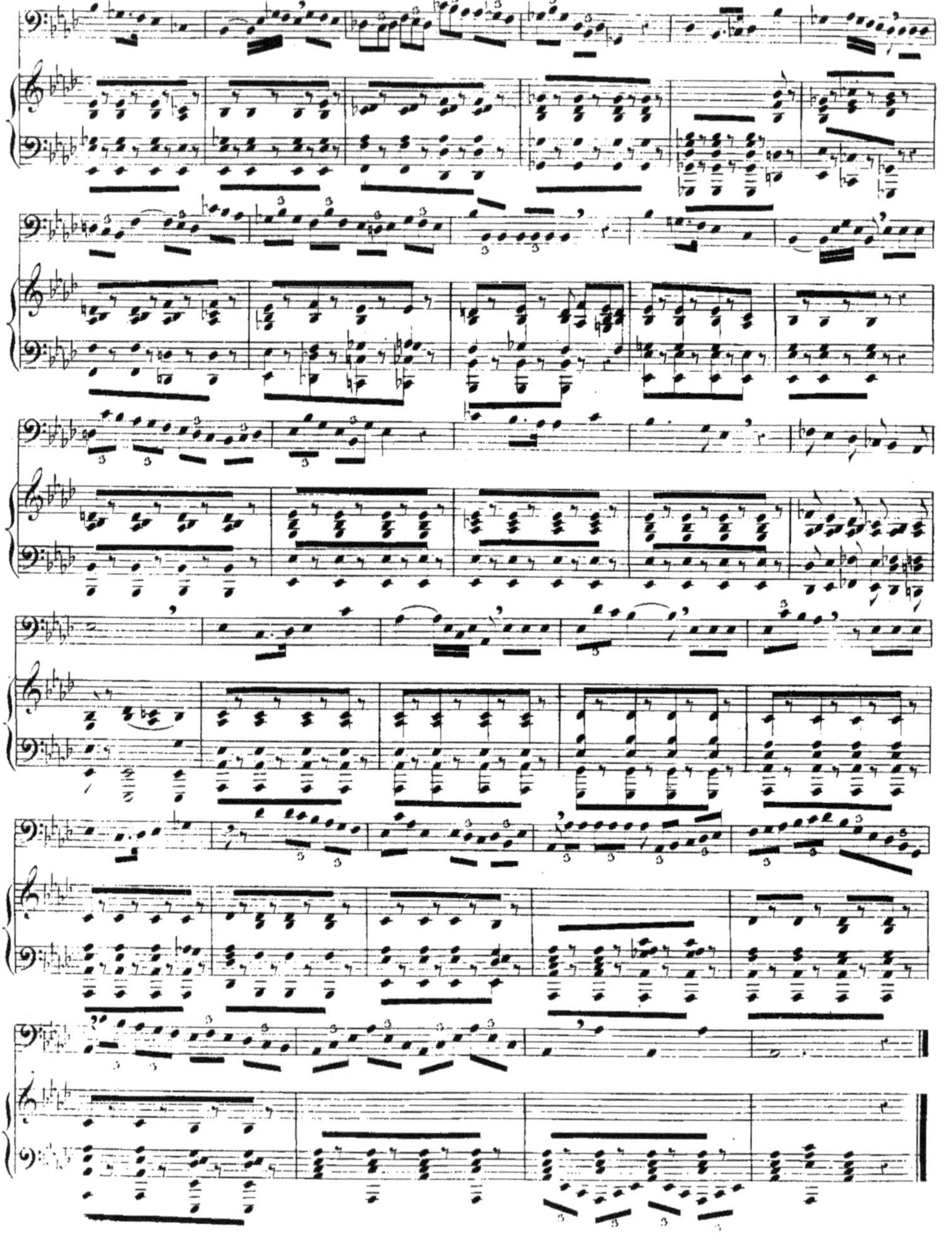

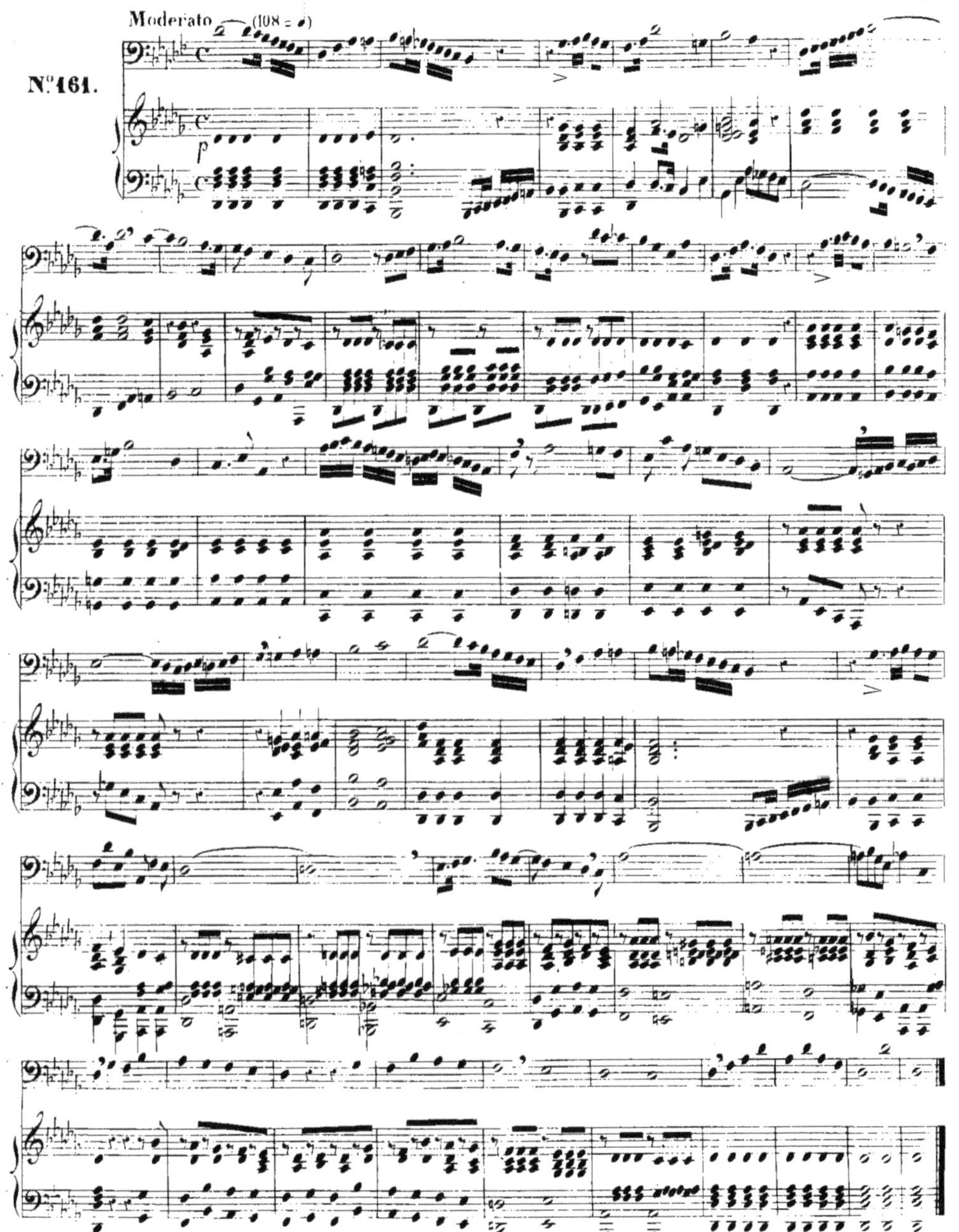

Moderato (108 = ♩)
Nº 161.
p

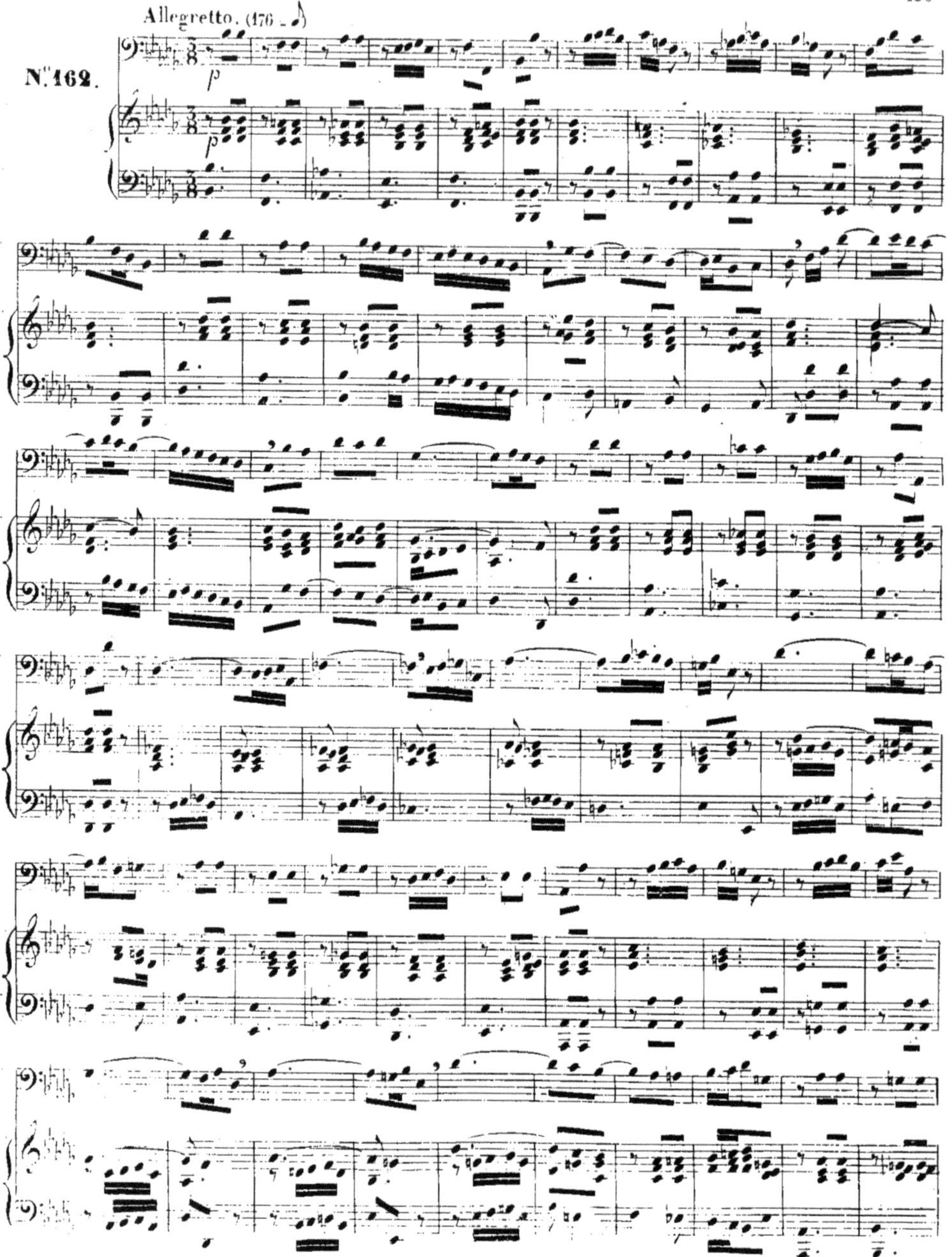
Allegretto. (176 = ♪)
N.º 162.
p
p

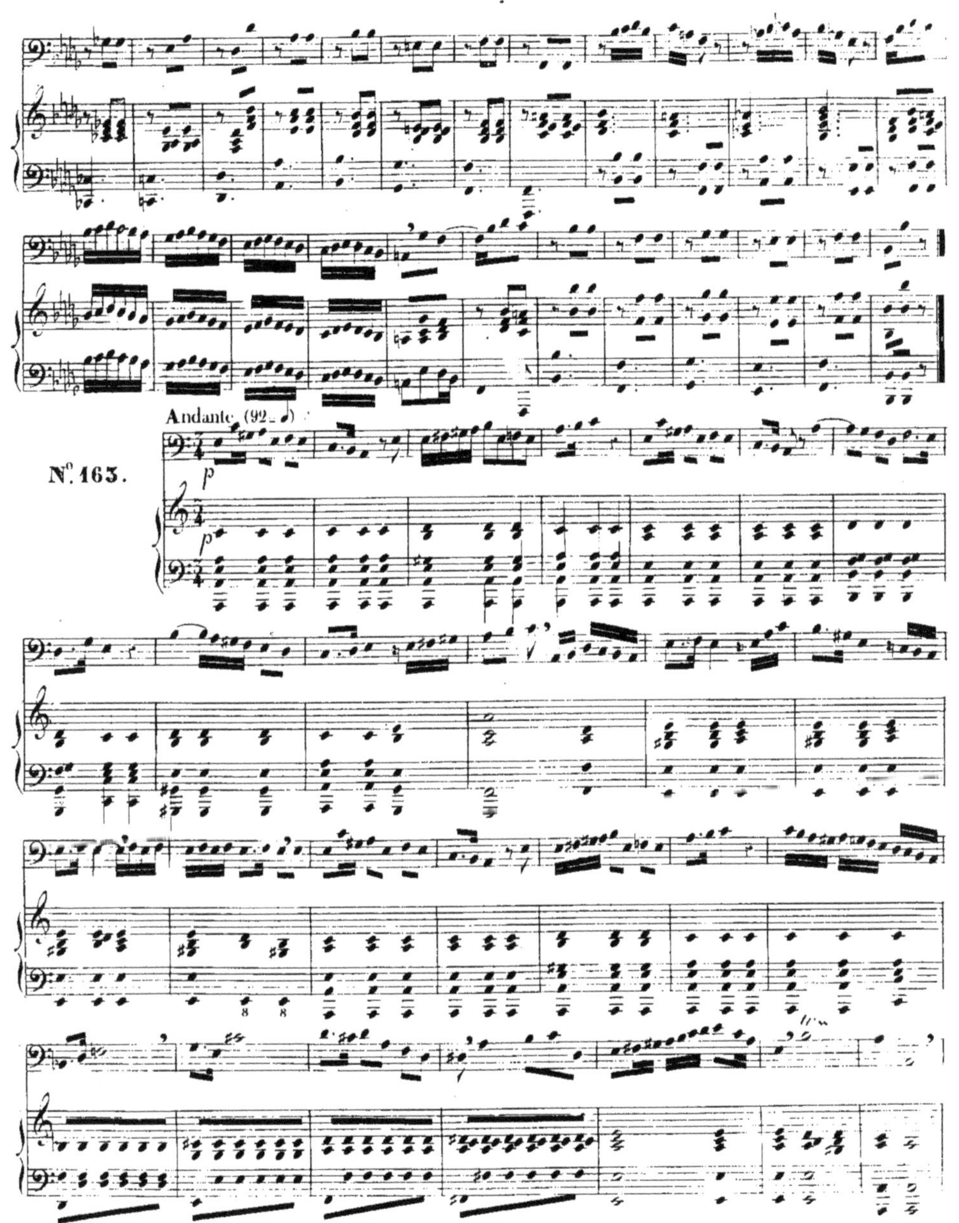
Andante (92 = ♩)
N.º 163.
p
p
8   8

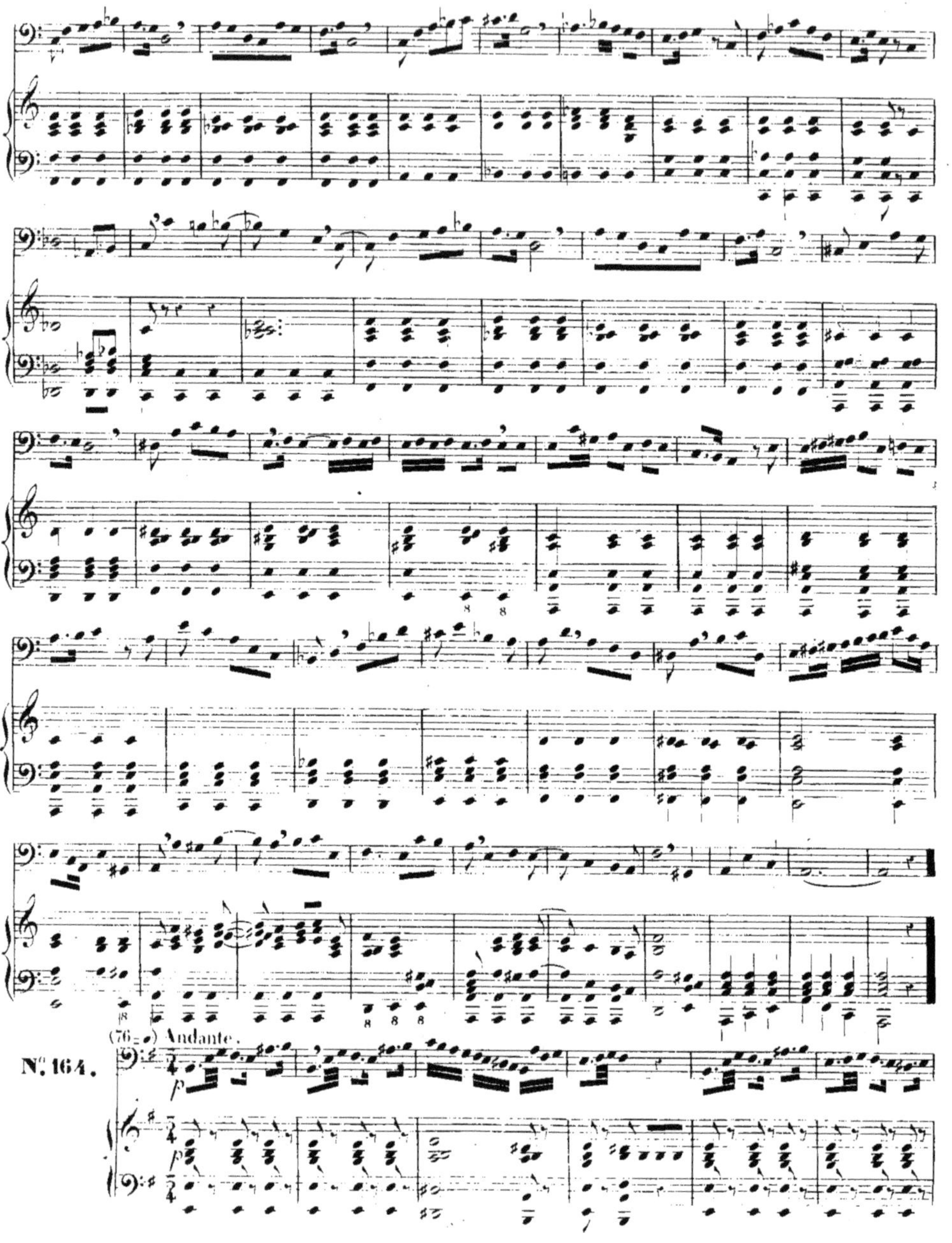
Nº 164.
(76 = ♩) Andante.

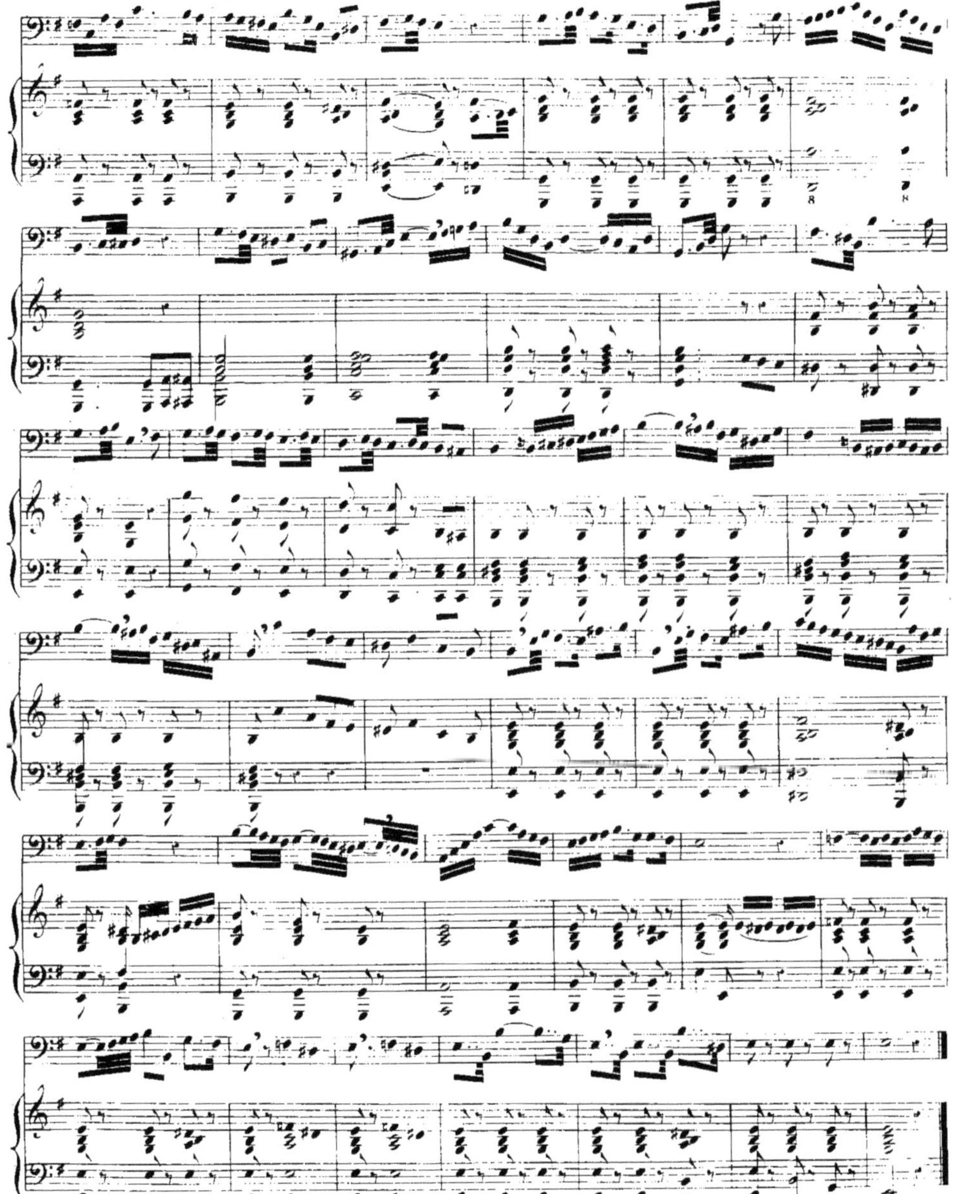

140
N.º 165.
Allegro moderato
f

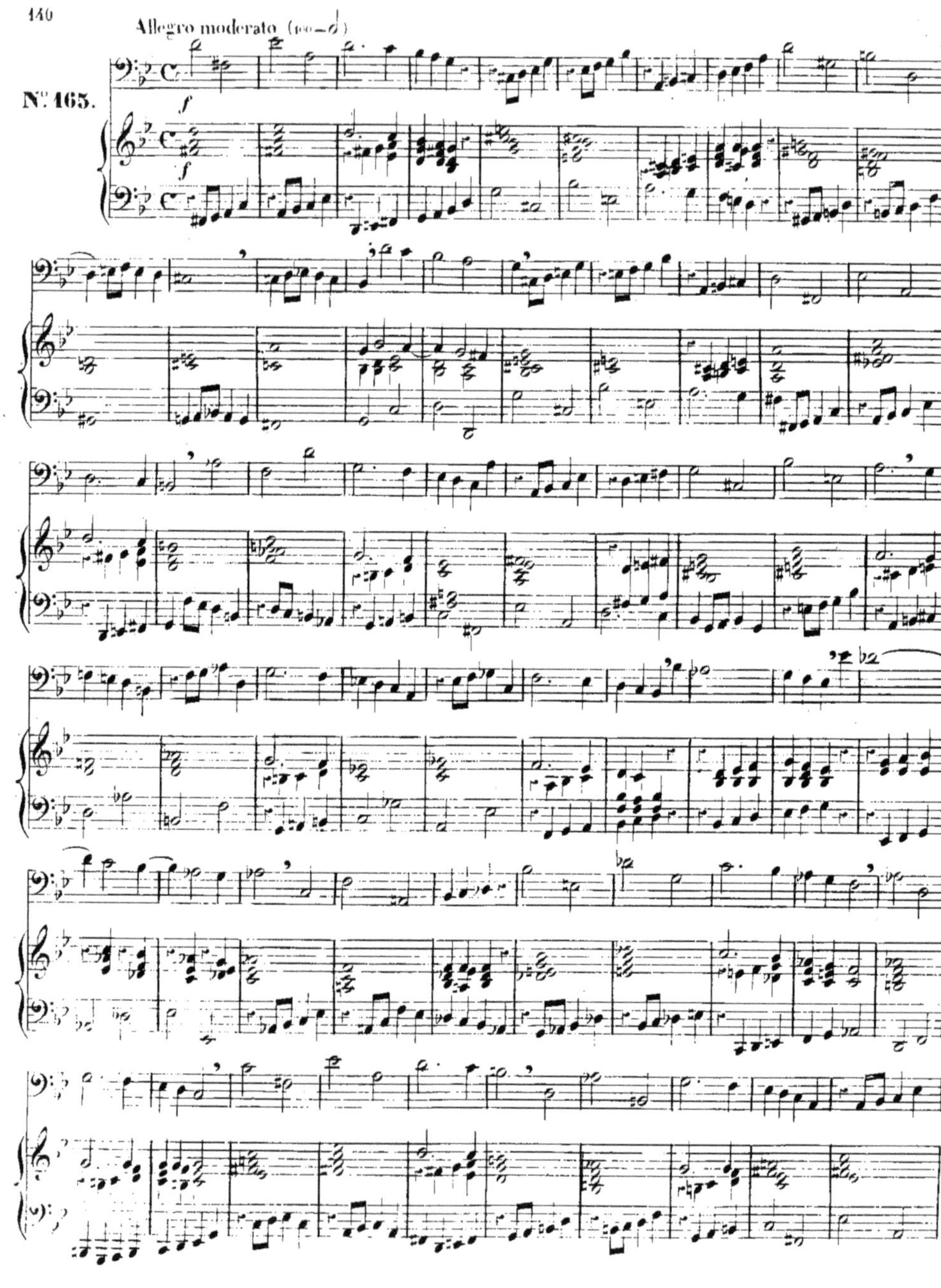

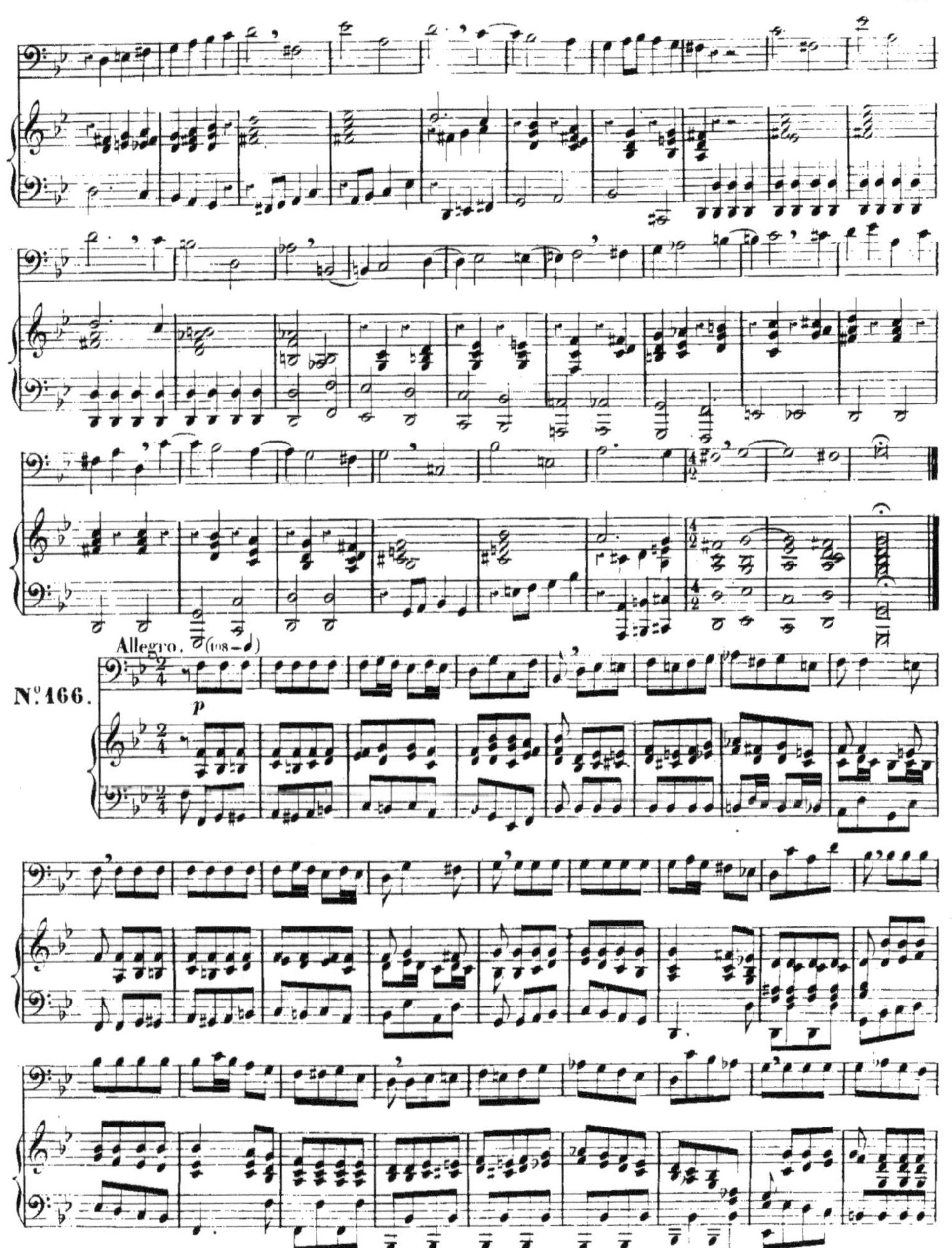
Allegro. (108 = ♩)
N.° 166.
p

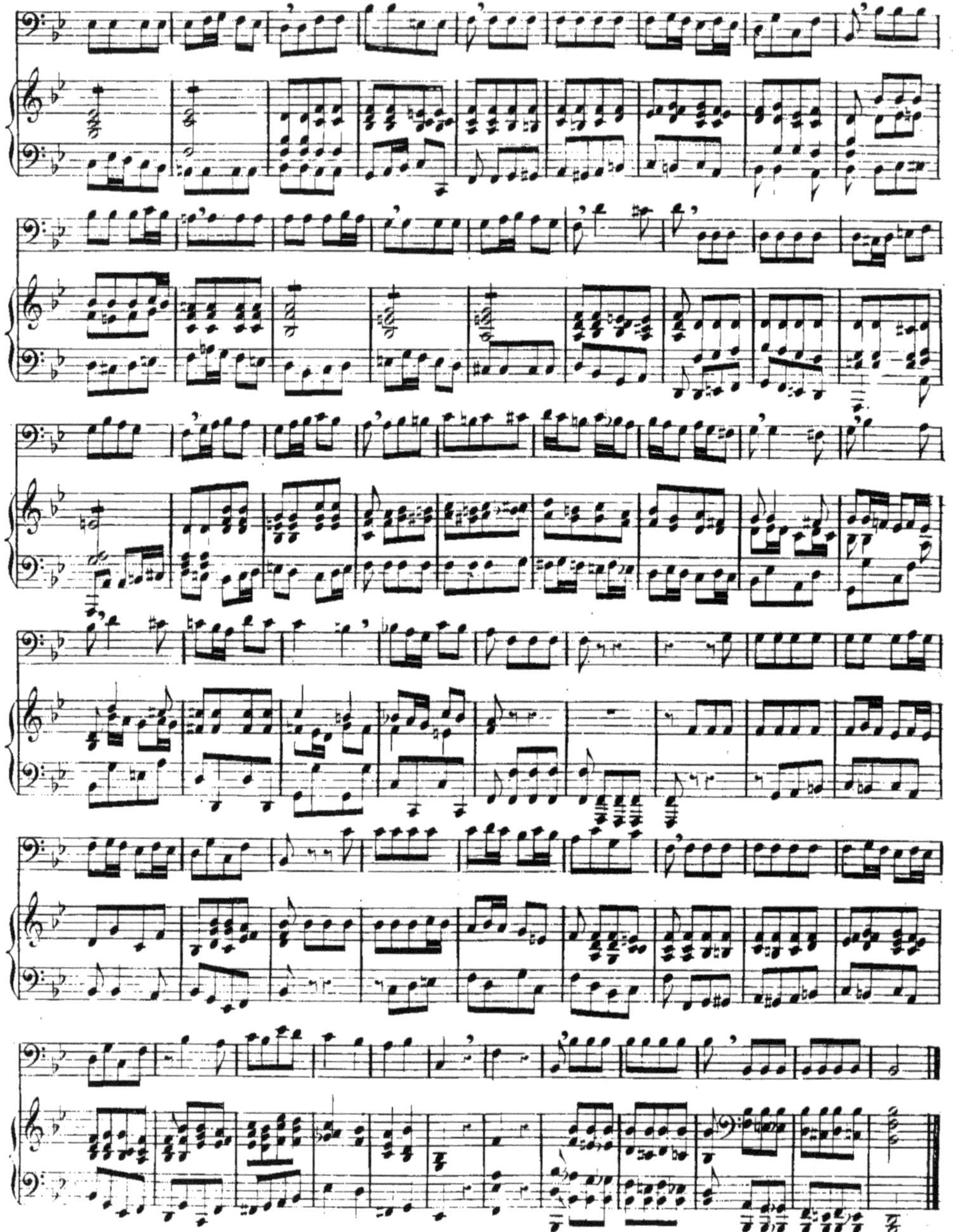

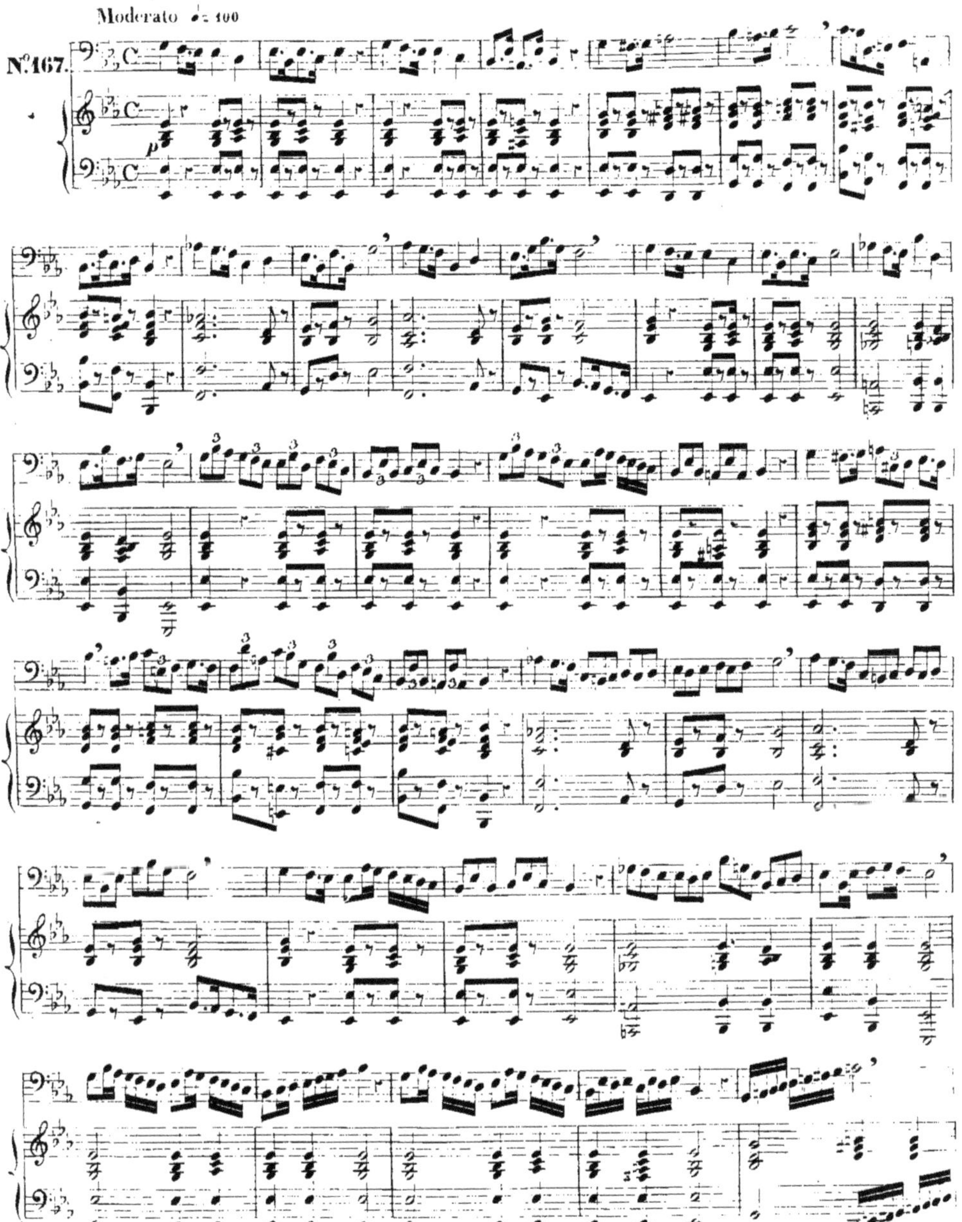
Moderato ♩ = 100
N.º 167.

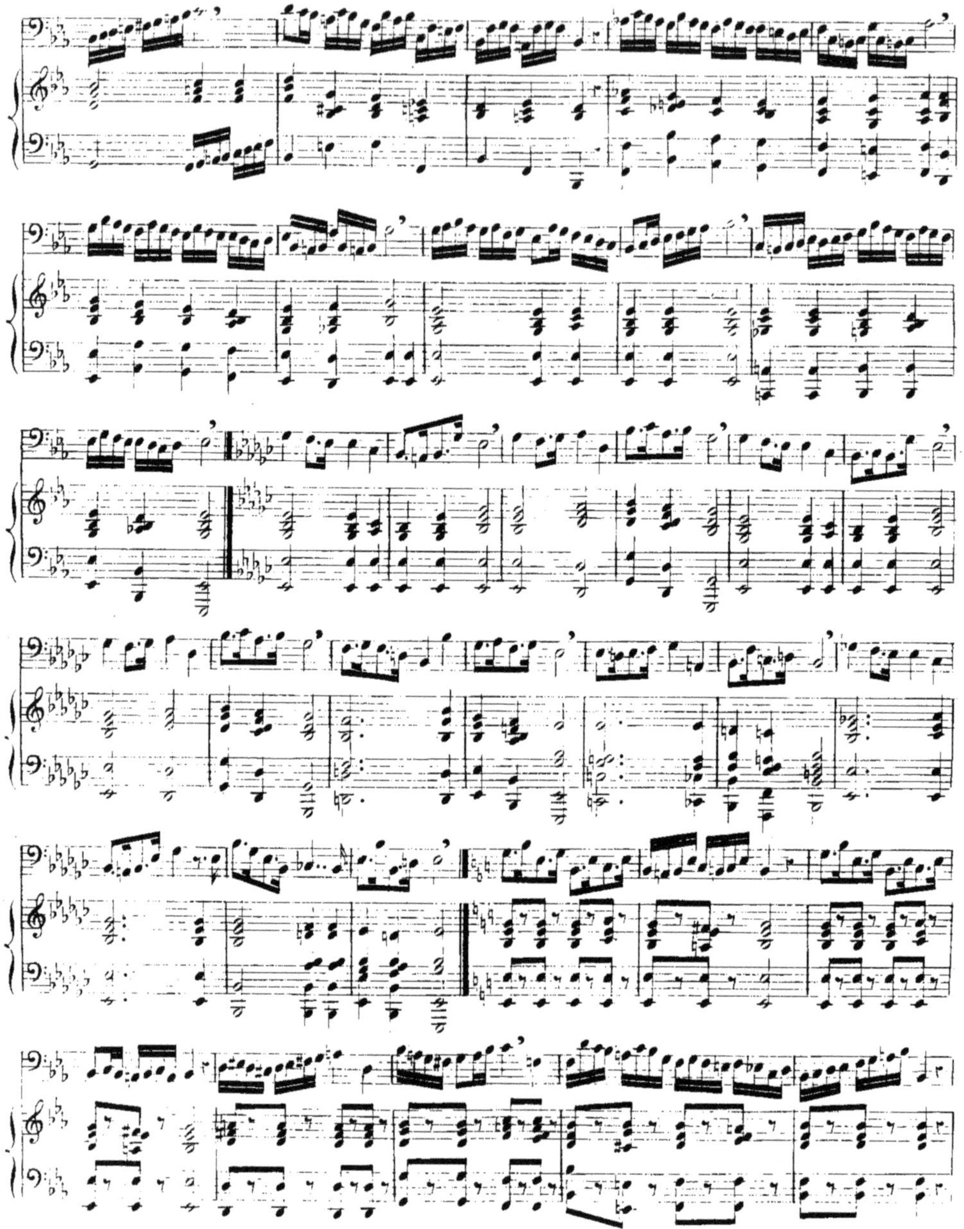
144

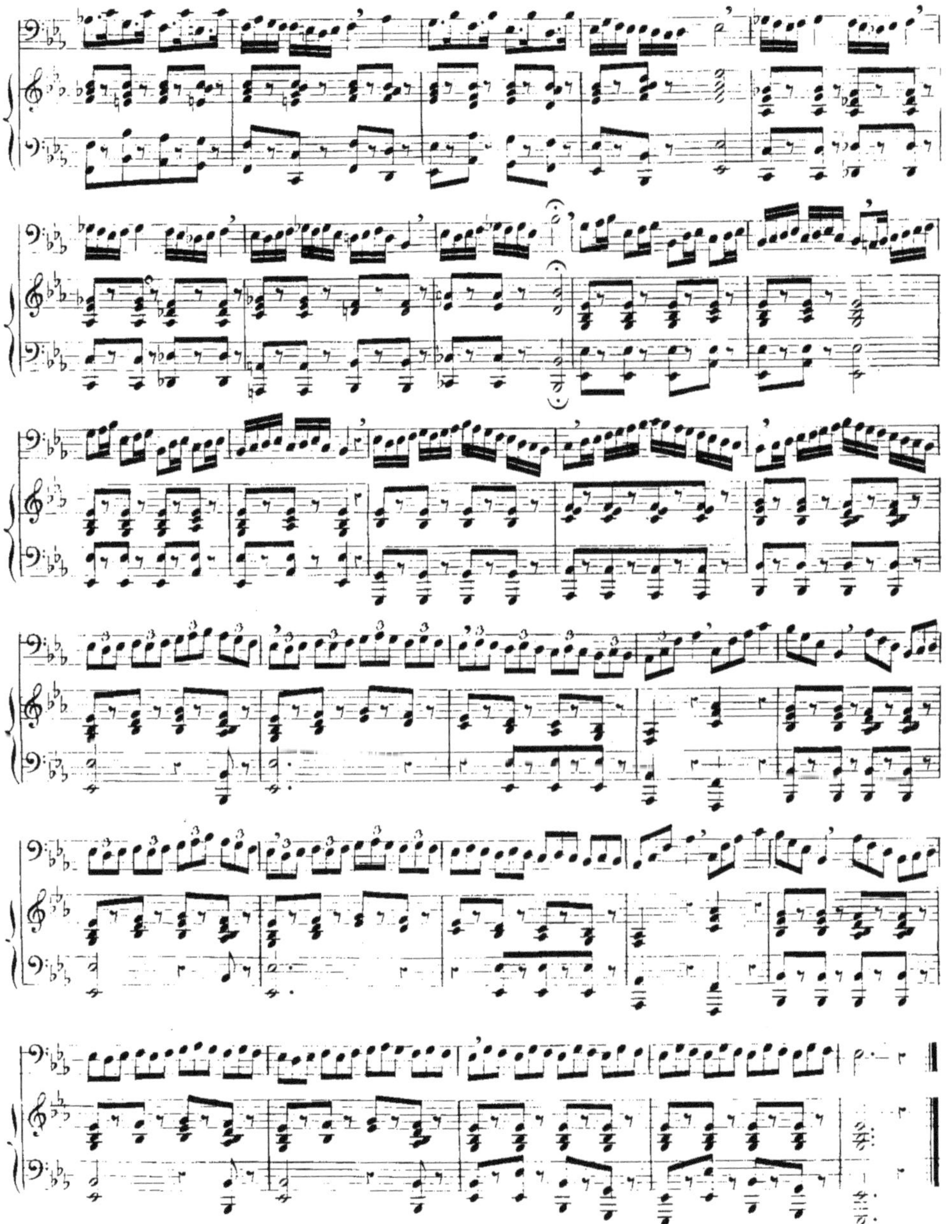

N.º 168.

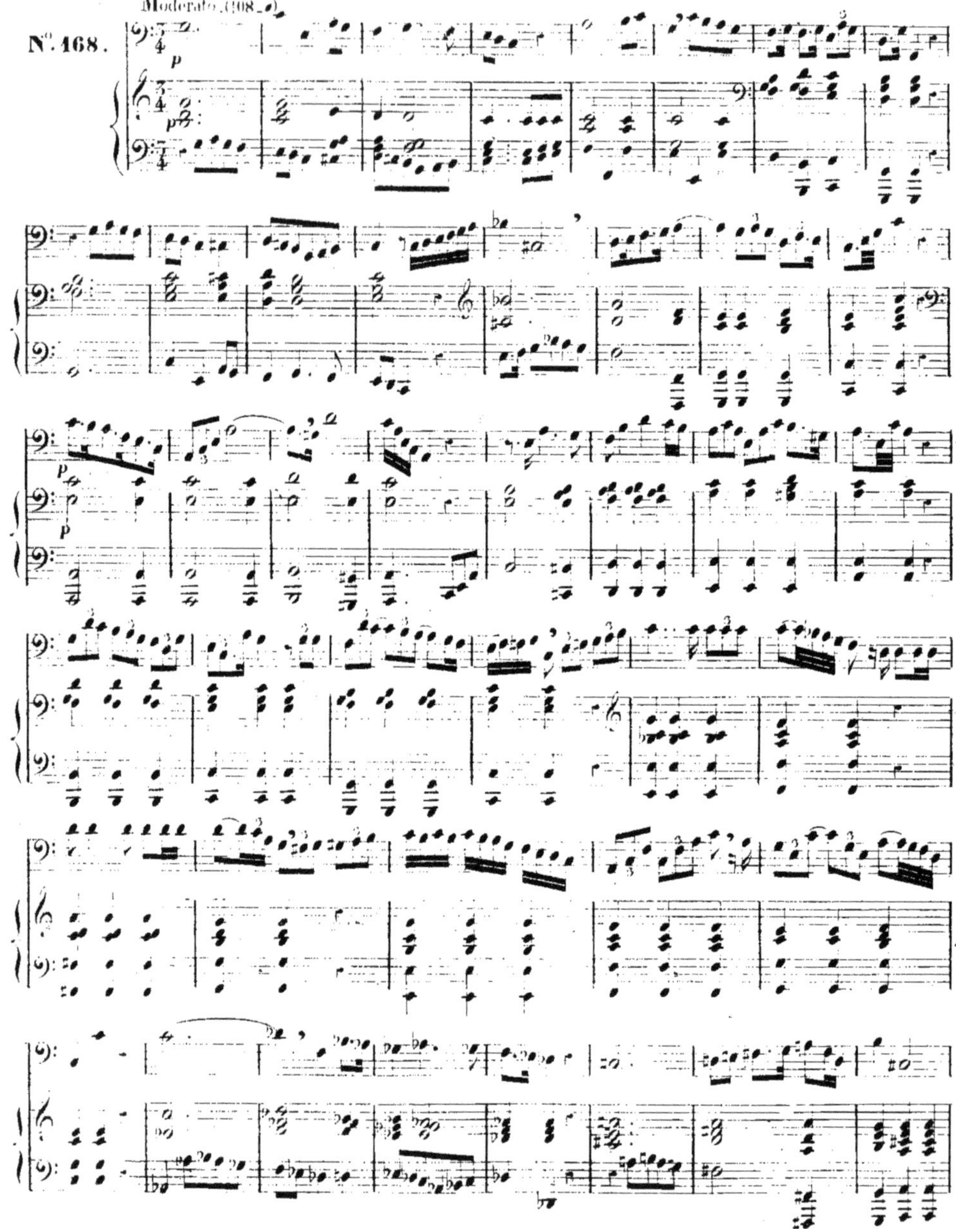

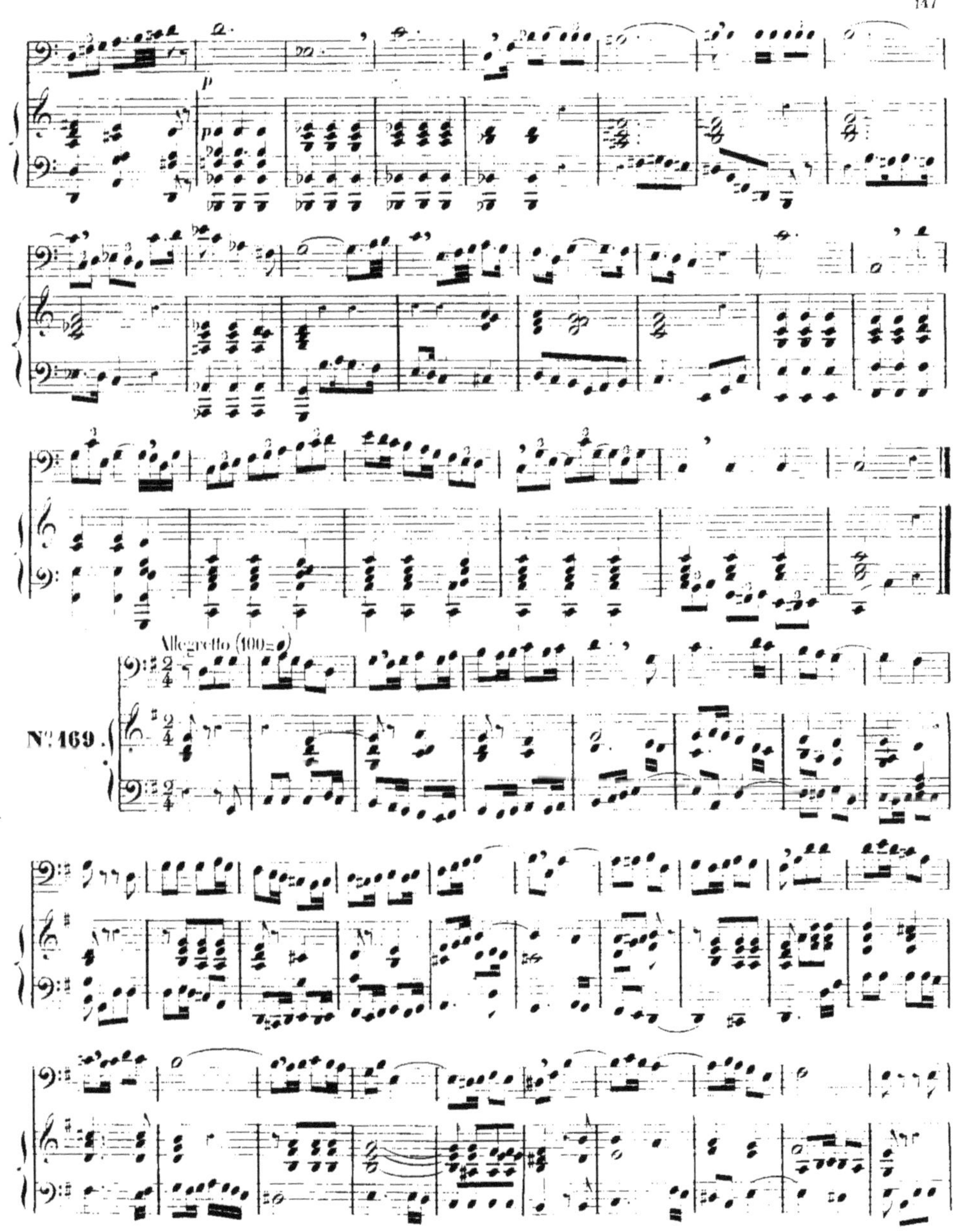

Nº 169.
Allegretto (100 = ♩)

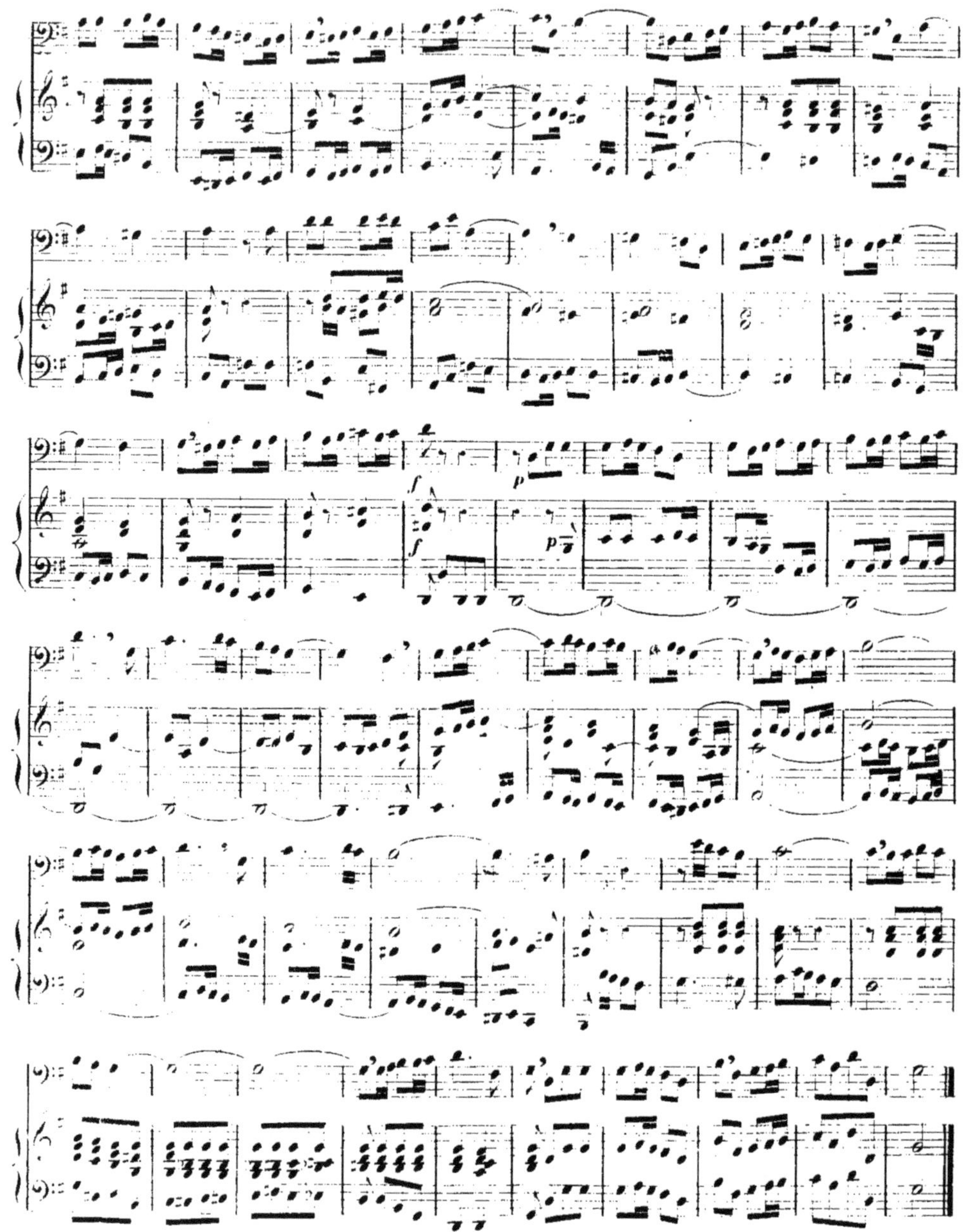

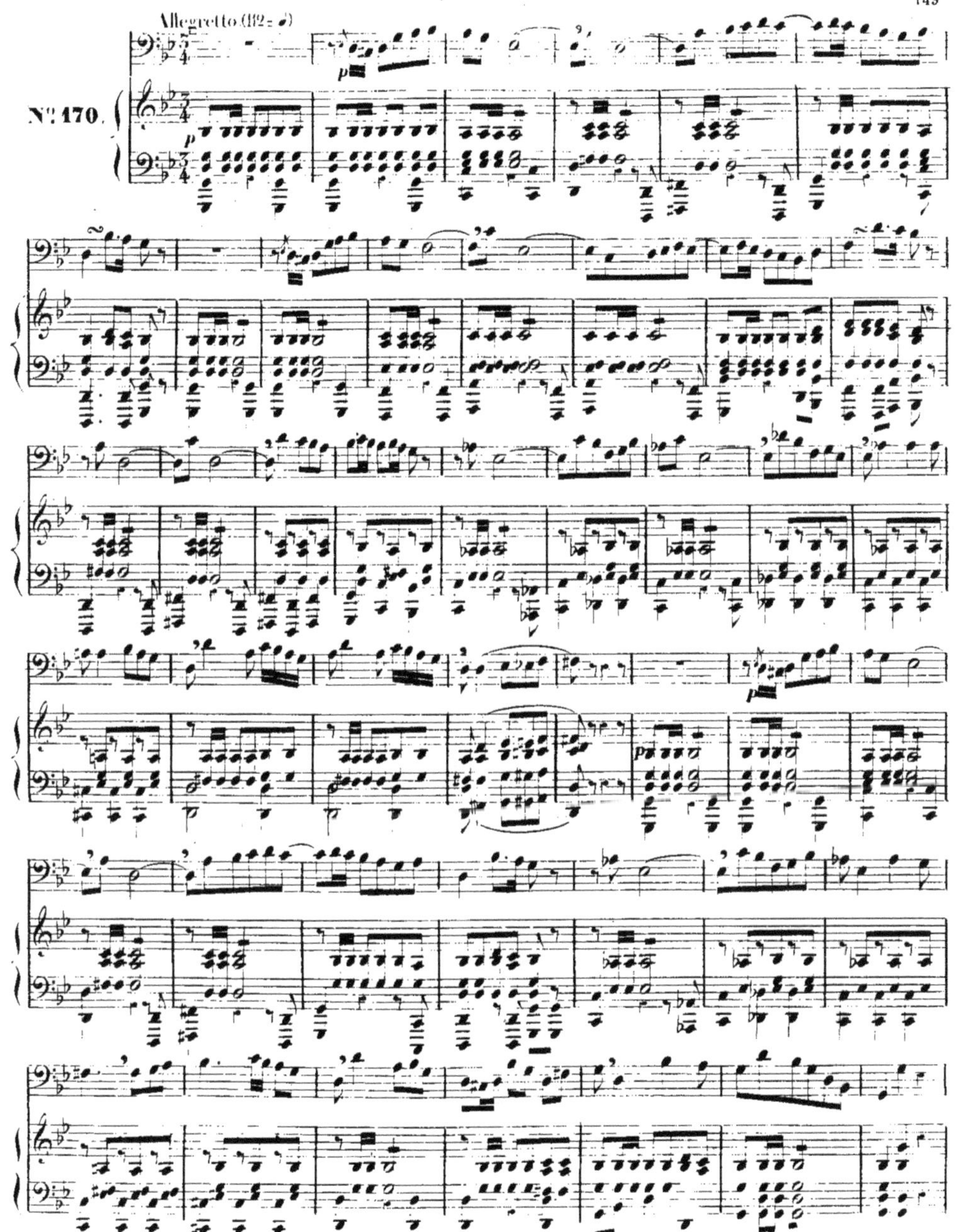
Allegretto (112 = ♩)
N.º 170.

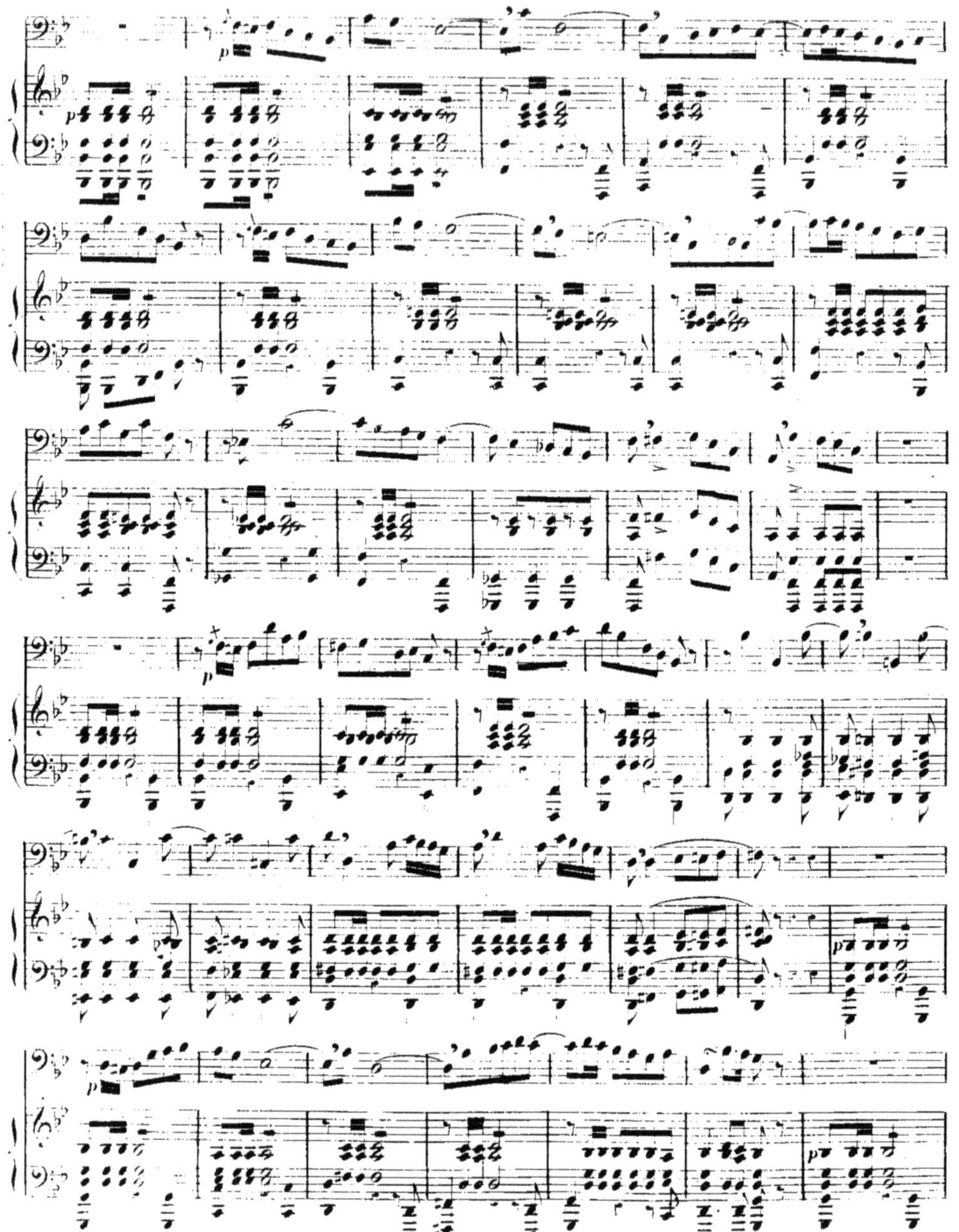

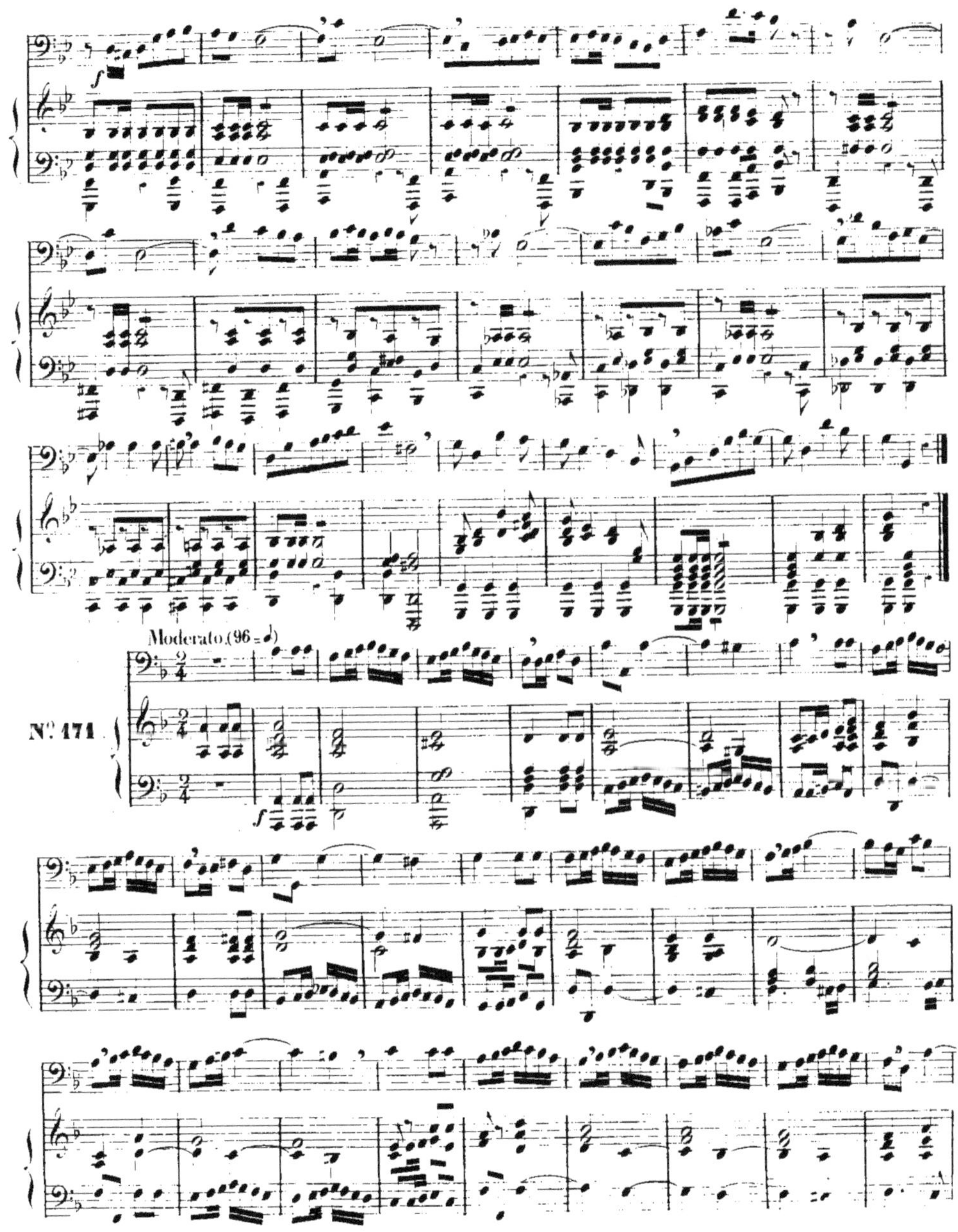
Moderato.(96 = ♩)
N.° 171

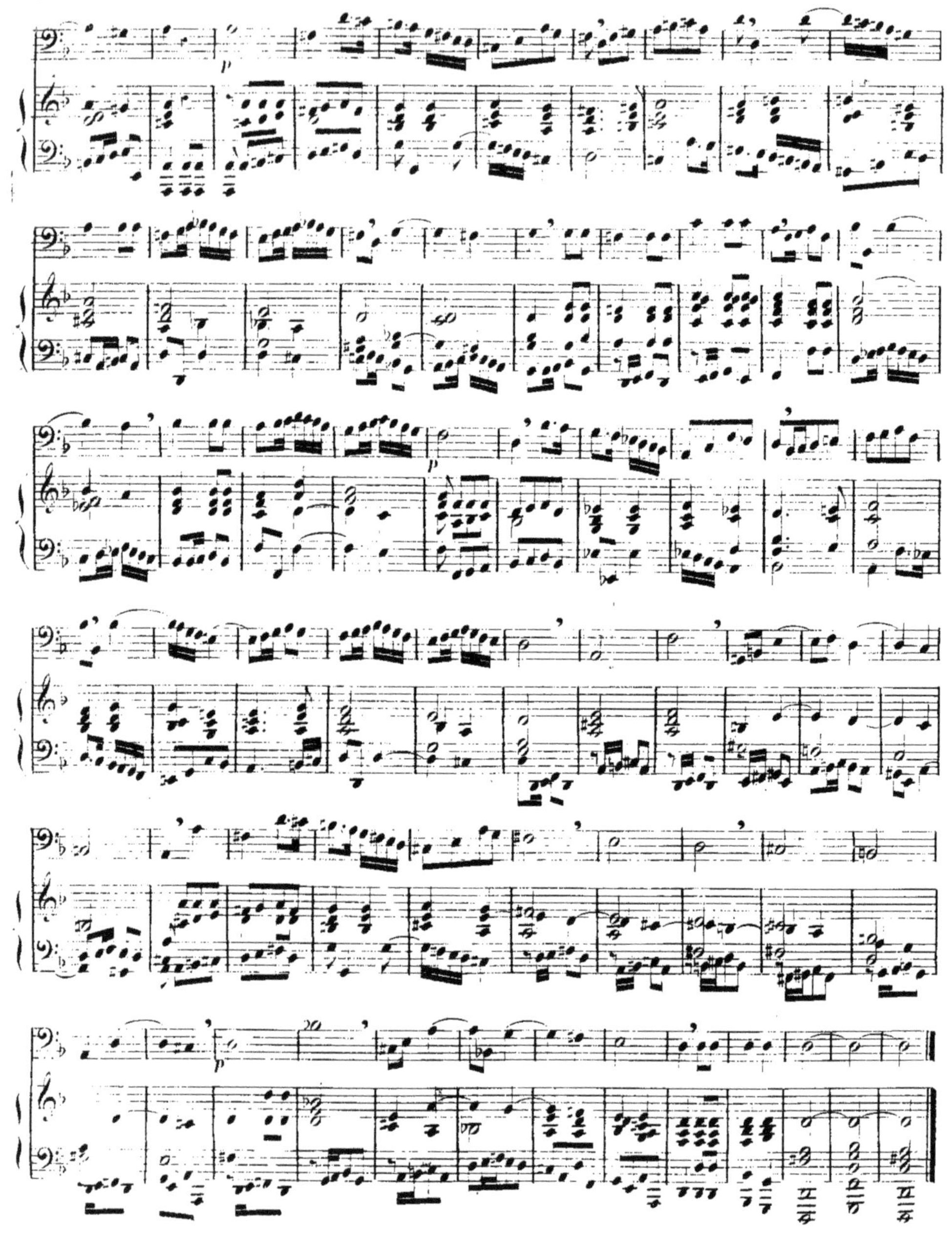

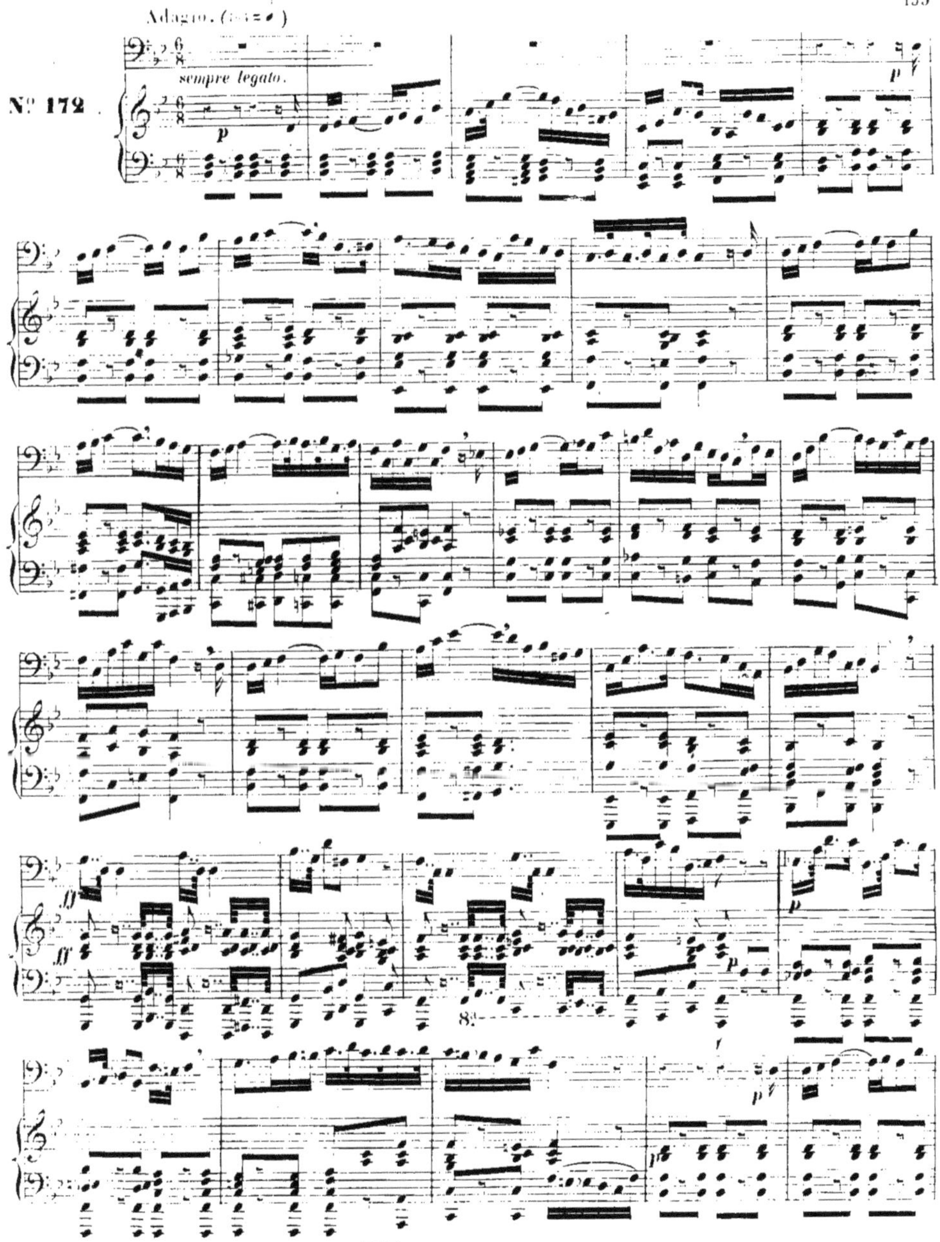

Adagio.
No 172
sempre legato.
p
p

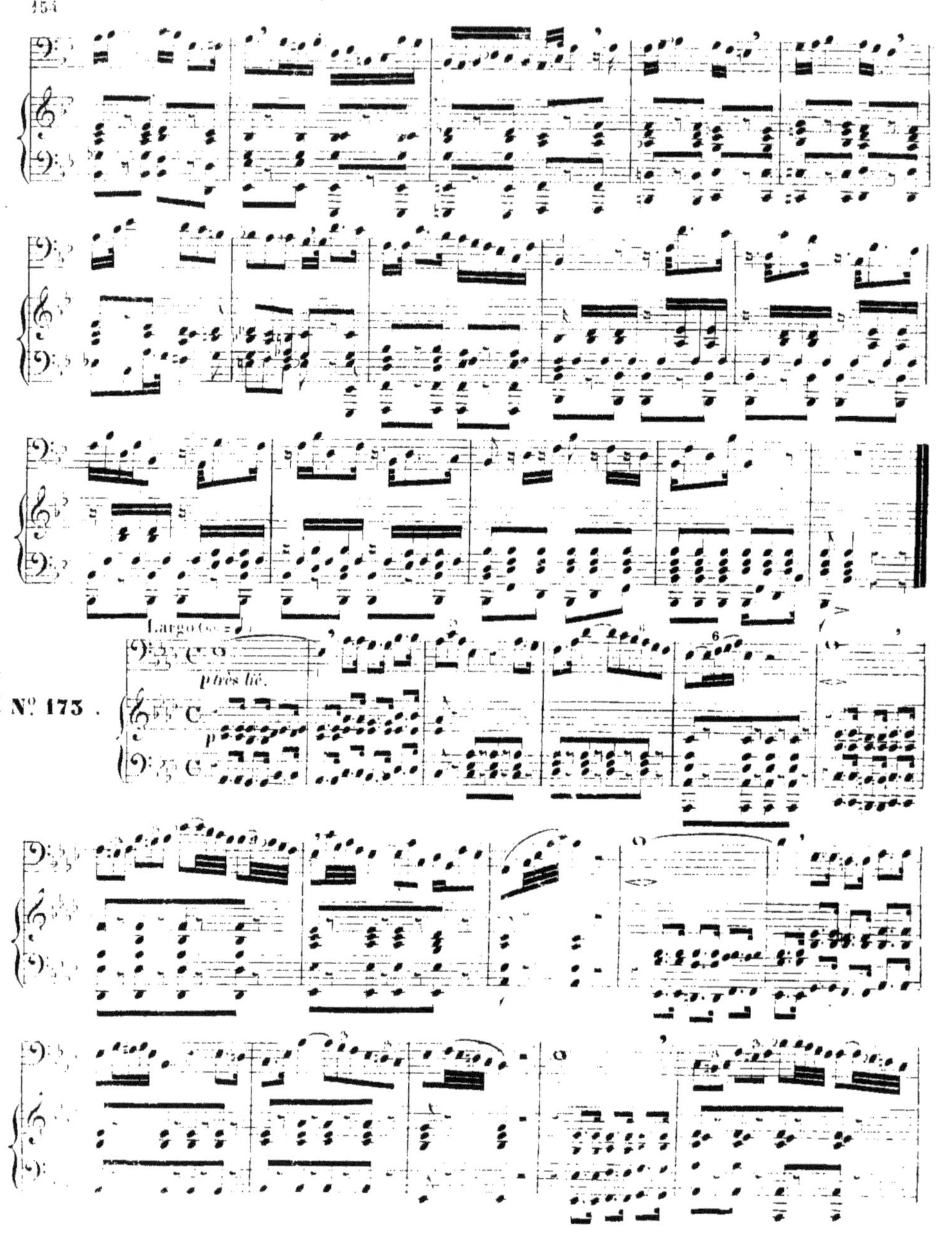
154
Largo
près lié.
N.º 175.
p
6

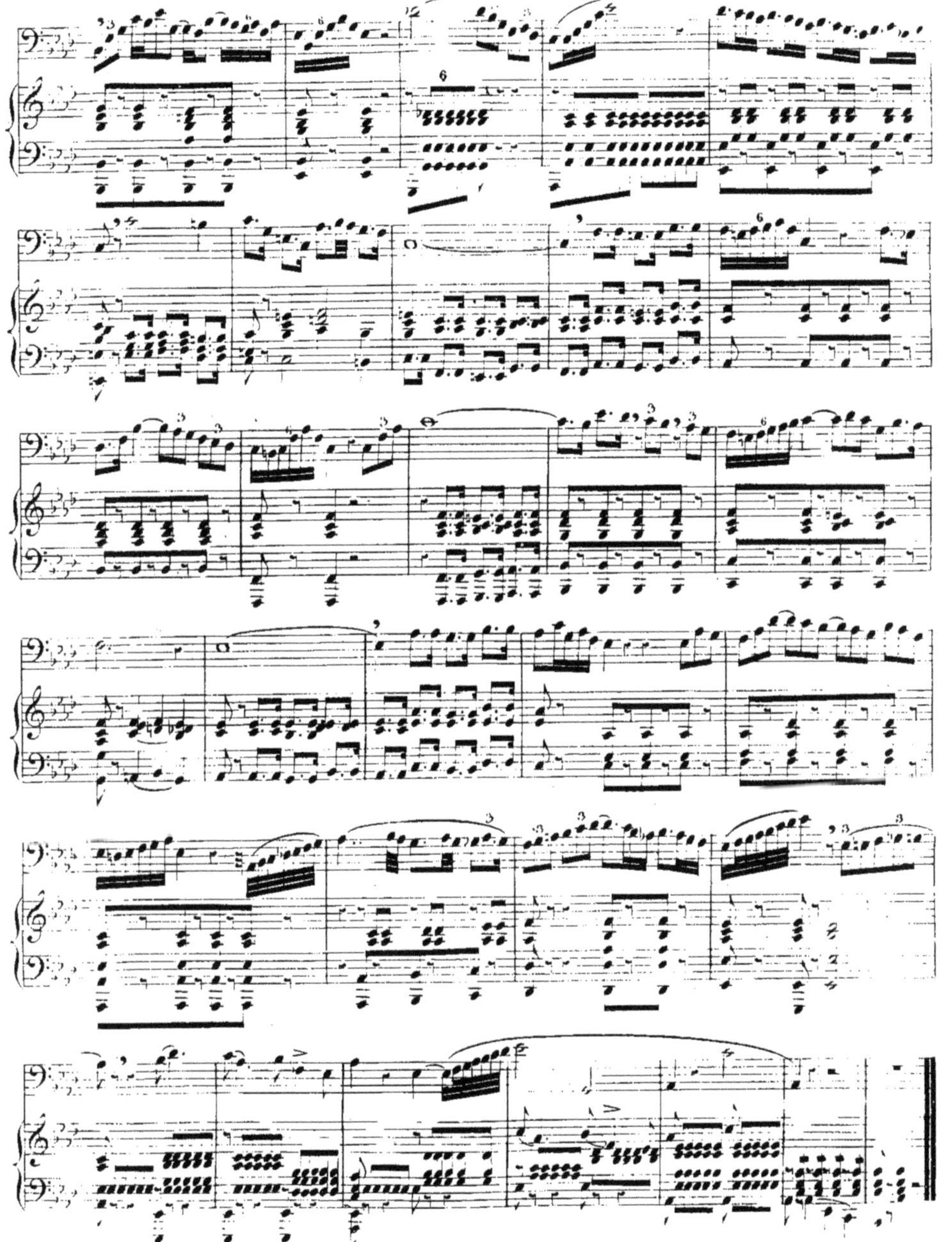

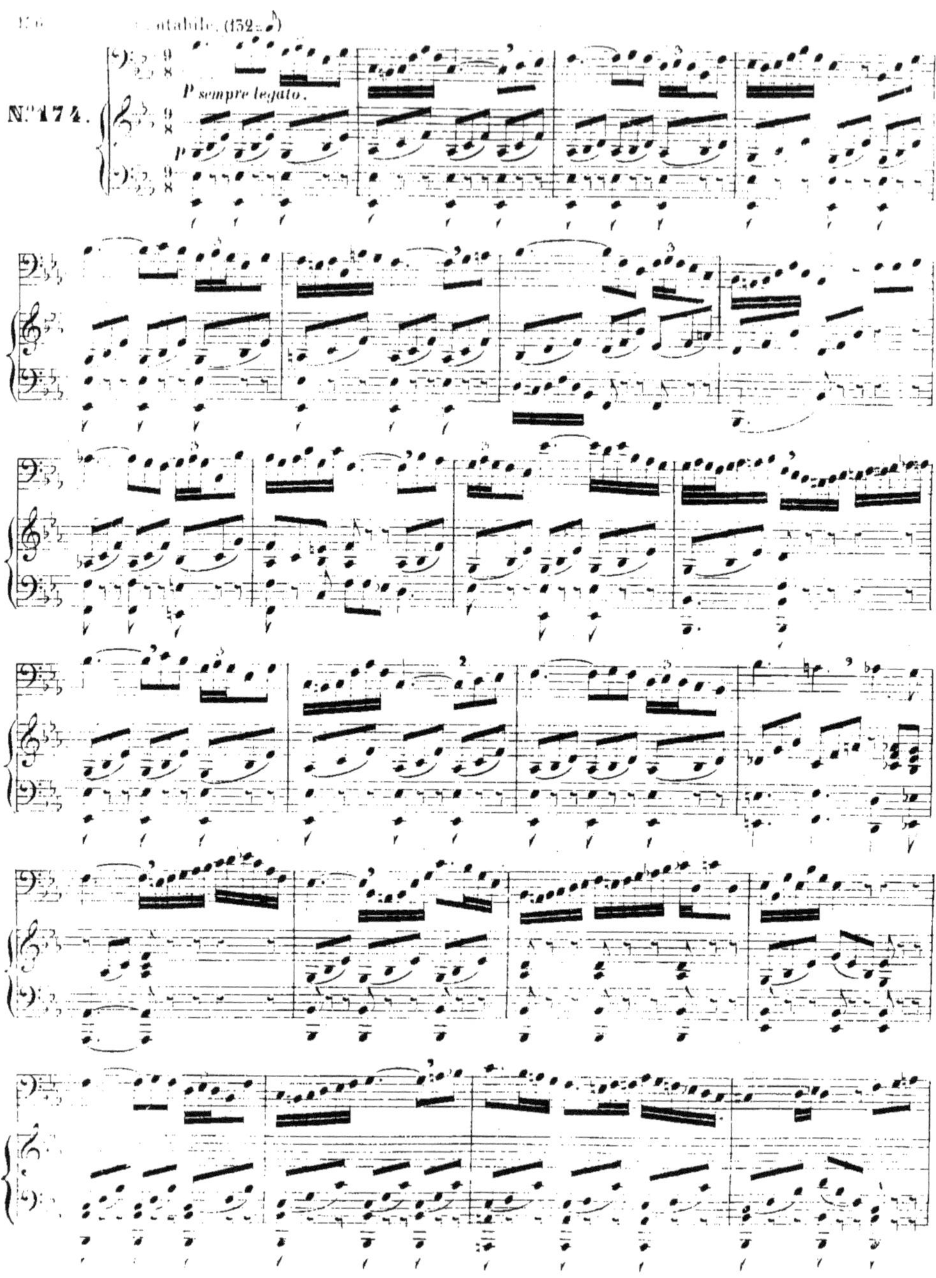
N.º 174.
Cantabile. (132 = ♪)
P sempre legato.
p

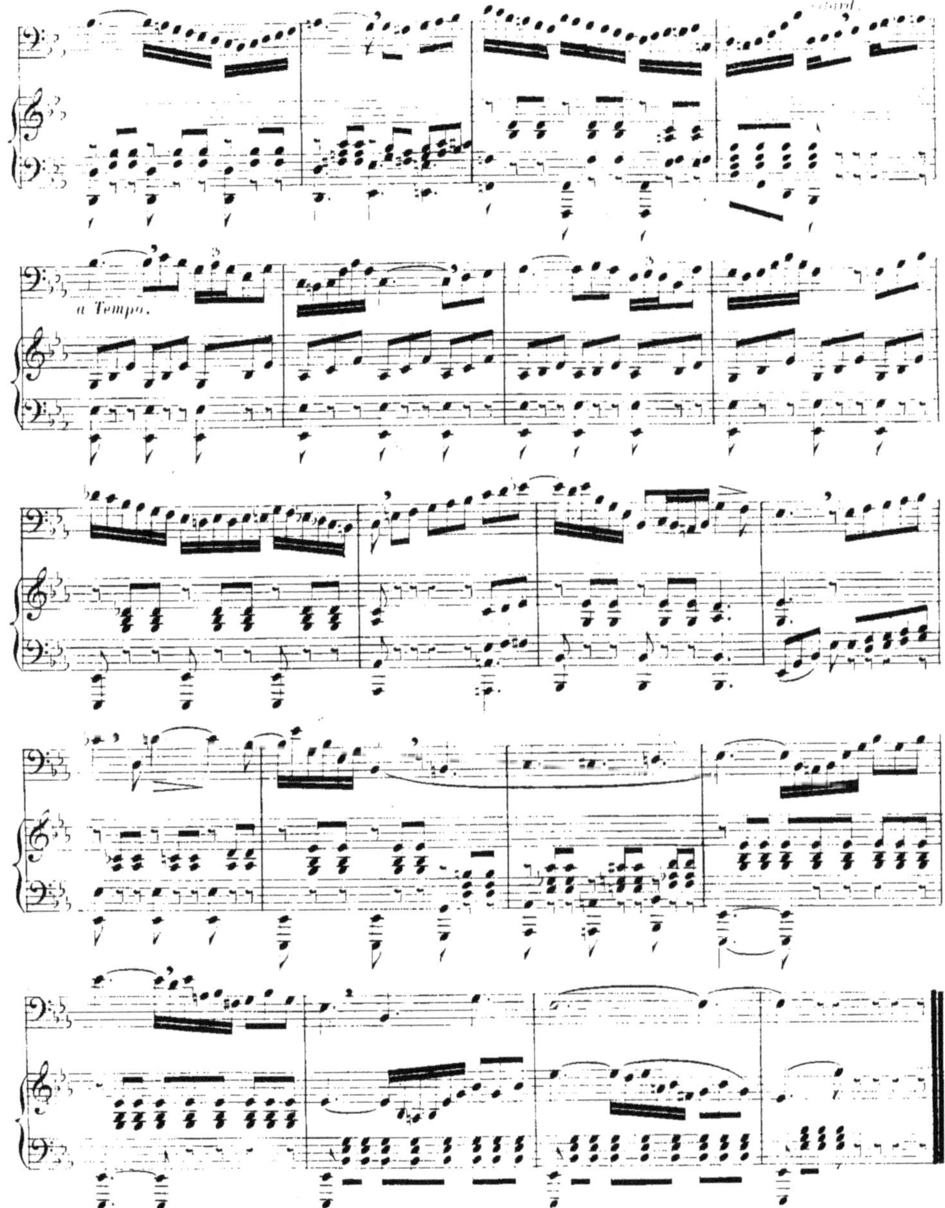
a Tempo.

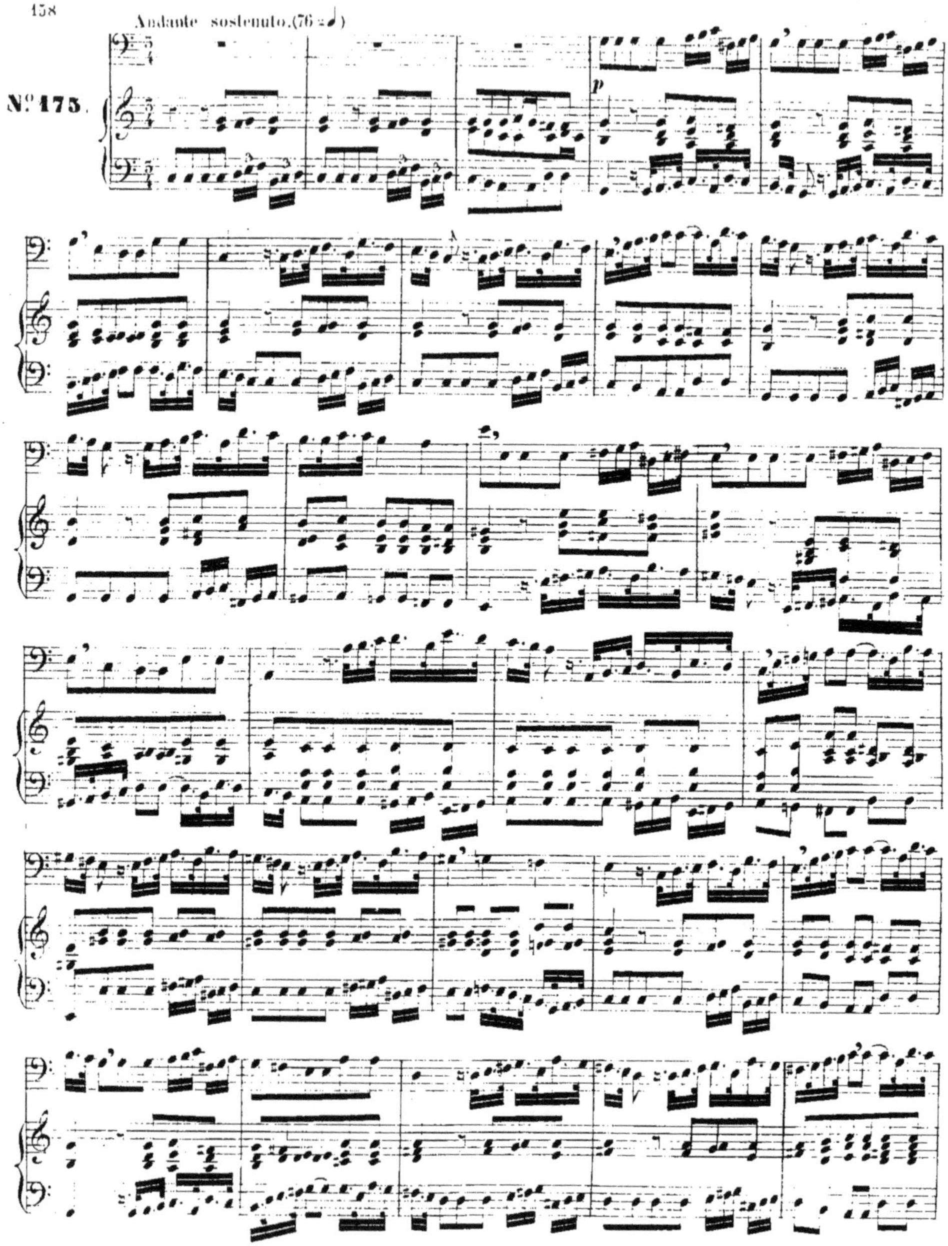

158
Andante sostenuto. (76 = ♩)
N.º 175.
p

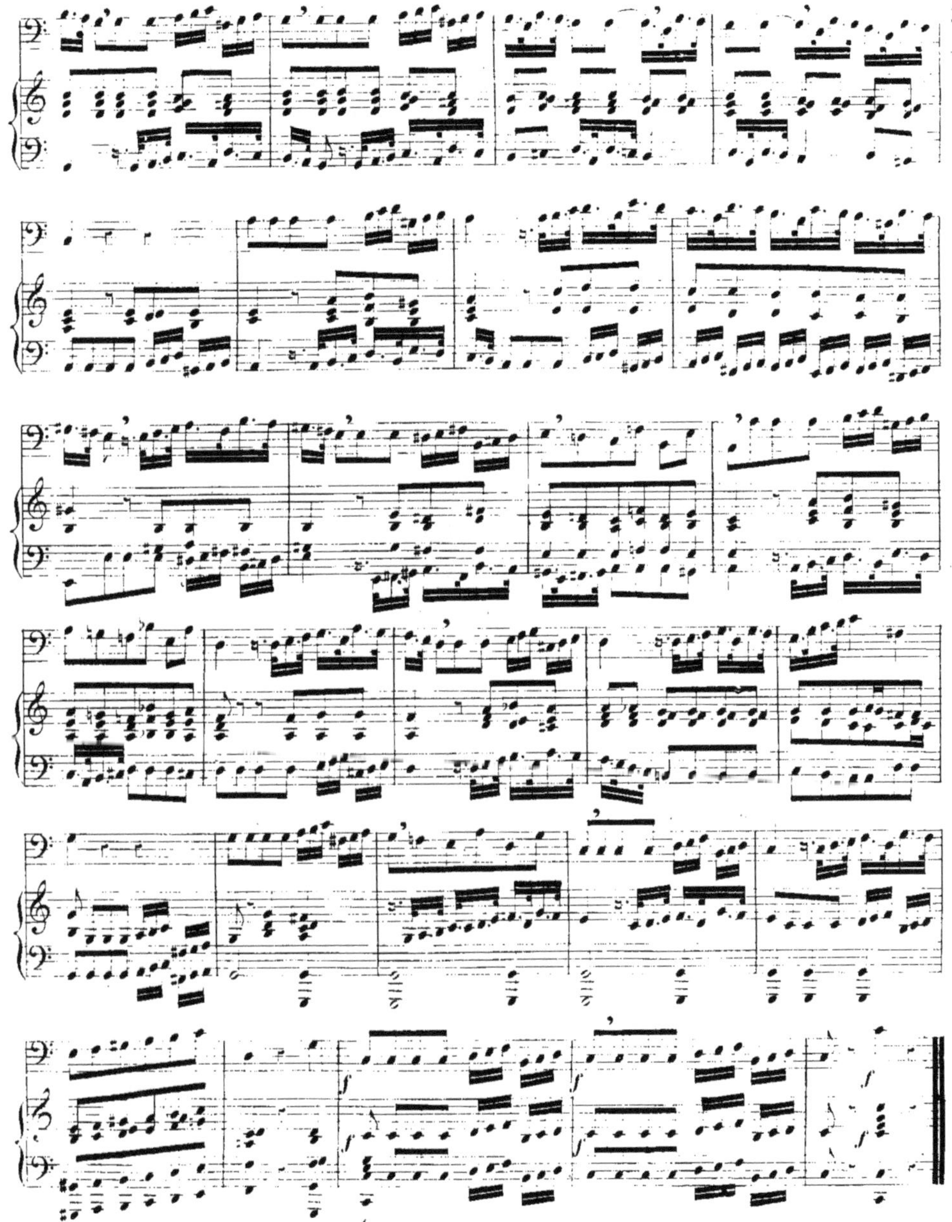

Lento (tempo)
N.° 176.
p
p
p

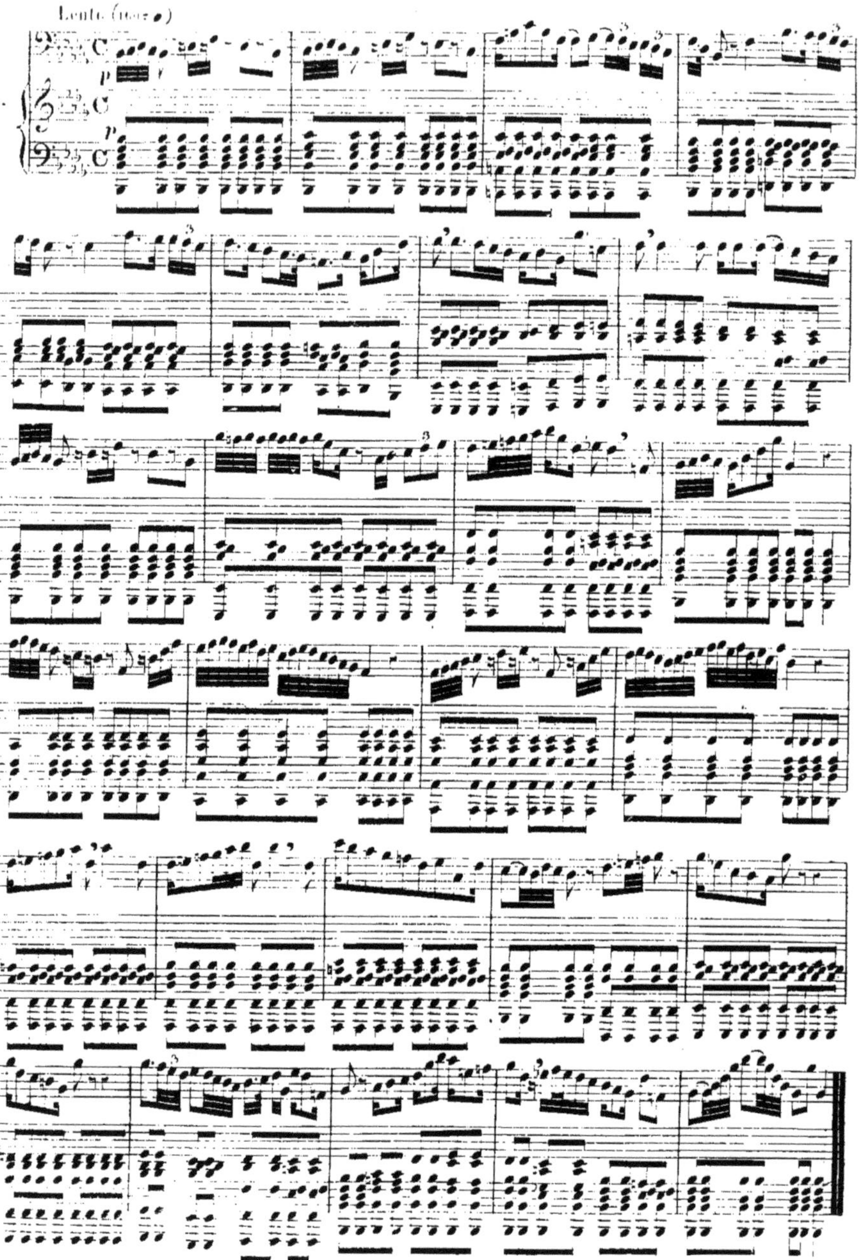

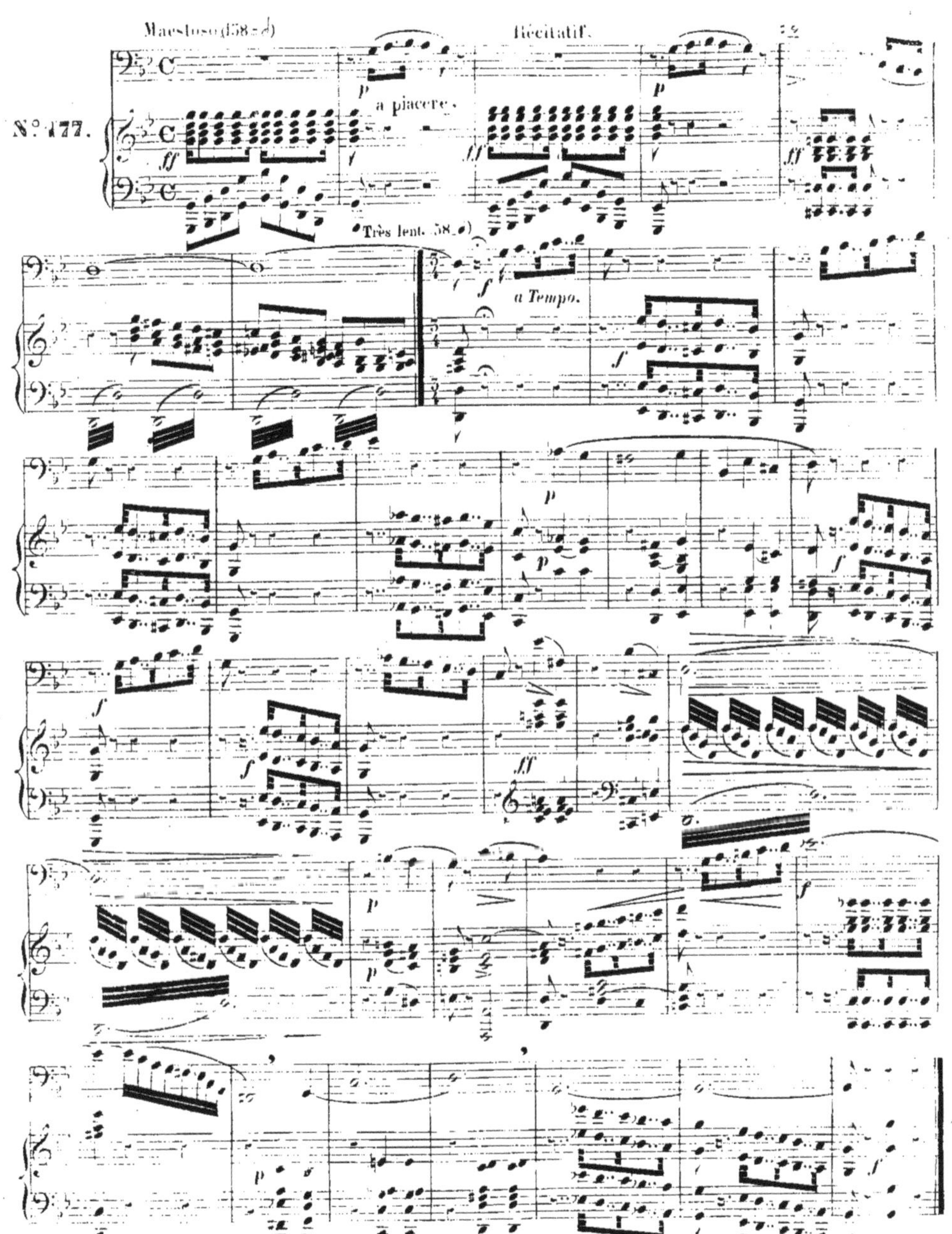

Maestoso (58 = ♩)
Récitatif.
N°. 177.
a piacere.
Très lent. 58 = ♩
a Tempo.

VOCALISES.

J'engagerai l'élève avant de vocaliser ces trois dernières leçons de les solfier avant.

Il trouvera dans ce Volume quelques leçons qu'il pourra vocaliser avec fruit, particulièrement les leçons 92, 102, 112, 121, 125, 137, 118, 130, 155, 154, 157, 161, 170, 172, 173, 174, 177.

S'il veut se perfectionner dans la vocalisation, je lui conseillerai d'étudier ma méthode pour Basse-taille.

Andante. 96 = ♩

N.° 178.

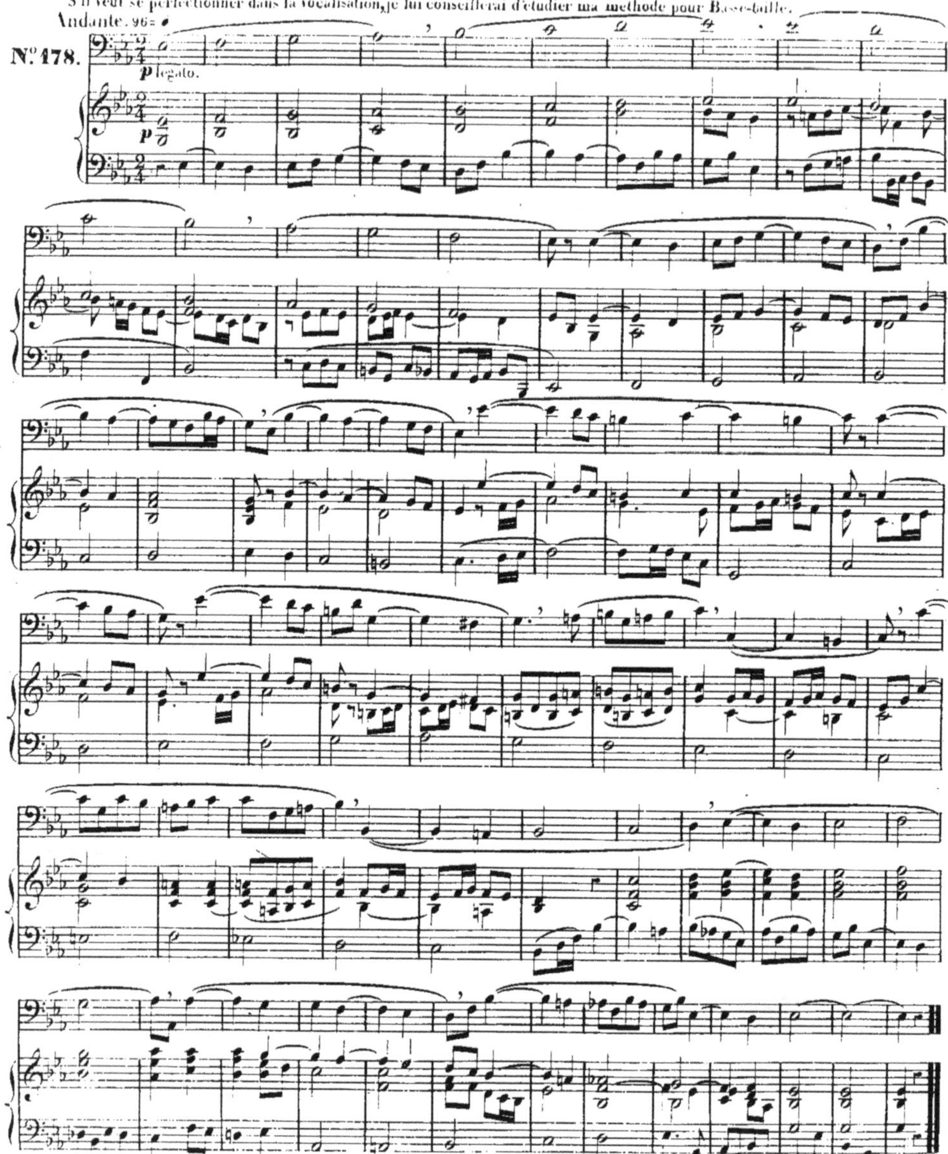

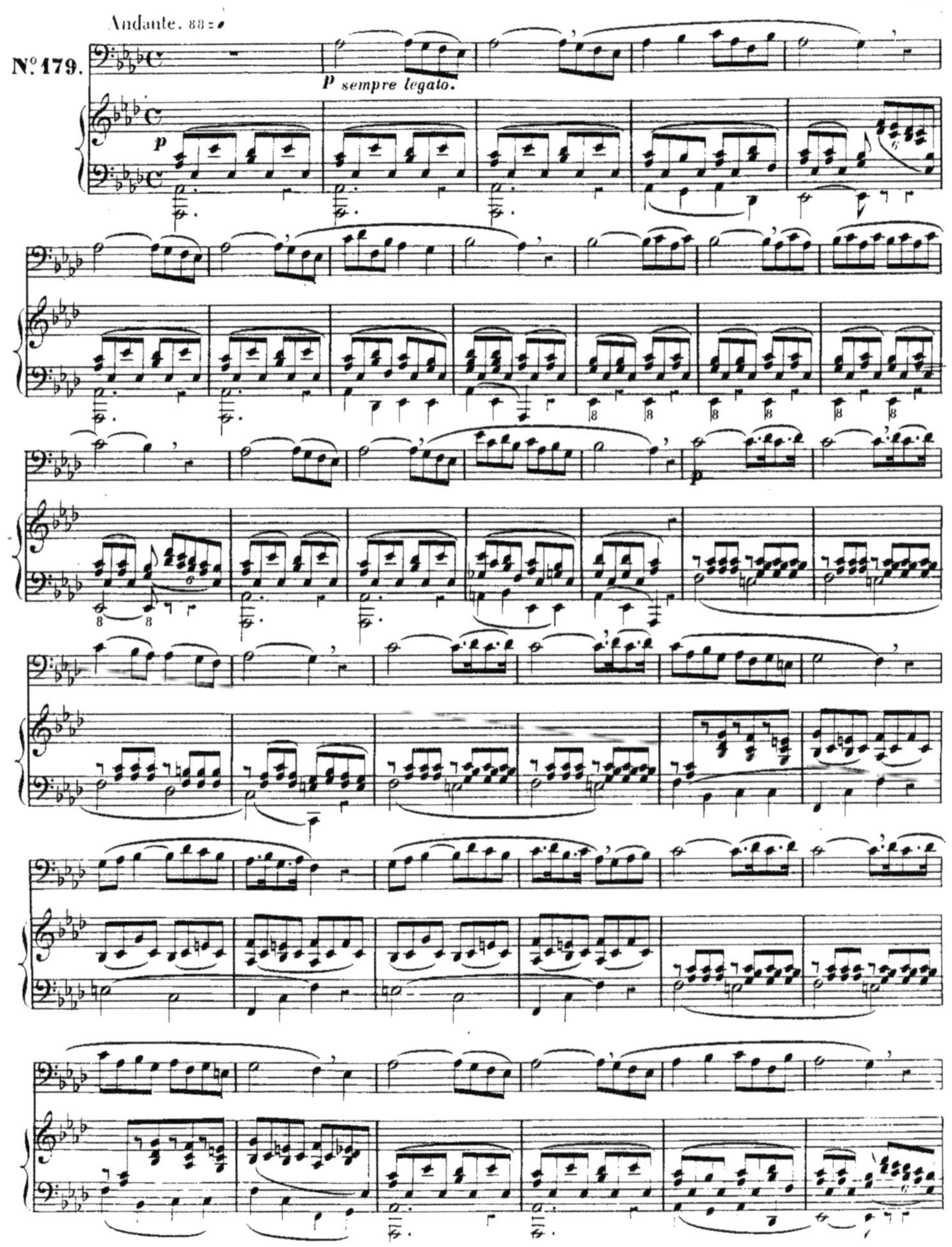
Andante. 88 = ♩
N.° 179.
P sempre legato.
p

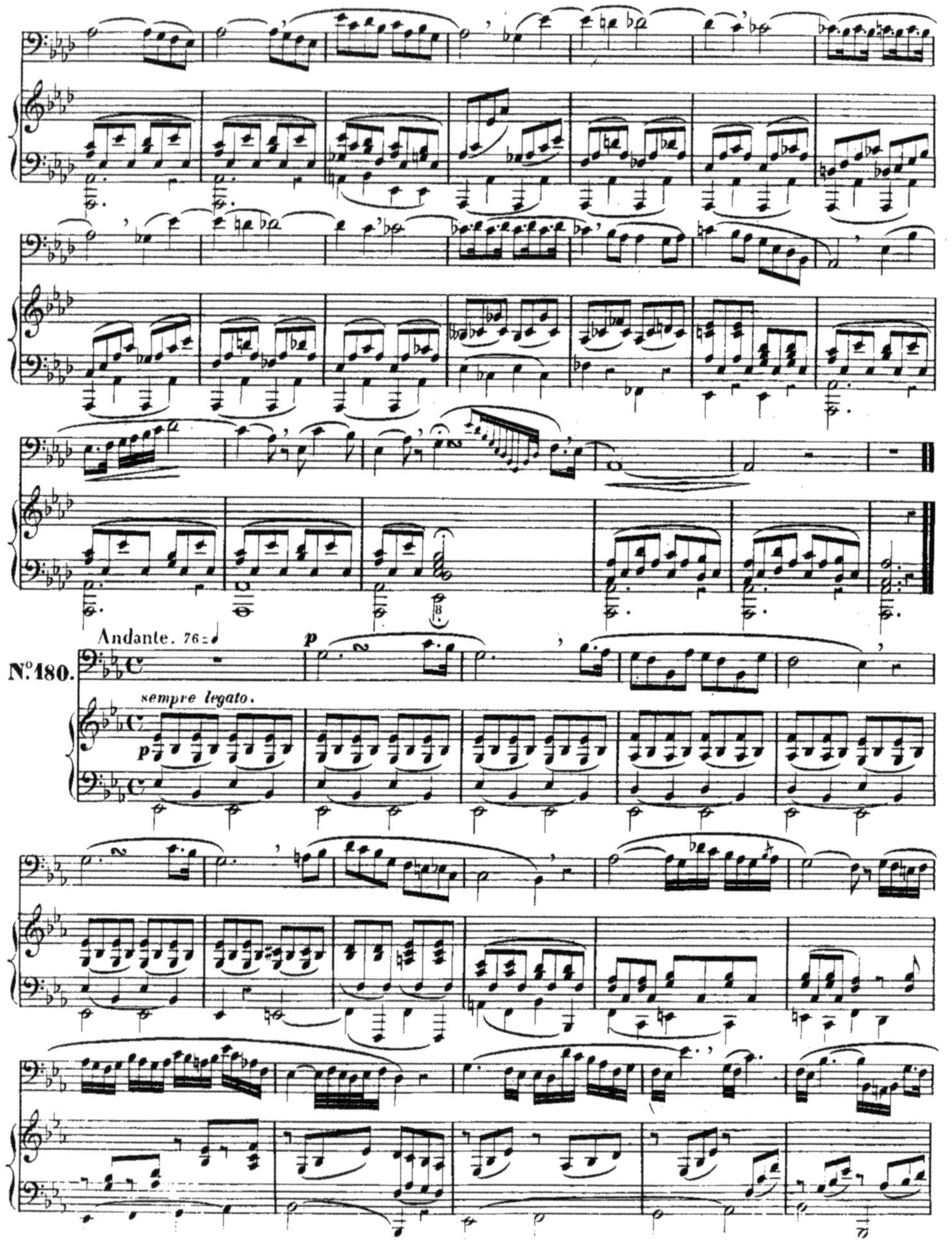
Andante. 76 = ♩
Nº 180.
sempre legato.
p

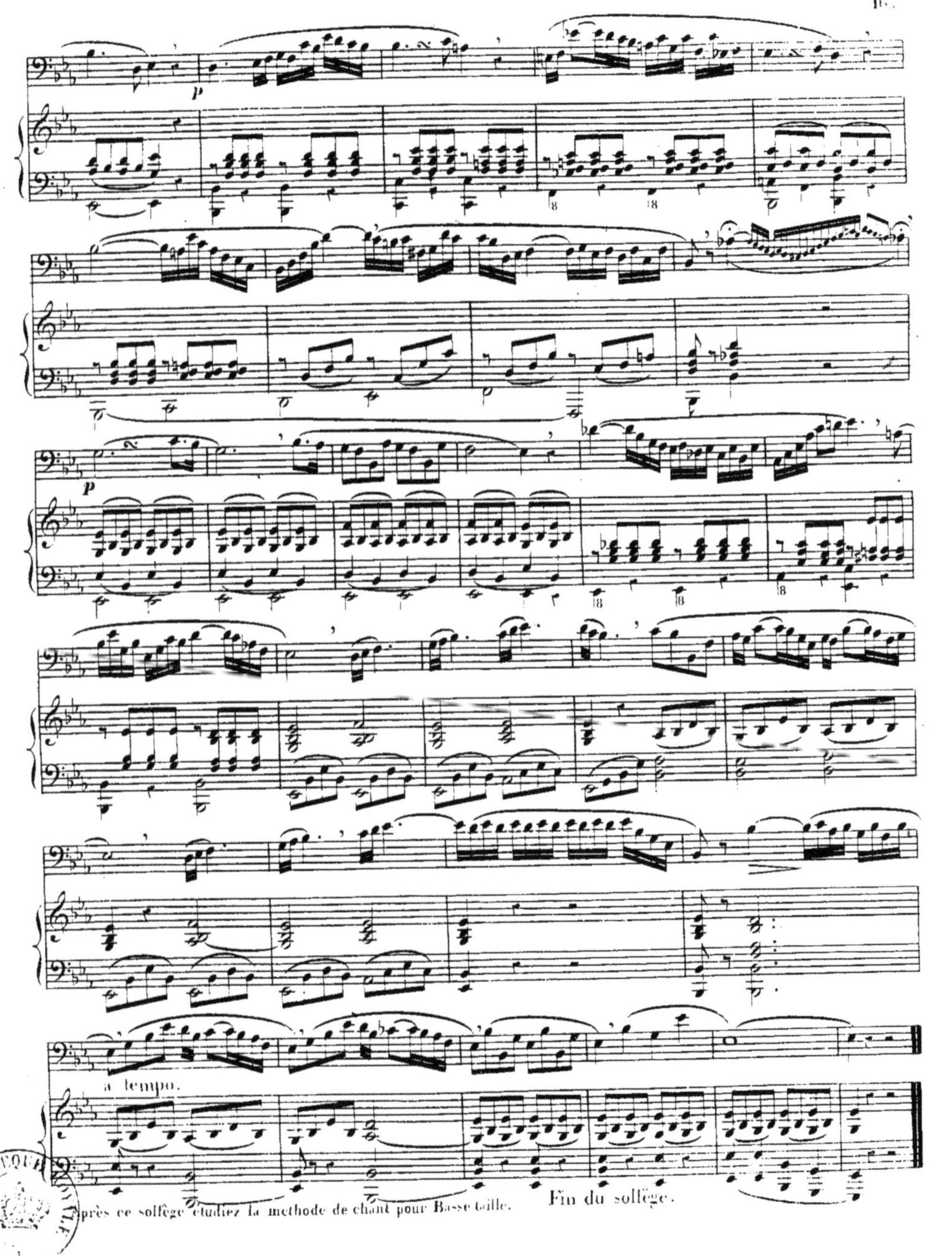

p
a tempo.
Après ce solfège étudiez la méthode de chant pour Basse-taille.
Fin du solfège.